功能型治理

超大城市
治理共同体构建新叙事

薛泽林

—— 著 ——

上海人民出版社

序一：超大城市的温度与共同体的未来

城市的产生源于人类社会生产力的发展，但城市数量和规模的迅速扩张却是工业革命的产物。在西方工业资本推动的城市化进程中，关于"工业化是否必然吞噬人性？城市是否注定使得人与人之间更加冷漠"的争论一直没有停止过。这也带来了人们对于城市本质的疑虑，城市到底是钢筋水泥的森林，还是人类文明的容器？是资本的竞技场，还是梦想的栖息地？人在城市中的价值体现在哪里？自 18 世纪 60 年代英国以大规模机器生产为特征的大工业生产方式取代原有的手工生产方式，进而启动城市化的进程以来，将资本逐利最大化奉为圭臬的欧美城市化模式从来都是强调资本或"人格化的资本"（资产阶级）作为近代城市化的主体。正如恩格斯在《英国工人阶级状况》中所批判的那样，"从 1760 年开始的英国工业的巨大高涨，并不局限于衣料的生产。推动力一旦产生，他就扩展到工业活动的一切部门"，"把工人完全变成了简单的机器"。在城市发展主体这一基本问题上，社会主义中国的城市化模式与西方国家的城市化模式是根本不同的。毛泽东同志说过："人民，只有人民，才是创造世界历史的动力。"人民群众是历史发展和社会进步的主体力量。必须坚持以人为本，尊重人民主体地位，发挥群众首创精神，紧紧依靠人民推动改革建设发展，依靠人民创造历史伟业，推进我们的城市建设和发展。

习近平总书记 2019 年在上海考察时提出"人民城市人民建、人民城市为人民"的重要理念。2023 年考察上海时明确指出，"把全过程人民民主融入城市治理现代化，构建人人参与、人人负责、人人奉献、人人共享的城市治理共同体"。近年来，上海市委、市政府带领全市广大干部群众全面践行人民城市理念，坚持把"以人民为中心"贯穿于人民城市建设发展和城市工作的全过程和各方面。以共建为根本动力，以共治为重要方式，以共享为最终目的，努力打造人人都有人生出彩机会、人人都能有序参与治理、人人都能享有品质生活、人人都能切实感受温度、人人都能拥有归属认同的城市，奋力开拓人民城市建设的新境界：把上海建设成更加包容、更有温度、令人向往的创新之城、人文之城、生态之城、魅力之城。一是要让城市建设处处见"人"，城市规划建设要以满足人民根本需求为基本方针和重要参数，充分考虑人的宜居性和舒适性，让城市规划体现以人为本，城市建筑可以阅读欣赏，城市设施体现人文特色，寓关怀于细微之中，送温暖于急需之时。二是要让城市发展时时为"人"。让经济发展的成效体现在人民生活水平的提高上，让社会发展的成果体现在人民安居乐业的状态上，让文化发展的成绩体现在人民精神生活的丰富上。三是要让城市治理事事关"人"。城市运行管理要以人民认可为中心环节，充分考虑人的体验度和安全感；城市服务保障要以人民满意为衡量标准，充分考虑人的获得感和幸福感；要围绕群众所思所盼所想所急，推进网格化治理、精细化治理，持续在解决突出民生难题上下功夫，持续在创造高品质生活上花更大力气，"通过绣花般的细心、耐心、巧心提高精细化水平，绣出城市的品质品牌"。

近年来，随着数字技术和人工智能的发展，城市作为各类新技术的竞技场，对于如何回应处理好新时代"人与技术、人与城市的关系"这一新课题显得更为迫切。这本书围绕"城市如何让人的生活更美好"这一主题，从公共政策的视角进行理论阐析。超大城市的魅力在于其复杂性，而复杂性往往是城市治理领域的悖论（paradox）或矛盾的本质体现。以上海

2024 年的数据为例，这座我国城区人口最多的超大城市，外来常住人口约占 40%，60 岁以上老年人超过 500 万，道路总里程约 6000 公里，轨道交通日均客流超 1000 万人次，地下工程超 4.3 万个，各类经营主体约 342 万户，如此超大规模既凸显了上海这座城市的重要性，但也带来了绝无仅有的治理难题。尤其是对于生活在城市里的人来说，当城市的规模突破极限，治理的温度间或被稀释。作者在书中也指出，超大城市治理的核心矛盾在于"规模与温度的张力"：一方面，城市需要高效运转以维持其全球竞争力；另一方面，个体的诉求却有可能被淹没在社会巨系统的洪流之中。并且这种困境并非上海独有，而是所有超大城市面临的共同挑战。如何破解这一悖论？这本书的答案是：将治理的重心下沉到基层，并且构建以功能为导向的城市治理共同体。

在作者看来，不同于城市公共治理更加注重当时当下公共问题的解决，城市治理共同体兼具实在诉求满足与情感层面认同，是一种长期共存的韧性治理体系。作者从博弈论的角度认为："城市治理的各主体间长期协作，可以看成是完全信息重复博弈的过程，在这一过程中的每一个参与主体在每个阶段都能观察到之前的博弈结果，并据此调整自己的策略。由于城市治理中的各个参与主体大多是城市中的常态化主体，如政府是固定的，企业和社会组织也是稳定的，绝大多数常住人口也是相对稳定的，且面向群众服务的参与过程和结果如果也是公开的话，那城市治理共同体的构建就可以被理论化为完全信息的重复博弈，并在这一过程中通过党的领导来协调各方面的利益诉求，最终达到所有主体的长期收益增量和情感认同提升：即人人长期负责任参与的结果共享。"这一观点思路新颖、逻辑自洽，对于我们理解城市治理具有重要价值。作者在第一篇中所提出的"功能型治理共同体"，不是传统意义上以血缘或地缘为纽带的共同体，而是一个以功能为导向的现代化治理网络。在这个网络中，政府、市场、社会组织和市民不再是孤立的节点，而是通过功能互补形成有机整体。在实践层面，作者在书中多次强调基层能动性的发挥，即治理的重心必须下沉到社区，因为社区是城市功能实现的基本单元，也是市民生活的直接载体。在第二篇，作者通过理论结合案例的形式，分别从宏观制度架构、中观机制设计、微观个体诉求和干部队伍建设四个方面分析了功能性治理共同体建构的制度逻辑和关键抓手，从而表明功能型治理共同体并非理论空想或遥不可及，而是可以通过制度设计和能力建设逐步实现。书中第三、四篇的案例描述和分析，也对作者的观点进行了佐证。

中国特色超大城市治理现代化根本的新路径在哪里？作者认为根本在于广大基层群众为了城市建设而拼搏的成就感中，在于每一个市民享受人民城市建设发展红利的满意微笑中。城市治理的终极目标，不是效率的最大化，而是共同体的温度，是人民群众的民生福祉。真正现代化的城市治理，不是冷冰冰的数字与规则，而是人与人之间的联结，是市民与城市之间的相互爱戴与信任。

我与泽林相识近十年，见证了他从一位青涩学子（刚刚毕业的博士），不断成长为一个崭露头角的青年学者。他请我为其新作写个序，我欣然应允。他以学者的严谨和城市一分子的温情，为我们描绘了一个既有韧性又有温度的城市未来。这样的未来，值得我们每一个人为之努力。

是为序。

李　琪

上海市改革创新与发展战略研究会会长、教授

中共上海市委宣传部原副部长

2025 年 5 月 17 日

序二：超大城市治理更应体现人民性

　　超大城市治理问题是近年来日益引起学术界，尤其是上海学术界高度关注的复杂问题。对于上海而言，作为一个拥有 2400 多万常住人口的超大城市，如何通过有效的治理来保持和维护可持续的长期发展繁荣、稳定安全、宜居包容，是各级政府和公共部门，也是生活在这座城市的每一个民众共同面对的话题，需要人们不断加深思考和共同参与城市治理实践。在此意义上，这本书从构建治理共同体的视角作出了自己的阐释。应作者薛泽林博士之邀，写一点个人读后的一些感想。

　　为什么进行城市治理？治理谁和治理为了谁曾经是一个长期被有意无意选择性忽略的问题。但在城市的运行和治理实践中，始终无法回避的一个基本事实是：上海作为一个人口众多的国际大都市，至少在人口构成（同时也是社会身份）上是高度分化和碎片化的，居住在这个城市中的人群除拥有户籍并说上海话的上海人（原住民）之外，还至少包括拥有户籍但说普通话或其他方言的上海人（新上海人）、长期居住并稳定就业的外地人、长期居住并稳定就业的外国人，等等。此外，每天还有 400 多万流动人口在此居住、旅游或短暂就业。换言之，组成上海这座超大城市的市民从来就不是一个人类学或社会学意义上的整体概念，其治理问题显然也不是单一向度的治理政策可以解决的。面对这一复杂而多元的难题，作者关于构建城市治理共同体的观点，希冀在政府和民众共同参与、共同行动、共同分享的共同体构建中实现治理的目标，这一观点是富有启发性的，摆脱政府依靠自己单一力量进行城市治理的思维定式，为城市治理主体不断扩大、功能不断强化、手段不断丰富提供了不断拓展和创新的空间。

在构建治理共同体的视角下，作者进一步提出了功能主义理论及其对城市治理的启示来提供理论支持。在作者看来，功能主义作为理解人类社会组成和运转规律的重要理论之一，通过"作用"而非"成分"分析方法，为我们理解社会运转规律提供了有益指南。在城市公共事务日益复杂的当下，功能主义理论可以为城市治理的理论和实践创新提供借鉴。这一观点，为本书关于通过面向基层人民生活的功能型治理新叙事来阐释城市治理共同体构建的思路奠定了可靠的保障。

面向以基层人民生活为中心的城市治理，人民当然是最核心的本质理念。在这一理念下，政府不是高于人民、统治人民的政治统治者，而是人民权利和利益的守门人和代理人，政府的一切治理行为都必须以人民为中心来展开。对于上海而言，以人民为中心的理念投射到政府治理中，核心目标就是要遵循城市让生活更美好的宗旨，塑造和培育具有现代精神和理性意识的城市市民，而不仅仅是高效率的有序管理和对社会秩序的有效控制。这一点，也是构建城市治理共同体的应有之义。以此出发，这本书最大的特点之一是始终紧扣基层人民生活和功能型治理这一叙事逻辑展开分析，从中透视上海这一超大城市在复杂多变的治理诉求和创新要求面前的新探索和新实践。对于一名年轻学者而言，这样的研究是值得肯定和赞扬的。

薛泽林博士是我在上海社会科学院政治与公共管理研究所共事的年轻学者，入院短短几年中取得了引人瞩目的科研业绩，公共管理和城市治理是他的学术专长，已先后出版多部专著，发表了数十篇学术论文和理论文章，尤为值得一提的是，他在智库研究和政策咨询领域取得的成绩更是有目共睹，多次得到批示和肯定。作为公共管理领域的门外汉，我没有多少资格做出太多的臧否和评判，姑且用前面的个人理解代为序。

刘　杰

上海市全过程人民民主研究基地主任、研究员

上海社会科学院政治与公共管理研究所原所长

2025 年 5 月 27 日

目　录

第三篇
国外城市治理实践的经验借鉴

第四篇

超大城市治理共同体构建的上海实践

前　言

　　2023 年 12 月，习近平总书记在上海考察时强调，"要把增进民生福祉作为城市建设和治理的出发点和落脚点，把全过程人民民主融入城市治理现代化，构建人人参与、人人负责、人人奉献、人人共享的城市治理共同体"。[①]党的二十大报告强调，"坚持人民城市人民建、人民城市为人民，提高城市规划、建设、治理水平"。在我国城市化进程中，走出一条破解超大城市治理世界级难题的新路，需要我们按照党的二十届三中全会要求，"深化城市建设、运营、治理体制改革"，"推动形成超大特大城市智慧高效治理新体系"。

　　无论对于学术研究还是政策制定而言，超大城市都是一个很"时髦"的概念。一般来说，人口是区分超大城市的最主要因素，我国国务院2014 年发布的《关于调整城市规模划分标准的通知》，将总人口超过 1000万的大都市称为超大城市。但在具体实践中，绝对人口数量又受到相对人口数量的影响。如纽约、伦敦、巴黎等城市，人口数量虽然低于"1000万城区人口"标准，它们却通常也被认为是超大城市。从这个意义上讲，超大城市不但与其所处国家／地区总人口与城市人口的相对比例有关，也与这个城市具有的"软实力"密切相关。

---

　　①《习近平在上海考察时强调：聚焦建设"五个中心"重要使命　加快建成社会主义现代化国际大都市》，《人民日报》2023 年 12 月 4 日。

　　超大城市自产生以来就面临种种争议。有学者认为，在现代经济体系中，越是富有的国家，知识（包括技术、信息和创意）在经济发展中起的作用越大，这也意味着越来越多的人需要通过与别人的交往来传播知识，同时也从与别人的交流中获得知识以使自己成为更好的知识生产者。与此同时，人天生喜欢多样性，而大城市能提供更为多元的文化和更多样的消费体验，原因在于在一个有大量消费品和服务供给者的市场，每个生产者都可以仅仅针对某一细分市场提供消费品和服务，由于超大城市的巨大体量可以使得即便是细分的市场也能够存活下来，这就更进一步丰富了大城市的可选择性和多样性。①

　　无论人们喜欢或接受与否，即便是技术发展使得交流变得愈加通畅，人口向大城市集中的趋势并没有终止。以纽约为例，二战以后，纽约人口虽然经历了多个阶段的变化，但整体趋势仍是上升，70年间人口增长约100万。根据2020年人口普查数据，纽约市有880万人，约占纽约州总人口的43.6%、占纽约大都市区人口的39%。②2023年，申请纽约市工作的年轻专业人士几乎是2019年的7倍，纽约也是最受应届大学毕业生欢迎的目的地。③再以东京为例，二战后的东京在1950—1970年间经历了快速人口增长，随后增长速度逐渐放缓，但总体人口规模仍在持续扩大。④近年来，东京都及其周边地区的单极化集中趋势进一步加剧，人

---

① 陆铭：《大国大城：当代中国的统一、发展与平衡》，上海人民出版社2016年版，第155页。

② NYC Data. New York City Quick Facts.

③ Liu J, This is the No.1 city attracting young professionals—demand grew nearly 7 times since 2019, CNBC.

④ 二战后东京每10年的人口数量如下：1950年（628万）、1960年（968万）、1970年（1141万）、1980年（1162万）、1990年（1186万）、2000年（1206万）、2010年（1316万）、2020年（1407万）。

口占日本总人口的比率也不断增加，2020 年人口普查数据显示，即便是面临人口负增长的压力，东京都的人口与 2015 年相比增加率依然达到了 4.1%。① 视线转回我国，新中国成立前夕，我国人口最多的城市分别为上海、天津和北平，人口总数分别为 430 万、171 万、167 万，② 到 2020 年，我国超大城市已经包含北京、上海、天津、重庆、广州、成都、深圳 7 座，排名前三的上海、北京和深圳常住人口总数分别达到了 2487 万、2189 万、1749 万。与此同时，我国超大城市的数量仍在持续增长。

超大城市作为人类经济社会发展的产物，在一定程度上是我们不得不面对的事实。联合国的研究也认为，到 2050 年，三分之二的人类将居住在城市。我们正在见证历史上最大规模的移民，一个长达 6000 年的进程走到了它的顶峰，到 21 世纪末，人类将成为一个城市化的物种。③ 这也意味着，我们对待超大城市的态度，比批判更重要的是找到可行方案，尽量约束其负面效应并激发其系统优势，让城市成为"生活更美好"的梦想之地。

2025 年 7 月，中央城市工作会议在北京举行，习近平总书记发表了重要讲话。会议部署了城市工作七个方面的重点任务，其中之一为："着力建设便捷高效的智慧城市。坚持党建引领，坚持依法治市，创新城市治理的理念、模式、手段，用好市民服务热线等机制，高效解决群众急难愁盼问题。"本书是基于我们不得不面对超大城市，以及很多时候超大城市治理的精准性和有效性不足这一现实困境，基于"以人民为中心"如何

---

① 《人口普查数据出炉，日本人口为 1.2622 亿人，居全球第 11 位》，载走进日本网，2021 年 6 月 28 日。

② 《建国前夕的中国十大城市人口排名》，载澎湃新闻，2019 年 9 月 7 日。

③ UN Habitat, State of the World's Cities: Harmonious Cities, 2008, p.11.

在城市治理中实现的思考。虽然超大城市需要发挥更为复杂综合的城市功能，但"人"仍构成城市治理中的最关键要素，超大城市治理的单项政策不可能让所有人同时满意，重要的是通过城市各主体公共政策的"重复博弈"过程，在实现各主体长期利益诉求增量满足的基础上，形成各主体间共同体的政策和情感认同。瞄准共同体构建这一目标，注重不同行动主体的微观行为逻辑和诉求，并在此基础上，围绕面向基层人民生活的城市功能实现，完善城市治理的政策则是我们努力的方向。

第一篇

超大城市治理共同体构建的时代背景与理论逻辑

习近平总书记在上海考察时强调，"要全面践行人民城市理念，充分发挥党的领导和社会主义制度的显著优势，充分调动人民群众积极性主动性创造性"，"构建人人参与、人人负责、人人奉献、人人共享的城市治理共同体"。城市治理共同体是人民城市理念在城市治理中的具体应用。围绕"城市让生活更美好"这一目标价值，城市治理共同体应突破当下城市治理主体、空间困境，以各主体需求满足重构城市工作闭环，以各主体角色功能发挥激发城市工作活力，打造功能型城市治理的公共政策新叙事。

第一章　超大城市治理共同体构建的时代背景

　　城市治理是治理理论在城市各类公共事务处理过程中的应用。从广义上说，城市管理和城市治理可以相互替换，传统的城市治理就是城市管理，现代的城市管理就是城市治理，两者都是人类社会对城市化过程中出现的城市问题的干预，区别在于根据城市发展不同阶段的需要，发挥作用的主体和形式有所区别。城市管理本质上是权力对城市公共事务的外部干预，是以城市为对象，对城市运转和发展的全部活动所进行的协调控制行为。而随着城市公共事务的日益复杂，城市管理产生了从"管理"到"治理"的历史演变，城市公共事务的治理主体开始由"政府主治"向"多主体共治"转变，因此，城市治理也被定义为：将公共部门和私人部门协调与整合起来，解决城市居民面临的主要问题，建设一个更富有竞争性、平等、可持续发展城市的努力过程。① 在这一过程中，公共政策的效率和公平一直是贯穿其中的主线，并由此引申出城市治理的发展主义导向和福利主义导向，近年来关于区域一体化发展的实践又增加了区域共享导向。本书认为，城市治理的核心要义是围绕不同群体的差异化利益诉求，通过参与和协商的方法，借助法律、制度、技术等工具，就城市公共利益和私人利益、长远发展和当下诉求、权利享有和责任承担，尽可能追求大多数人满意，并实现长期利益均衡和可持续发展的政策过程。

---

① 翟宝辉等：《中国城市治理》，中国城市出版社 2022 年版，第 22—23 页。

第一节　城市治理模式的历史演进

城市的产生与发展伴随着人类文明产生和发展的全过程。城市作为人类的创造物，城市治理就是人类实现与城市更好长期共存的实践过程。从产生于公元前10000年，被人称为"最古老的有人居住的城市"的耶利哥，到距今6500年，迄今中国发现最早的城市湖南城头山，再到拉开工业革命序幕，工业革命以后世界上第一座工业化城市曼彻斯特，以及直至今日能在全球发挥重要节点作用的纽约、伦敦、东京、巴黎、上海等全球城市。围绕"让生活更美好"这一城市目标，人类社会也一直在努力做各种各样的探索。从政治逻辑、市场逻辑、社会逻辑此消彼长的历程梳理城市治理的简史，可以为城市治理创新谋定目标和方向。

一、全球视野下城市治理模式的重心演进

1. 第一代城市治理：官僚城市模式

城市因人类的集聚而产生，并由于不同的生产方式和文化传统形成不同的治理模式。工业革命以前，城市往往作为统治或交易的中心存在，并在中西方呈现出较大差异。以欧洲为例，古代欧洲大陆一直没有形成长期大一统的封建国家，而是以自治、城郡的形式共存。从古希腊罗马奴隶时代起，在国家和城市融为一体的城邦中就产生了民主自治的管理思想，中世纪的欧洲城市更是推进了"民主自治"在城市管理中的发展，并呈现出独特的模式特征，如设有独立的城市自治管理机构、颁布城市管理自治法律法规、实施城市公民（市民）制度等。在我国，古代的城市管理体制在

很大程度上被"君王行政"的逻辑和需要支配，并且一直贯穿于整个农业时代，综合来说，我国古代城市治理主要表现出如下特征，遵循政治优先的基本逻辑，城市管理实施国家法与民间法并存，实行城市统领乡村的"城乡合一"治理方式等。总体而言，城市主要为统治官僚服务，更加注重政治安全需求和官僚富商享受，既不注重城市的经济效应，也不重视城市的社会效应，这是这一阶段城市治理的主要特征。

2. 第二代城市治理：分包城市模式

工业革命兴起以后，随着大机器生产逐步向城市集聚，城市开始突破政治和统治的需要，逐步由官僚城市向生产城市转变。在大机器生产在煤矿、铁矿周边集聚并形成或重塑城市之际，市场逻辑逐步取代了政府逻辑，城市人口急速膨胀、城市环境日益恶劣，旧有以自治为特征的城市管理模式逐步失效，更加专业的城市管理被提上日程，城市公共卫生和治安管理等成了首先必须要解决的问题。在这一过程中，由于专业的城市管理市场机构和社会组织尚未成立，传统城市管理模式通常以政府为活动的唯一主体，在科学管理思维的指引下，权力控制、行政命令、制度约束成了主要手段，政府通常采取分包制的原则，将城市管理中的基础设施管理、环卫等工作分包到各个部门或人员手中。由于各个部门权限和职能有限，且部门与部门之间缺乏交流，政府部门、行业、企业间存在信息和业务割裂，城市管理模式缺乏顶层统筹规划。在城市服务方面，侧重于行政命令和制度约束的执行方式，城市可持续发展能力低、不能有效地提供公共产品和服务，公共管理成本过高，社会资源未能达到最高效利用效果，难以形成整体协同效应。

3. 第三代城市治理：物业城市模式

在分包城市的模式下，城市管理各部分的割裂和专业壁垒导致城市管理经常出现合成谬误。特别是同一片区中，不同的公共产品管理主体不一、行动方式各异，由此导致城市管理"九龙治水"问题的产生。因此，探索相对整体性的城市管理模式成为新的诉求，城市治理中的空间维度愈发引起人们的关注。"物业城市"模式是将空间维度和整体治理理论引入城市管理，进一步强化市场逻辑，以整体性物业管理为主要手段的城市管理模式，把城市看作是一个"大物业"，将物业管理的系统性思维和流程管理能力融入城市治理服务，从而为城市提供相对整体性的管理服务。在这一模式下，城市空间被划分为不同的区域，每个区域都由专门的物业公司进行管理和维护。为了提升管理的专业性，城市还会在各个片区引入社会专业团队，交由社会力量进行服务运营，并在此基础之上建立起城市公共空间与公共资源、公共项目全流程"管理+服务+运营"的政府、市场、社会多元主体协同治理模式。这种模式的优点在于将专业化和协同化整合起来，通过构建新型的多元协同治理体系，打造"政企协同"的城市治理创新模式，实现城市的高效运行和管理。

4. 第四代城市治理：资管城市模式

城市作为人类的聚集地，当政府逻辑逐渐淡去之后，市场的逻辑和社会的逻辑又引申出新的问题。依照社会的逻辑，城市应该更多地关注民生福利，将城市资源更多地用在社会分配之中，而不是像市场逻辑那样，更多地将城市资源用在再生产或资本积累之中。但作为事物的两极，单纯的市场逻辑会导致公众不满，并进而影响城市的稳定和长远发展；单纯的社会逻辑也会导致投资不足以及城市缺乏竞争力，并有可能威胁城市的可持续发展。因此，现代城市治理越来越重视市场逻辑和社会逻辑的平衡，由此产生了资管城市模式。这种模式是将城市经营理念用于城市工作，通过推动物业城市与资管服务的深度融合，不但极大地拓展物业城市的管理幅度和深度，同时还将城市管理咨询、产业招商运营、城市资产运营等高附加值服务融入日常的运营管理。通过经营城市让城市资产持续增值，为城市精细化治理赋能，同时也为城市可持续发展提供强大支持是资管城市的主要目标。近年来，国内外不少城市确立了建设"景区城市""公园城市"的目标，其核心思路即是用"文旅""消费"的理念规划城市，将产业发展与城市建设紧密结合起来，以旅游业发展带动相关产业繁荣，延长产业链条，促进城市经济多元化发展与持续性增长。

5. 第五代城市治理：建设人民城市

面对新科技革命的冲击和世界格局的深刻变革，城市在未来发展中占据着越来越重要的位置。在新的征程和实践中，无论是政府的逻辑、市场的逻辑还是社会的逻辑，都无法适应新的竞争需要，而要以有为政府统筹协调城市各类资源，打造行动合力，以有效市场激发企业主体的能动性，提升城市活力，以有机社会团结城市各主体，增强城市韧性。人民城市人民建，人民城市为人民。贯彻落实人民城市重要理念，需要在城市工作中时刻牢记人民群众的主体地位。在城市发展依靠谁方面，确立鲜明的主体立场，在党的领导下依靠全社会的共同努力开展城市工作，在城市工作中发挥社会各主体的积极作用，激发全社会的活力，坚持市民是城市建设、城市发展的主体，尊重市民对城市发展决策的知情权、参与权、监督权，鼓励企业和市民通过各种方式参与城市规划、建设和管理。在城市发展为了谁方面，紧扣我国社会主要矛盾已经发生转化的时代背景，坚持人民利益至上的根本价值取向，牢记党的根本宗旨，坚持民有所呼、我有所应，把群众大大小小的事情办好，坚持治理和服务的重心下移，把更多的优质资源、服务和管理放到社区，更好地为社区居民提供精准化、精细化的服务，让群众享受更多的发展改革成果。

二、新中国成立以来我国城市治理重心的演进历程

1. 社会主义革命和建设时期（1949—1978）

1949年10月新中国成立，党领导的城市工作面临诸多困境：在城市接收上，重庆、广州等重要城市并未解放；在城市管理上，连年战乱的影响使城市经济濒临崩溃。对此，一方面，党领导人民解放军继续解放广州、桂林、南宁和重庆等地；另一方面，党在全国范围内调集粮食等物资，使各大城市统一采取停止贷款和按约收回贷款、开征税收、冻结资金投放等措施，稳定市场物价。这一时期，党制定了稳定城市生产的总方针，以上海为代表的城市，运用市场经济价值规律平抑涨价风暴的实践既巩固了党在城市的领导地位，同时也为党的城市工作积累了经验。1953年，我国开始执行"一五"计划，以此集中力量进行工业化建设和加快推进各经济领域的社会主义改造，变消费城市为生产城市。但伴随着大规模的工业化建设，以及受1959—1961年困难时期农产品下降的影响，农产品难以满足城市人口增量成了新的问题。1962年，第一次城市工作会议召开，分析了城市工作中存在的问题，提出解决的办法是首先恢复正常生产，只有工业劳动生产率提高了，有效地支援了农业和市场以后，生活才会改善。[①]之后，中央下发《关于当前城市工作若干问题的指示》，在明确贯彻执行调整、巩固、充实、提高的方针的基础上，对城市建设工作的若干具体问题作出多项规定：力争完成当年的基本建设计划；采取分级负责和群众监督的办法，迅速处理积压物资，防止房屋、物资的损失；妥善安置大中城市中的闲散劳动力和不能就学的学生；调整市镇建制，缩小城

[①]《周恩来年谱（1949—1976）》（中），中央文献出版社1997年版，第493页。

市郊区，完成减少城镇人口计划；逐步改善大中城市的市政建设；按照集中统一、分级管理的原则，改进各种管理体制等。①

1963年，为加强对城市的集中统一管理和解决城市生活的突出矛盾，中共中央、国务院召开第二次城市工作会议，在肯定城市在科学、文化、教育、卫生和市政建设等方面取得新成绩的前提下，指出工业生产始终是城市工作的中心，需进一步做好工业的调整工作；努力做好商业工作，更好地为生产和生活服务；积极开展计划生育；继续严格控制人口，加强城市的管理工作等要求。②《第二次城市工作会议纪要》强调各级党委和人民委员会，在继续努力做好农村工作的同时，必须进一步加强对城市工作的领导，不断改进工作，把城市管理好，充分发挥城市在社会主义建设中的作用。③1972年，针对当时国民经济基建战线过长以及职工人数增加过多的问题，《关于当前国民经济中几个问题的报告》提出一方面要积极增加生产，抓好农业和基础工业，特别是原材料工业；另一方面也要严格控制基本建设规模，严格控制职工人数。④总体而言，在曲折探索的过程中，党的城市工作也取得了不小成就，基本完成了从消费城市到生产城市的转型。⑤

从新中国成立到改革开放前夕，党领导城市工作的主要政策任务是提

---

① 中央档案馆、中共中央文献研究室编：《中共中央文件选集（1962年9月—12月）》第41册，人民出版社2013年版，第157页。

② 中共中央文献研究室编：《建国以来重要文献选编》第17册，中央文献出版社1997年版，第308页。

③ 中共中央文献研究室编：《建国以来重要文献选编》第17册，中央文献出版社1997年版，第279页。

④ 中共中央党史研究室编：《中华人民共和国大事记》，人民出版社2009年版，第229页。

⑤《中国城市建设年鉴（1986—1987）》，中国建筑工业出版社1989年版，第6页。

升城市生产，解决城市规模与人口不协调的问题。政策执行主要是借鉴苏联经验，采用了计划经济的管理思路，基于"管"和"控"的思路开展城市工作。结果是城市的工业虽然得到了一定发展，但更大的活力和潜力被束缚，我国的城市发展亟须一次思想解放和战略调整。

2. 改革开放和社会主义现代化建设新时期（1978—2012）

经历了文化大革命的冲击，国家的各项事业百废待兴，党的城市工作的主要任务也跟随国家战略调整到发展经济上，通过发展城市经济解决国家在经济社会中的突出矛盾成了此时城市工作的战略目标。这一时期，中央及时调整城市工作方针，城市工作进入了多维度的全面发展期。1978年3月，国务院在北京召开第三次全国城市工作会议，会议确定：控制大城市规模，多搞小城镇。大中城市要防止进一步膨胀。认真抓好城市规划工作。中央直辖市、省会及50万人口以上的大城市的总体规划，报国务院审批；其他城市的总体规划，由省、市、自治区审批，报国务院备案。加速住宅及市政公用设施的建设。[①] 在城市政策执行方面，中央明确城市工作必须走群众路线，即通过发动和依靠广大街道干部和居民群众，搞好社会治安、青少年教育、环境卫生等工作，办好各项为生产、为生活服务的事业。这次会议提出了城市整顿工作的一系列方针、政策，是党在城市工作历史性转折的一个新起点。1978年底，党的十一届三中全会召开，作出把全党工作的着重点转移到社会主义现代化建设上来并实施改革开放的重大战略决策，城市的发展活力开始被全面激发出来。1982年，十二大确立了以城市为重点推进经济体制改革的总方针，城市所有制改革、城

---

① 张晋藩等：《中华人民共和国国史大辞典》，黑龙江人民出版社1992年版，第816页。

市对外开放打开了新格局，^①城市各主体活力被空前释放。

1987 年《国务院关于加强城市建设工作的通知》明确了城市建设的七项任务：提高对城市和城市建设重要性的认识，坚持城市建设与经济建设协调发展；建立合理的城镇体系，走有计划发展的道路；搞好城市规划，加强规划管理；改革城市建设体制，增强活力，提高效益；加强城市基础设施建设，创造良好的投资环境和生活环境；管好用好城市建设资金，充分发挥投资效益；城市政府要集中力量搞好城市的规划、建设和管理。^②1992 年，邓小平在南方谈话时提出要建立社会主义市场经济体制，由此带来了城市经济改革的新一轮高潮；同年召开的党的十四大确立了建立社会主义市场经济体制的总体规划，随后的城市住房改革等举措进一步释放了城市活力。^③2002 年，党的十六大确立了全面建设小康社会的总纲领，城乡之间、区域之间协调发展，以改善民生为重点的城市社会建设取得突出成效。在这一阶段，中央于 1979 年正式批准广东、福建两省在对外经济活动中实行特殊政策、灵活措施，并决定在深圳、珠海、厦门、汕头试办经济特区；此后又在大连、上海和宁波等 14 个港口城市逐步兴办经济技术开发区，以及设立苏州工业园区、推进浦东开发开放、建立天津滨海新区等。深化体制改革、扩大对外开放、平衡经济与民生等系统举措，都是这一时期城市工作的新探索。

从第三次全国城市工作会议召开到党的十八大召开前夕，党的城市工

---

① 中共中央党史研究室：《中国共产党的九十年：改革开放和社会主义现代化建设新时期》，中共党史出版社、党建读物出版社 2016 年版，第 716 页。

②《国务院关于加强城市建设工作的通知》，载中华人民共和国中央人民政府网，2016 年 10 月 16 日。

③《中国共产党简史》，人民出版社、中共党史出版社 2021 年版，第 278—283 页。

作的主要政策任务是发展城市经济，解决社会主义初级阶段经济社会发展中的主要矛盾。政策执行主要是通过城市开放、新区开发、城市经济体制改革等一系列政策，激发城市各主体的积极性。政策评估结果是全面盘活了城市经济和社会，城市作为我国经济发展的主要引擎，开始在国家战略中承担更为重要的任务。

3. 中国特色社会主义新时代（2012 至今）

党的十八大以来，城市全方位发展的步伐已然迈开，着力解决好人民日益增长的美好生活需要和不平衡不充分的发展之间的矛盾，更好地提升人民群众的获得感和满意度，实现城市高质量发展，推动城市治理现代化成为这一时期党的城市工作的战略目标。2013 年召开的中央城镇化工作会议强调要以人为本，推进以人为核心的城镇化，提高城镇人口素质和居民生活质量。[①]2015 年，"全国城市工作会议"升格为"中央城市工作会议"，习近平总书记在会上强调："城市是我国各类要素资源和经济社会活动最集中的地方，全面建成小康社会、加快实现现代化，必须抓好城市这个'火车头'，把握发展规律，推动以人为核心的新型城镇化，发挥扩大内需这一最大的潜力，有效化解各种'城市病'。"会议指出，城市建设一要尊重城市发展规律；二要统筹空间、规模、产业三大结构，提高城市工作全局性；三要统筹规划、建设、管理三大环节，提高城市工作的系统性；四要统筹改革、科技、文化三大动力，提高城市发展持续性；五要统筹生产、生活、生态三大布局，提高城市发展的宜居性；六要统筹政府、社会、市民三大主体，提高各方推动城市发展的积极性。[②]2022 年，党

---

① 《中央城镇化工作会议举行》，《人民日报》2013 年 12 月 15 日。

② 《十八大以来治国理政新成就》编写组编：《十八大以来治国理政新成就》（上），人民出版社 2017 年版，第 318 页。

的二十大报告强调：以城市群、都市圈为依托构建大中小城市协调发展格局，推进以县城为重要载体的城镇化建设。坚持人民城市人民建、人民城市为人民，提高城市规划、建设、治理水平，加快转变超大特大城市发展方式，实施城市更新行动，加强城市基础设施建设，打造宜居、韧性、智慧城市。①

三、建设人民城市的战略擘画

　　我国的城市治理现代化的道路选择是在吸收了人类一切文明成果的基础之上，坚持马克思主义基本原理同中华优秀传统文化相结合的产物，其不但超越了西方城市治理的固有范式，更是对人民主体性的强调和贯彻。

　　新时代以来，习近平总书记高度重视城市工作，并深刻指出："做好城市工作，要顺应城市工作新形势、改革发展新要求、人民群众新期待，坚持以人民为中心的发展思想，坚持人民城市为人民。"②作为要素资源和经济社会活动最集中的地方，我国的城市工作在党委统一领导、党政齐抓共管之下不断取得突破。在领导力量上，强调加强和改善党对城市工作的领导；在价值指向上，强调坚持人民城市人民建、人民城市为人民；在目标路径上，强调走中国特色城市发展道路；在思路方法上，强调"一个尊重、五个统筹"；在底线要求上，强调把生态和安全放在更加突出的位置；在文化根基上，强调统筹历史文化保护、利用、传承；在治理模式上，强

---

　　① 习近平：《高举中国特色社会主义伟大旗帜　为全面建设社会主义现代化国家而团结奋斗——在中国共产党第二十次全国代表大会上的报告》，人民出版社2022年版，第32页。
　　②《中央城市工作会议在北京举行》，《人民日报》2025年12月23日。

调推进城市治理体系和治理能力现代化。[1]总体来说，新时代的城市工作逐渐使城市脱离重建设、轻治理，重速度、轻质量，重眼前、轻长远，重发展、轻保护等不平衡发展状态，向着全方位平衡发展迈进，不断开创中国特色城市发展新局面，以精细、精准为特征的城市治理现代化成为当代我国城市工作的主要努力方向。

可以说，党的十八大召开以来，党的城市工作的主要政策任务是在国家治理体系和治理能力现代化的总体框架之下，推进城市治理现代化，实现高质量发展。政策执行主要是以贯彻落实人民城市理念为抓手，不断推动治理手段、治理模式、治理理念创新。中国特色城市治理现代化的理论与实践打开了新局面。

第二节　城市治理的目标与任务

对于城市治理工作而言，城市生活的精彩绝伦得益于要素的多样性，而要素的多样性蕴含的风险也对城市治理提出了新要求。尤其是数字技术应用对于城市治理"最后一米"的执着不辍，我国的城市治理事实上已经进入一个更加"原子化"的精细时代。城市工作要尽量照顾到每一个个体的感受，这是城市治理转向的基本逻辑。更好地推进城市治理需要在把握三个块面的基础上，锚定战略目标、把握阶段态势、协调可用资源、明确应用领域。

---

[1] 倪虹：《开创城市高质量发展新局面》，《求是》2023年第20期。

一、锚定城市治理的战略目标

功能定位决定了城市发展的总体战略目标。党的二十届三中全会指出，"健全主体功能区制度体系，强化国土空间优化发展保障机制"，强调的就是区域发展过程中的功能区建设，而对于城市工作而言，城市治理的首要任务是要服务于城市战略定位，接着是根据战略定位确立城市功能，最后才是根据城市功能锚定治理的目标。理论研究和实践总结也发现，人口规模越大、承担功能越多、社会活力越高的城市，其治理的目标也会更加复杂、多元，也更需要综合研判、通盘思考。

城市治理目标的锚定与城市规模密切相关。如一个人口规模只有数十万人的工业城市，治理的主要目标往往会跟秩序、整洁和安全等联系在一起，严格城管执法、强化绿化市容、增加财政投入是其经常的路径选择。但一个人口超过百万的大城市，治理的目标不仅包括秩序、整洁和安全，还需要着重考虑城市的经济发展、产业布局、生态保护、社会治理等。按照不同区域，在城市内部确定差异化的治理目标，在实现基本安全和秩序的基础上，通过治理提升城市工作效率，通过城市工作效率提升推动城市经济、社会、生态协同发展是其经常的路径选择。

对于一个人口超过千万或者更多且承担着区域或国家重要功能的超大城市，城市治理的目标首先要考虑的是这一目标与国家赋予城市的功能定位是否一致？这一目标是否会影响城市乃至国家的形象？这一目标是否会具有长期性和可持续性？其次，超大城市的治理需考虑城市的政治功能、经济功能、科创功能、生活功能和国际交流功能等如何与治理的目标实现相融，或者通过治理来助力这些功能的实现。再次，超大城市的治理还要考虑分区域的差异化目标，如对于自由贸易试验区的治理、对于工业园区的治理、对于商圈的治理、对于大型居民区的治理和对于城乡接合部的治理等，都要求有更加细化的目标和特定的模式。最后，超大城市的治理还要时刻把握城市活力与城市管制之间的平衡，既要采取有效的管理措施来保持城市的安全与稳定，还要有高超的柔性治理技能以保障城市的活力与温度。通过治理提升城市形象，通过形象提升集聚优质资源，通过资源的"裂变效应"进一步强化城市的功能是其经常的路径选择。

城市规模与治理目标的辩证关系表明，当城市达到一定规模之后，城市治理的目标也开始更加多元且综合。如一个超大城市，在应急管理实践中，面对城市安全与城市功能之间的张力，治理目标既要考虑城市承担的各项功能可否有效发挥且不停摆，还要考虑不同区域、不同行业、不同群体的差异化诉求平衡，更要考虑城市的短期安全稳定与长期可持续发展的动态均衡。这时，城市治理就变成一个复合"目标簇"，稍有不慎就有可能造成多方不满和多重负面效应，在动态中追求平衡，在平衡中寻找最优解，成了锚定城市治理战略目标的关键。这也是为何超大城市更需要构建城市治理共同体的重要原因。

二、把握城市治理的阶段态势

城市作为有机生命体，"全周期管理"从时间维度为城市治理提供了新视角。[①] 这也意味着，城市规模和功能虽然从总体上决定了城市治理的"复合簇状"目标，但城市作为一个复杂的有机生命体，其发展和治理也有一定的规律性。

————————

① 郑长忠：《"全周期管理"释放城市治理新信号》，《人民论坛》2020 年第 18 期。

城市治理阶段态势的把握要根据城市规划、建设和管理等不同阶段确定有针对性的策略。如在城市规划阶段，治理就是通过综合考虑城市的功能定位、区位特点、资源禀赋、生态环境和文化特色等多种因素来合理制定规划，并通过搭建开放治理平台、完善公共参与机制等多种方式，邀请建设方、管理方、城市居民、社会公益组织和专家团队等参与其中，让规划能够真正反映城市多元主体的关切和诉求，避免城市规划出现失误，增强规划解决实际问题的能力，并通过建立规划的约束机制，实现"一张蓝图干到底"。

在城市建设阶段，治理就是要将企业的精细管理方法应用到城市建设的全要素和全周期，一方面是强化对于建设过程和建设成果质量的监督、管理和问责，将城市的民心工程更多地打造成为百年工程、精品工程，不断满足人民群众高品质生活的需要；另一方面要充分激发人民群众的参与热情和社会媒体的价值凝聚作用，通过城市微更新、美丽街区创建等方式，真正实现人民城市人民建，打造城市治理的利益共同体。

在城市管理阶段，治理需要基于人民城市为人民的基本理念，将人民群众"满意不满意，赞成不赞成，答应不答应"作为衡量城市治理工作的基本标准，并抓住城市管理和服务这两个关键，通过推动城市工作标准化、精细化、智能化，实现城市管理的高效、便民、可持续；通过推动社会服务重心下移、资源下沉、机制联动，实现公共服务的就近、便利、稳定、可预期。

城市治理的态势把握既要依据宏观层面的城市生命周期，也要关注中观和微观层面的事件发展。如在城市应急管理实践中，在风险排查初始阶段，治理可以通过技术赋能的方式，实现"及时发现、精确锁定、高效处置"的精准排解目标，以此尽可能减少对城市居民的影响，将负面效应降到最低，确保城市正常功能的发挥。而当风险有了一定规模的社会扩散之后，治理就要通过模式升级实施广泛的社会动员，从而在"以快制快"中解决紧急问题，避免更严重的后果。在这一过程，高效城市治理的内涵在于精准布局、精准转向、精准施策，对治理的态势把握错位会导致效果的南辕北辙。

三、协调城市治理的可用资源

城市治理既是簇状目标，又是适时策略。作为一项公共政策，城市治理的本质是对城市资源的有效分配。具体而言，城市治理的资源既包括政治制度、治理架构、运作机制等制度资源，也包括人员、物资、财力等物质资源，城市治理就是要实现制度资源与物质资源的高度适配。

城市治理在实践中需要根据城市资源禀赋确定不同的操作模式。对一个制度资源和物质资源都不充裕的城市，如处于起步期，治理首先要解决的是确定当下城市工作的核心议题，接着再通过物质资源的调配和整合，集中力量解决最重要的问题，并在此过程中通过治理的"训练"，不断完善治理的制度框架和运作机制，以此渐进地改善城市的整体环境，吸引更多的人才和资本进入本地，并进而形成城市治理现代化的良性循环。

一个制度资源丰富但物质资源不足的城市，如处于赶超期，治理首先要解决的问题是打造开放治理系统，充分发挥我国大一统的制度优势，通过区域联动发展，引入外部资源，以推动城市发展，持续补齐城市资源不足的短板；与此同时，开放系统也意味着城市已有治理体系可以将存量资源更好地组织起来，并通过建立起整体协同的工作机制，在发挥城市多元主体积极性的同时优化城市治理工作。

一个物质资源配备充足但制度资源不完善的资源型城市，为了破解因制度不完善对城市公共资源安全的威胁，城市治理首先要解决的是制定制度、完善机制、强化执行，以此先保护好宝贵的资源，接着是在法治的框架内不断优化城市治理的目标、策略和方法，最终形成治理的良性循环。当然也有不少城市制度资源和物质资源都较为充足，其城市治理可以在高效协调"软硬"两方面资源的基础上实现治理理念、治理模式、治理手段的协同一致，迭代优化。

协调城市治理的可用资源最重要的是完善制度机制，提升资源的集聚和使用能力。尤其是面对日益增长的治理诉求和不断变化的城市现状，治理的物质资源和制度资源不可能永远完全满足治理的政策需要，而制度的动员能力就成了应对复杂性和不确定性的关键。如在城市应急管理实践中，城市应急资源不可能大规模超量预备，而应当按照精细化的思路算好"投入—成本"账，在资源协调中明确制度机制优先的策略，以在危机时刻能够实现资源协同联动、精准调配、高效利用。与此同时，治理还要打造开放的制度机制，培育社会资本，在危机时刻发挥群众的自救和协助作用。而这种联动的实质就是人人参与、人人负责、人人奉献、人人共享的城市治理共同体，并在此过程中不断提升城市韧性。

四、明确城市治理理论与工具的适用领域

城市作为一个复杂的巨系统，其治理既要关注横向维度衣食住行的城市功能协调，还要关注纵向维度生老病死的城市需求满足，更要从安居乐业的综合视角推动城市高质量发展。更好地推进城市治理，需要在理解其运作逻辑的基础上，从纵向和横向两个维度，明确应用限度与层级。

从横向划分来看，城市治理的应用在城市硬件管理、运作管理、应急管理上的效果要优于其在公共服务供给、经济社会治理方面。更具体而言，城市硬件管理和秩序维护虽然也呼吁多元参与、委托代理等方式，但其管理成分要大于治理，对于标准化、规范化的要求更高，借助技术手段也更容易实现精细、精准的目标；城市公共服务供给虽然也有管理的成分在，但由于其更强调社会公众的主观感知，对于柔性化、满意度的要求也更高，这也导致其精细、高效的目标往往更难衡量。

从纵向划分来看，城市治理可以分为市、区和街镇三个层级。对于市级层面的战略规划者，城市治理是一种价值导向，任务是按照精细化的思路，综合考量城市的战略目标锚定、阶段态势把握、治理资源协调等，治理作为一种可选方案，并非可以"一招通用"，在与群众感知更紧密的领域推行治理成为普遍的选择。

对于区级层面的政策制定者，城市治理是一种统筹方法，在战略规划、政策制定中，要按照精细化的思路和方法，准确锁定政策目标、把握政策时机、确定合理方法，并为政策的执行配备足够的资源，以确保城市治理的目标、方法、资源相互匹配。

对于街镇层面的政策执行，城市治理就是要依据人民群众的需求，创新城市工作的方式方法，将城市治理的资源更加精准、更加高效地配置到群众最需要的地方，以此提升人民群众的获得感、满意度和安全度。在这一过程中，通过基层社会治理精细化的政策实施，实现政府与公众的目标、行动互嵌，培育人民群众的自治能力，提升基层政府对于人民群众的号召力、在人民群众中的公信力、对人民群众的亲和力，培育共容利益，形成城市治理的共同体，这是城市治理的要义。

明确城市治理的应用层级意味着政策的适用应该更加精准而非泛化。

如在城市整体应急管理实践中，其整体策略是按照治理的思路，通过科学化、精准化、标准化的分析研判，对于危机的现状、动态、扩散有精准的预测，以此尽可能降低公共危机对于经济社会的影响，并在此基础之上实现经济发展与公共安全的"双赢"。而在基层应急管理中，治理贵在整体协同，就是迅速组织起基层治理力量，形成街镇政府工作人员、居委会社工人员、小区物业管理力量、社区群众组织、社区志愿者等力量组成的治理矩阵，做好应急信息发布、物资调配发放、群众志愿服务等工作，争取在应急管理执行中不留死角、不缺一环、不落一人，实现温暖、精准、高效。

第三节　超大城市治理的底数与指向

一、上海超大城市治理的底数

1292 年，元政府批准设立上海县，标志着上海建城之始。16 世纪中叶，明代的上海已成为全国棉纺织手工业中心。1685 年，清政府在上海设立江海关，上海开始对外通商。19 世纪中叶，上海已成为商贾云集的港口。

1949 年，中华人民共和国成立后，上海的经济和社会面貌发生了巨大变化。1992 年，确定以上海浦东开发开放为龙头，尽快把上海建成国际经济、金融、贸易中心之一。2001 年，上海要建设成为社会主义现代化国际大都市和国际经济、金融、贸易和航运中心。2014 年，上海城市定位从"四个中心"发展为"五个中心"，其中科技创新中心建设是"重中之重"。2023 年，上海在基本建成国际经济、金融、贸易、航运中心的基础上，已形成具有全球影响力的科技创新中心基本框架体系，并正坚定迈向具有世界影响力的社会主义现代化国际大都市。

上海是一座因开放而兴的城市，承载着更为多元的功能性任务。尤其是近代以来，上海不全是上海人的上海，这是一座"移民"城市，不同追求的人为了梦想来到上海，因此也有着多样化的需求。上海也不全是中国的上海，这是一座因对外开放且对其历史发展产生深远影响的城市，上海的城市发展和战略不仅需要关注国内发展，还需要放眼全球。上海是全球的上海，在新时代，上海承担着"五个中心"建设的使命，肩负着代表中国参与全球竞争的探索角色。可以说，上海的复杂功能和特殊使命，决定了其治理不能只关注于眼前和局部利益，更要关注长远和全局利益。

上海是我国城市建成区人口最多、各种要素高度集聚的超大城市。2020 年第七次人口普查资料显示，上海的城区人口达 1987.31 万，在 7 个超大城市中排第一。与此同时，上海的建成区面积为 1242 平方公里，每平方公里的人口密度为 20040 人，也是城区人口密度最高的城市。至 2023 年末，上海机动车保有量 566.3 万辆，地下工程超 4.3 万个，总建筑面积近 1.55 亿平方米，地铁的线路长度 831 公里，日均客流量为 1002.34 万人次（客流量最大的虹桥火车站全年日均客流量 21.3 万人，人民广场站为 19.4 万人），城市道路总里程为 5965 公里，其中快速路长度 238 公里。至 2023 年 3 月，上海外卖小哥数量达 1.8 万多人，各类合法网约车司机 2.6 万多人；2023 年末，全市常住人口达 2487.45 万人，有各类经营主体 341.76 万户，每千人就拥有企业 116.8 户；再加上 7.5 万家外资，近千家跨国公司地区总部。

1949 年上海地区生产总值仅为 20.28 亿元，2006 年突破 1 万亿元。

随着上海转型发展，经济综合实力持续提升，2012年地区生产总值达2万亿元，2017年超过3万亿元，2021年突破4万亿元。按常住人口和当年汇率折算的上海人均生产总值，2009年突破1万美元，2023年达到2.7万美元，按世界银行标准已达到高收入国家和地区水平。如果以"天"为单位，上海每天的生产总值（GDP）达129.37亿元，地方一般公共预算收入22.77亿元，商品销售总额448.84亿元，社会消费品零售总额50.73亿元，上海关区货物进出口总额211.91亿元，外商直接投资实际到位金额6575.34万美元，港口货物吞吐量230.83万吨，上海浦东、虹桥国际机场起降航班数1919架次，机场进出港旅客26.57万人，市内公共交通客运量1316.71万人次，用电量50652.33万千瓦小时。①可以说，作为一个城市，上海如此巨大的规模不但凸显其做好城市治理的重要性，也给城市治理的政策实践带来挑战。

二、上海超大城市治理的思路

2019年11月，习近平总书记在上海考察时提出"城市是人民的城市，人民城市为人民"。他指出："无论是城市规划还是城市建设，无论是新城区建设还是老城区改造，都要坚持以人民为中心，聚焦人民群众的需求，合理安排生产、生活、生态空间，走内涵式、集约型、绿色化的高质量发展路子，努力创造宜业、宜居、宜乐、宜游的良好环境，让人民有更多获得感，为人民创造更加幸福的美好生活。"2022年10月，习近平总

---

① 上海市人民政府新闻办公室、上海市统计局：《2024上海概览》，上海人民出版社2024年版，第2—3页。

书记在党的二十大报告中强调："坚持人民城市人民建、人民城市为人民，提高城市规划、建设、治理水平，加快转变超大特大城市发展方式，实施城市更新行动，加强城市基础设施建设，打造宜居、韧性、智慧城市。"

为更好地理解城市治理，我们需要首先明确城市的定义。根据《辞海》（第七版）的定义，城市是指具有一定的人口密度和建筑密度、第二及第三产业高度集聚、以非农业人口为主的居民点。古代城市起源于历史上手工业和农业分离，随阶级和国家的出现而产生，其职能多以政治中心、军事城堡或商业集市为主要标志。现代城市的形成和发展以工业化为动力，是现代大工业与科技教育、商贸、交通等现代服务业集聚的区域。现代化的生活方式、价值观念和人口、建筑物高度密集的城市景观是其主要特征。现代城市通常都是各级区域的政治、经济和文化中心，亦是地区经济社会发展赖以依托的支撑点。由定义可以看出，城市具有高密度的特征，经济活动是城市产生和运转的基础，城市的社会结构和各类要素复杂，未来城市的发展和竞争要关注城市的不同功能。

理论分析来看，虽然城市的结构和功能复杂，但组成城市的基本要素确是确定的，城市的组成包含三大类要素。一是"物"，主要是组成城市的硬件设施，如城市里的道路、桥梁、汽车、房子等，对于这些要素，城市治理的对策就是做好精细化管理，做到要像绣花一样精细。二是"人"，人不仅包括本市户籍的人，也包括其他地方（或国家）来到这个城市的人，与此同时，"人"还包括个体的人和有组织的群体或法人，对于这些有想法、有诉求的主体，城市治理的对策就是精细服务，满足不同主体的差异化诉求。三是"流"，主要指连通"物"与"物"，连接和规范"人"与"人"的各种制度、机制、规则、资讯等。由于"物"和"流"都是由"人"而产生，依附于"人"而存在，综合来说，城市治理的关键是民心所向，是围绕"人"的需求的制度与规则的不断优化。

城市治理的出发点和落脚点是人，主要的抓手则是基层社区。因为基层社区是现代生活中不可或缺的一部分，扮演着多重角色。首先，基层社区是生活的基本单元，是人们日常生活的场所，是家庭的所在地，也是人们情感寄托的地方，基层社区为居民提供了一个安全、舒适的生活环境，是社会结构中最小的单元。其次，基层社区是管理的基本单元，我国城市单位制解体后，社区成为城市政府连接居民的基本单元和载体，尤其在流动的城市中，基层社区成为治理的锚点，负责协调居民之间的关系，管理公共事务，维护社区秩序。再次，基层社区是公共空间的载体，社区作为公共空间，提供公共服务，如教育、医疗、文化等，同时也是公共财产保值增值的场所，社区的公共设施和资源需要得到合理管理和维护，以确保居民的生活质量和社区的可持续发展。基层社区与每个居民形成休戚与共的关系。基层社区的有效治理对于提升居民的生活质量、增强社区凝聚力、促进社会和谐具有重要意义。

三、上海超大城市治理的路径

城市治理共同体强调人作为最基本单位，在治理过程中的作用。这意味着在城市治理过程中，要始终把人民的利益放在首位，而要保障这种"以人民为中心"的价值观落到实处，就需要有相应的制度支撑，即有现代化的治理体系和治理能力，并具体表现为城市治理现代化。换言之，中国特色超大城市治理现代化新路的探索，需要深刻把握超大城市宏观和微观两个层面的运行规律，并紧扣"人民城市人民建，人民城市为人民"的"以人民为中心"发展理念，将重心和落脚点放在人民群众对美好生活的向往满足之上，围绕人民群众的日常工作生活逻辑，通过全面提升城市基层治理能力和水平，提升人民群众的获得感和向心力，并在此基础上构建人人参与、人人负责、人人奉献、人人共享的城市治理共同体。

对上海这样一座超大城市来说，推动基层治理效能提升和治理共同体构建双向奔赴，将人民群众期待与基层效能提升结合起来，进一步深化改革，才能成功应对各种新挑战、满足人民群众新期待。尤其是 20 世纪 80 年代以来，面对传统城市管理柔性不足、适应能力不够、满意度不高的挑战，治理理论被引入城市管理的学术研究和实践探索之中，城市治理开始取代城市管理成为学界和实务界共同关注的焦点。城市治理通过强调推动城市政府与利益相关者之间的合作关系，包括政府与市场、社会、市民的合作，以及政府内部的府际合作、部门间合作，以此促进城市能级的总体提升，并将城市收益更好地向城市各主体进行分配。[①] 因此，城市治理的关键一招是将城市的不同行动主体和利益相关者纳入公共决策，特别是要保障弱势群体的准入机会，以此实现城市"依靠人民、为了人民"的价值取向。

从行政管理层级的角度看，超大城市治理的落脚点在基层。2023 年末，上海常住人口达 2487.45 万人，其中，外来常住人口 1007.28 万人，占据人口总数的 40.5%。人口高流动、居住多样化，以及广泛的职住分离对政府供给公共产品的能力提出了更高要求，优化公共服务供给、领导管理体制、治理运作机制、参与监督反馈、法治规则保障、社会组织动员成为提高城市治理效能的基本路径。实践中，我国超大城市的开发建设仍然处于从空间扩张向提质增效转变的关键时期，传统依赖人力投入和简单运

---

① 翟宝辉等：《中国城市治理》，中国城市出版社 2022 年版，第 20—21 页。

用技术手段的管理模式无法有效匹配超大城市形态结构演变的内在要求，如何聚焦于基层群众感知，在"人民城市、人本城市以及效率城市"平衡间提升精细化治理水平，有效满足人们对美好生活的向往成为重要的现实命题。可以说，聚焦与人民群众息息相关的民生福祉公共服务供给和日常公共事务治理这些关键点，努力提升基层治理效能的过程，也是整合资源、聚合力量、激发活力，培育共同体意识、实施共同治理的必要环节和重要场景，基层成了超大城市治理的落脚点。

从公共政策实施的基本界面看，城市治理共同体构建实践的着力点在基层。上海作为一座各类要素集聚的超大城市，特有的治理难度和挑战，促使其在提升基层治理效能以强化城市治理总体效能上寻求新突破。作为国内规模最大的超大城市和国际大都市，上海与国内其他直辖市或大城市相比较，人口结构的特殊性是其治理制度设计的重要考量。一方面是人口老龄化，截至 2022 年，上海 60 岁及以上老年人口已突破 500 万大关，占全市户籍总人口的比率高达 36%，远超全国平均水平。另一方面是人口和居住多样化，包括快递小哥、网约车司机等新就业群体，以及长租、短租、共享居住等新居住空间，还有大居型、园区型、国际型等多类型社区、生活生产场景纷繁复杂等特质，这必将造成社会分化更多元、公共服务需求更多样、多元利益诉求更强烈、矛盾问题更复杂、社会风险更集聚，城市治理面临前所未有的挑战和难度。而在基本完成资源下沉、力量下沉的情况下，增强城市治理与社会发展相适应，继续深化改革，聚焦提升面向 216 个街镇乡、1.3 万个住宅小区的基层治理效能，以高效能治理助力高质量发展、赋能高品质生活，实现城市发展和治理改善良性循环，是上海城市治理的必然选择。

从城市治理的迫切性来看，人民城市建设需要聚焦当下最紧迫、人民群众利益最相关的"小切口"治理载体和有形抓手。城市治理的关键在于解决与人民群众生活息息相关的关键小事，如物业管理、环境卫生、公共服务供给、公共设施维护等，这些看似琐碎的日常问题，恰恰是影响居民生活质量的核心因素。可以说，城市治理的成效，不仅体现在宏大的发展规划中，更体现在这些细微之处的改善上。只有真正倾听群众呼声，及时回应他们的需求，才能提升居民的幸福感和获得感。通过精细化、人性化的管理，将治理重心下沉到社区、街道，切实解决群众身边的"急难愁盼"问题，才能构建起和谐宜居的城市环境，实现城市治理的现代化与人性化统一。已有研究和实践也表明，公共服务供给、领导管理体制、治理运作机制、参与监督反馈、法治规则保障、社会组织动员与人民群众日常生活关系密切，是提高城市治理效能的基本路径。[①] 相应地，聚焦于人民群众反映强烈的民生小事，并围绕这些小事的解决形成一整套的制度机制，以此实现整合资源、聚合力量、激发活力，培育共同体意识、实施共同治理，这是贯彻以人民为中心、提升上海超大城市治理效能的关键。

---

① 薛泽林：《从约略到精准：数字化赋能城市精细化治理的作用机理》，《上海行政学院学报》2021年第6期。

第二章 超大城市治理共同体构建的理论逻辑

从共同体到城市治理共同体既是超大城市治理现代化的新目标，也是共同体理论在我国城市治理工作中的最新发展。城市治理共同体以城市治理中的问题为导向，兼具物质诉求与情感认同。在治理主体能力和资源有限的情况下，超大城市主体和要素的多元化和复杂性约束了城市治理的政策有效性，面向城市治理共同体建构的未来政策需要围绕城市中人的需求，强化城市治理的功能属性。

第一节 从共同体到城市治理共同体的演进

一、共同体的理论溯源

理解共同体的内涵与本质是城市治理共同体建构的前提。从学术发展史来看，西方政治学的众多学者如柏拉图、亚里士多德、西塞罗、奥古斯丁、卢梭等，对共同体都有过论述，如在柏拉图看来，共同体内部成员的协调合作与利益共享是共同体维持团结的纽带，[1] 在亚里士多德看来，所有的共同体都是为了某种善而建立的，[2] 奥古斯丁认为，共同体强调秩序

---

[1]《柏拉图全集》第 2 卷，人民出版社 2003 年版，第 545 页。

[2]《亚里士多德全集》第 9 卷，中国人民大学出版社 2016 年版，第 245 页。

与和谐，以信仰和普爱为基础和纽带。① 可以说，在古典政治学的学者看来，共同体的内涵本质是"善"，这种善是一种共同的善，目标是达成共同的美好生活和良好的公共秩序。进入工业化阶段后，由工业革命导致的社会急剧转型及其对人本身的价值的挑战，促使学者开始从社会视角研究个体与共同体的关系，共同体也经历了由自然形成的"原始共同体"到现代意义的"当代共同体"的发展。如马克思从历史发展角度对共同体进行了发展地、辩证地阐述，认为只有"在'真正的共同体'中，个人才能占有自己的本质，才能获得全面发展的机会，才能获得真正的自由"。②

"共同体"一词成为独立的概念并进入学术研究体系始于德国社会学家斐迪南·滕尼斯的《共同体与社会》一书。滕尼斯将共同体视为一种原始的或者天然的状态，其理论出发点是人的意志是完善的统一体，并把人作为一个整体的成员团结在一起的特殊社会力量。③ 此后，学界关于共同体的研究日渐丰富，并主要形成了"主观情感"和"客观存在"两个流派。如从主观情感维度，滕尼斯认为，共同体是建立在自然情感一致基础上、紧密联系、排他的社会联系或共同生活方式，④ 血缘共同体、地缘共同体、精神共同体是其三种基本类型。尼斯贝特则认为，共同体是一种以高度的个人亲密性、情感深度、道德承诺、社会凝聚力及时间上的连续性为特征的社会关系。⑤ 从客观存在的维度，鲍曼认为，共同体是指社会

① ［古罗马］奥古斯丁：《上帝之城》，王晓朝译，人民出版社 2006 年版，第 923 页。

② 《马克思恩格斯选集》第 1 卷，人民出版社 2012 年版，第 215 页。

③ ［德］斐迪南·滕尼斯：《共同体与社会：纯粹社会学的基本概念》，林荣远译，北京大学出版社 2010 年版，第 48 页。

④ Toennies R., *The Concept of Gemeinschaft , on Sociology: Pure Applied, and Empirical*, Chicago: the University of Chicago Press, 1971, p.69.

⑤ Nisbet R. A., *The Sociological Tradition*, Transaction Publishers, 1993, p.48.

中存在的、基于主观或客观上的共同体特征而组成的各种层次的团体、组织，这里的共同体特征包括种族、观念、地位、遭遇、任务、身份等。[①]科林贝尔则指出，共同体需要一个人们之间能够彼此影响的关系网，并且需要信奉一系列共同的价值、规范、意义及共同的历史认同。[②]客观存在维度的定义将共同体放到了社会范畴之中，并遵循着共同体的地理属性和内容属性这两条线索，进而不断衍生出了村落共同体、社区共同体、家庭共同体、家族共同体、宗族共同体、利益共同体、文化共同体、民族共同体、政治共同体、命运共同体等一系列的共同体概念，[③]并由此使得共同体的研究愈发受到关注。

二、共同体的中国化进程

在我国，关于共同体的研究由来已久，但也有着鲜明的中国特色。共同体的英文是 Community，是拉丁文前缀"Com"（意为"一起""共同"）和伊特鲁亚语单词"Munis"（意为"承担"）组成的，有"共同承担"之意。直到 1932 年美国社会学家帕克（R. E. Park）来华讲学之前，"Community"和"Society"都被译作"社会"，当面对帕克"Community is not Society"这句话的翻译问题时，费孝通等人将 Society 翻译成"社会"，并创立了"社区"这一新词汇来解释 Community。[④]此后，Community 这个译名在中国

---

① ［英］齐格蒙德·鲍曼：《共同体》，欧阳景根译，江苏人民出版社 2003 年版，第 1 页。

② Etzioni A., The Responsive Community: A Communitarian Perspective, *American Sociological Review*, 1996.

③ 李华胤：《集成式联结：党组织何以引领社会治理共同体的构建》，《华中师范大学学报》（人文社会科学版）2023 年第 62 卷第 1 期。

④ 杨超：《西方社区建设的理论与实践》，《求实》2000 年第 12 期。

社会学界一直沿用下来，并与社区治理、社会治理等连在一起。虽然此后学者们在关于社区和 Community 的关系问题上并未达成一致，但以吴文藻和费孝通为代表的中国社会学家把社区理解为这种边界明晰的地域实体，除了受美国社会学的影响之外，还出于对当时中国现实社会进行实证研究的需要。以社区对应 Community，显然强化了地域共同体的意义，即地理属性，而非其社会心理和社会文化方面的属性。[①] 近年来，国内学者在梳理共同体理论脉络的基础上，从结构要素视角将共同体界定为相互的情感、彼此的依存和共同的行动，[②] 从而拓展了共同体的研究思路。

总结来说，从共同体的整个发展历程来看，共同体的核心特征主要如下：首先，共同体的构成基础不是简单的人的集合，而是基于共同目的、生产生活上具有一定的共同习惯和共同意志形成的。例如古希腊城邦从对生活的自我满足到对至善的终极追求，就是形成共同体的价值核心。其次，共同体的构成大多基于一定的纽带，无论是血缘、地缘还是宗教信仰。同质性的精神认同是维系共同体生存的关键。在这个共同体结构中，人不是机械的，而是有机的。共同体与个人是相互作用的统一体，两者既相互制约又相互促进。最后，共同体的价值始终体现着一种向善共生的伦理指向、团结互助和道德逻辑。[③]

中国特色的共同体理论演进沿着社会学和政治学的进路，并结合国家和地方公共政策阐释，形成社区治理共同体、社会治理共同体和城市治

[①] 赵健：《学习共同体——关于学习的社会文化分析》，华东师范大学博士学位论文2005年。

[②] 王亚婷、孔繁斌：《用共同体理论重构社会治理话语体系》，《河南社会科学》2019年第27卷第3期。

[③] 王鑫媛：《法治社会背景下社会治理共同体研究》，吉林大学博士学位论文2022年。

理共同体三个常用概念。如 2000 年的《民政部关于在全国推进城市社区建设的意见》中明确提出：社区是聚居在一定地域范围内的人们所组成的社区治理共同体。2007 年，党的十七大报告提出：建设管理有序、服务完善、文明祥和的社会生活共同体。2019 年 1 月，习近平总书记在中央政法工作会议上指出："要完善基层群众自治机制，调动城乡群众、企事业单位、社会组织的积极性，打造人人有责、人人尽责的社会治理共同体。"2019 年 10 月和 2022 年 10 月，在党的十九届四中全会和党的二十大上，习近平总书记强调要"建设人人有责、人人尽责、人人享有的社会治理共同体"。由此将共同体拓展到社会治理领域。2023 年末，习近平总书记在上海考察时强调"构建人人参与、人人负责、人人奉献、人人共享的城市治理共同体"。对于治理共同体的理论和实践提出了新的要求。

三、不同治理共同体的关系

从概念和内涵来看，社区治理共同体、社会治理共同体、城市治理共同体既有相互包含重叠的内容，又有各具特色的领域。

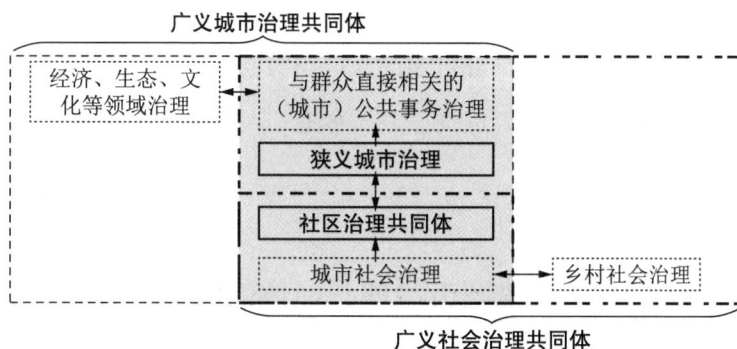

三个治理共同体的相互关系

首先，虽然关于社区的定义有所不同，如广义的社区既包含情感和文化意义上的虚拟群体认同，还包含一定地理空间的社群认同，但社区治理共同体的概念相对来说较为明确，主要是作为城市社会治理的基本单元存在，也因此被包含在社会治理共同体和城市治理共同体之内。其次，由于城市和乡村两种社会的形态和底层逻辑差异，社会治理则包含城市社会治理和乡村社会治理两个重要块面，其中的城市社会治理与社区治理和城市治理有交叉重合。再次，由于城市治理的内涵更加丰富，广义的城市治理共同体包含经济治理、社会治理、文化治理、生态治理、基层治理等多个块面，狭义的城市治理共同体则通常指与政府公共权力与人民群众发生直接联系的公共事务处置。结合"充分调动人民群众积极性主动性创造性，构建人人参与、人人负责、人人奉献、人人共享的城市治理共同体"，本书的城市治理共同体关注狭义的概念，为城市治理与社会治理的交叉的部分，其是广义城市治理共同体和广义社会治理共同体的交集，主要是基层社区治理的内容。

更确切地说，本书认为，城市既指空间又是领域，治理关注多主体与过程，共同体强调关联与自主性。城市治理共同体意指政府、社会组织、公众等主体，以解决城市问题、回应治理需求、促进城市发展为共同目标，基于互动协商、权责对等原则，在治理新理念、新技术的支持下，通过政府机制、市场机制和社群机制的互嵌与协同，提升城市主体间的情感认同，形成人人参与、人人负责、人人奉献、人人共享的社会行动群体。

第二节　构建城市治理共同体的内涵与目标

城市治理共同体、社会治理共同体、社区治理共同体虽然在内涵和领域上有所差异，但三者作为共同体理论在客观存在实体领域的应用，其底层逻辑也具有相通之处，并对城市治理共同体的构建具有重要的启示价值。

一、社会治理共同体的内涵与目标

学界关于社会治理共同体的概念尚未形成统一意见，大多数研究以问题为导向进行整体性的解读。比较有代表性的解读包括概念叠加、性质解读、治理嵌入等维度。

如郁建兴通过社会治理与共同体概念的叠加来解释社会治理共同体。他认为，社会治理共同体意指政府、社会组织、公众等基于互动协商、权责对等的原则，基于解决社会问题、回应治理需求的共同目标，自觉形成的相互关联、相互促进且关系稳定的群体。这种共同体与鲍曼认为的"衣帽间式的共同体"不同，它并不是碎片社会中某一面向的联合体。"衣帽间式的共同体"除了满足人们对共同体本身的眷恋之外，似乎并不能够带来真正的需求满足。社会治理共同体致力于在社会治理的各个方面都形成多主体良性互动的治理局面，提高整体社会治理的有效性，而不局限于某些领域和部分环节。更为重要的是，社会治理共同体还强调多元治理主体在权责一致基础上的有效互动。[①]

文军对社会治理共同体的定义是从共同体的性质入手，认为"社会治理共同体"不仅是一个联结形式上的共同体，更是一个具有实质内涵的共同体。从学理上分析，建设人人有责、人人尽责、人人享有的"社会治理

---

① 郁建兴：《社会治理共同体及其建设路径》，《公共管理评论》2019 年第 1 卷第 3 期。

共同体"，其不仅是一个包含着主体、客体等"一核多方"联结形式在内的工具性的共同体，更是一个具有情感、文化和心理认同在内的价值性的共同体。从社会治理的主体来说，"社会治理共同体"包括参与社会治理的各个机构、组织、群体甚至公民个体在内，强调在社会治理过程中，人人有责、人人尽责，实现从原来单纯的政府负责，向"人人有责、人人尽责"的转变，从有限的"一核多方"的共治主体，向更具凝聚力和包容性的"社会治理共同体"提升。从社会治理的客体来说，"社会治理共同体"也同时包含着治理的对象和客体，是治理主体与客体共享的一个过程。"社会治理共同体"所倡导的"人人享有"不仅较好地表达了"共同体"的参与感、认同感与归属感，也充分表达了"共同体"成员的获得感和幸福感，而这正是社会治理的价值旨归。①

曾维和聚焦共同体的社会性嵌入治理性过程来分析社会治理共同体的建构，认为社会治理共同体是在以人民为中心的治理基础上，将社会性嵌入治理性的一种基层群众自治的社会治理模式。并表现出三个特性：一是社会性，是共同体理论发展本质不变的属性，即共同体本质上是一个社会主体关系的联合体；二是治理性，是共同体从社会生活共同体转变为社会治理共同体所表现的内容特性，即社会治理共同体解决的是社会领域的治理问题，其目的是解决公共性问题和矛盾，从而实现社会稳定和谐的良善治理；三是人民性，是社会治理共同体作为主体制度的本质属性，人民性就是坚持以人民为中心，发展为了人民、依靠人民，成果与人民共享。②

---

① 文军：《迈向市域社会治理共同体的新时代》，《上海城市管理》2020 年第 28 卷第 1 期。

② 曾维和：《社会治理共同体的关系网络建设》，《阅江学刊》2020 年第 1 期。

　　总结来说，在社会治理共同体打造方面，多元共治和社会文化是学界的主要理论关切，共同参与和平等协商是其主要理论呼吁。如多元共治的视角强调，社会治理共同体的实现应着重加强基层党建引领、鼓励社会组织参与，提高群众参与积极性；① 或需要多元治理主体的良性互动，法治、德治与自治有机结合，由此建立"政策—组织—环境—资源"多重保障机制；② 或通过加强党的全面领导并广泛组织动员社会力量参与社会治理实践，发挥政府的主导作用并提升和培育非政府组织的治理能力，以及充分调动公民参与社会治理的积极性和主动性。③ 社会文化的视角强调，结合能力、信任、习惯及多元主体的行动方式，达成"能力建设—惯习积累—信任强化"，形成可持续的、稳定的合作是社会治理共同体打造的关键；④ 也有学者强调通过弘扬社会主义核心价值观、深挖地域文化时代内涵、健全微观文化体系及推进社会治理共同体与命运共同体的有序衔接，能够实现社会治理共同体的目标；⑤ 或通过结构再造、秩序整合、价值共创实现治理共同体的构建。⑥

---

① 张贤明、张力伟：《社会治理共同体：理论逻辑、价值目标与实践路径》，《理论月刊》2021 年第 1 期。

② 李伟、李资源：《社会治理共同体视域下民族互嵌式社区的内在机理与实现路径》，《西北民族大学学报》(哲学社会科学版) 2021 年第 2 期。

③ 高晓波：《中国特色社会治理共同体的内涵、理论与构建》，《甘肃社会科学》2021 年第 2 期。

④ 李慧凤、孙莎莎：《从动员参与到合作治理：社会治理共同体的实现路径》，《治理研究》2022 年第 38 卷第 1 期。

⑤ 贺芒、陈彪：《文化嵌入视域下的社会治理共同体构建：缘起、模式与路径》，《东北大学学报》(社会科学版) 2021 年第 23 卷第 6 期。

⑥ 张敏：《结构再造、秩序整合与价值共创：社会治理共同体建设路径》，《兰州大学学报》(社会科学版) 2023 年第 2 期。

二、社区治理共同体的内涵与目标

由于社区与共同体的相生关系，关于社区治理共同体的研究成果较多，主要分为社会发育视角、权力结构视角、合作生产视角等。

基于社会发育视角，社区治理共同体是推动社会有机团结的路径。城市社区治理共同体是一种以"统筹发展与安全"为战略导向、以基层党建助推多元主体关系为组织领导、以尊重个体自主性培育共同体归属感为精神自觉、以协商民主实现多元主体共同参与公共事务的协同型治理共同体形态，具有在理念和行动上既利用"脱域"又改造"脱域"的"低投入—高效能—可持续"的治理效能结构。城市社区治理共同体呈现出"网络—互构—团结"的建构逻辑，即：以基层党建的"组织逻辑"形塑"一核多元"的治理网络，推动社区多元主体再组织化；以国家与社会的"双向互构"逻辑推动社区内生力量有机发育；以公共理性推动城市社区民主协商与集体行动，进而实现"社会团结"。①

基于权力结构视角，通过治理权责关系的厘清推动社区治理共同体建设。认为社区治理共同体建设的过程是在权力结构中实现国家社会的动态平衡，作为治理基本单位的社区是国家和社会的连接点，社区治理共同体的建设需要厘清行政性权力与自治性权力间的关系。将社区治理共同体建设放在社区治理体系变革的历程中看，是从行政化到去行政化再到共同体的变迁过程，其建设并不排斥行政力量，因此政府发挥主导的治理优势，从情感、利益多维度路径助推政社互动，超越行政化与去行政化之争以实

---

① 陈进华、余栋：《城市社区治理共同体的系统审视与实践路径》，《东南大学学报》（哲学社会科学版）2022 年第 24 卷第 1 期。

现行政与自治的互促共生，以科层制的任务分配与趋利性的自由竞争逻辑的双重逻辑，构建一核多元的治理结构。[①]

基于合作生产视角，通过治理行动中的主体间互动，将社区治理共同体建设作为推动社区治理效能的方式。认为城市社区共同体构建最为核心的问题是"共同体"意义上的社区在现代城市社会是否可能。城市社区共同体的构建并不完全是由过去生活的经验和怀旧情感所驱动，恰恰相反，而是面向未来追求理想的生活样态。在城市社区，不同的行动者之间形成对立、合作与妥协的多种关系，基层协商治理是城市社区共同体构建的有效方式，它化解了城市社区居民之间的利益矛盾和利益冲突，弥合分歧、推动共识，为城市社区共同体构建提供了难得条件。不仅如此，基层协商治理还通过建立包容性政治、平等性政治、修复性政治来保障城市社区资源的公平分配，通过资源的公平分配来推动城市社区内部的社会团结和共同体的构建。[②]

总结来说，在社区治理共同体打造方面，由于社区是城市居民生活的聚居地，具有较多的共同利益，是社会治理共同体的微型表现，[③] 因此，关于社区治理共同体的研究与社会治理共同体的研究总是相互交织。在实践过程中，社会变迁带来的是居民居住方式改变、共同兴趣爱好消减、宗教仪式衰微、公共利益责任主体转移等，使得传统社区精神逐渐消逝并陷

---

① 章文光、李心影、杨谨顾：《城市社区治理的逻辑演变：行政化、去行政化到共同体》，《北京行政学院学报》2023 年第 5 期。

② 曾水英、殷冬水：《当代中国城市社区共同体构建何以可能？——以基层协商治理实践为分析中心》，《长白学刊》2023 年第 3 期。

③ 曹海军、鲍操：《社区治理共同体建设——新时代社区治理制度化的理论逻辑与实现路径》，《理论探讨》2020 年第 1 期。

入"共同体困境"是社区治理共同体建设的主要挑战。[①] 在解决思路方面，基于主体视角的研究强调重塑政府、社会组织与居民构成的治理结构，理顺主体之间的边界，激发各主体的能动性，[②] 或基于制度与生活视角缔造社区联接强化社区共情和团结，[③] 推动社区由"陌生邻里"向"熟人社区"转变；[④] 基于文化视角的研究强调社区作为公共空间的精神纽带作用，[⑤] 主张形成社区社群所认同的群体文化识，[⑥] 以此唤醒和培育"社区共同体"意识，[⑦] 并在此基础之上打造基于情感的共同体。

三、城市治理共同体的内涵与目标

城市治理共同体作为近年来的新目标任务，已有研究主要从有机整合视角、公共服务视角、合作治理视角对其进行了解读。

从有机整合视角理解城市治理共同体的研究认为，城市治理共同体是

[①] 陈友华、佴莉：《社区共同体困境与社区精神重塑》，《吉林大学社会科学学报》2016 年第 56 卷第 4 期。

[②] 李永娜、袁校卫：《新时代城市社区治理共同体的建构逻辑与实现路径》，《云南社会科学》2020 年第 1 期。

[③] 吴晓凯：《寓情于治：社区情感治理的逻辑理路与实践路径》，《学习与实践》2024 年第 6 期。

[④] 杨建科、张振：《社交网媒在商品房社区共同体形成和治理中的作用》，《城市问题》2017 年第 12 期。

[⑤] 贺芒、陈彪：《文化嵌入视域下的社会治理共同体构建：缘起、模式与路径》，《东北大学学报》(社会科学版) 2021 年第 23 卷第 6 期。

[⑥] 杨志杰、钟凌艳：《台湾社区治理中的"社区共同体"意识培育经验及借鉴——成都老旧居住区的社区治理反思》，《现代城市研究》2017 年第 9 期。

[⑦] 段建军：《培育社区社群共同体：社区治理的基础条件》，《生产力研究》2011 年第 6 期。

指在城市治理场域中，由中国共产党统一领导，有机团结城市基层政府、城市群体组织、城市自组织、城市企业、城市公众等多元主体，在城市卫生、医疗、社保、教育、文化、公共服务等领域，通过项目合作、项目委托、资源共享等路径实现高质量城市公共服务，进而在城市建设理念方面形塑"人民城市人民建"的价值导向，在城市政治、经济、社会、文化等公共领域和生活空间培育责任机制，在不同治理主体之间基于数据共享、信息融通、相互交流形塑行动方略，在城市发展成果共享方面构建多元主体共享的利益分配原则。总体看，城市治理共同体呈现复合型表征。其一，公共性。聚焦公共议题、公共服务等要素，各参与主体基于公共精神参与城市公共事务的协商，并担负相应主体的公共责任。其二，多样性。主体构成多元，政府、社会组织、企业等主体均可吸纳成为治理场域的一员，进而为城市治理赋能。其三，包容性。个体往往呈现"脱域化"，需要基于业缘、学缘、趣缘等要素实现多元主体之间的有机团结。其四，开放性。城市治理的高度繁难和高度复杂意味着城市治理共同体在建设过程中也需要与时俱进，不断吸纳更多利益相关主体进入治理场域。其五，互惠性。城市治理场域的主体异质多元，这就意味着不同主体的治理意愿、利益诉求、价值主张等存在差异，需要寻求不同主体利益的交汇点，进而在相互尊重、民主协商、相互妥协的基础上达成多元主体的集体行动。①

从公共服务视角理解城市治理共同体的研究认为，城市治理共同体不仅是一个联结形式上的工具性共同体，更是一个具有实质内涵的价值性共

---

① 陈进华、余栋：《新时代"枫桥经验"赋能城市治理共同体的创新意蕴及其时代价值》，《东南大学学报》（哲学社会科学版）2024 年第 26 卷第 5 期。

同体。引入"服务型治理"的理念,通过构建服务型治理共同体,可以更好地破解超大城市的治理困境,探索具有中国特色的超大城市治理新路。服务型治理共同体建设的社会化活力来自人们自觉自愿的组织化行为,各种社会文化、情感与心理认同既是这种自觉自愿行动的精神动力,也是城市治理迈向现代化的动力源泉和价值追求。作为一种全新的治理思路,服务型治理共同体不仅实现了对城市治理价值的再反思、理论的再定位以及实践的再建构,也同步开启了超大城市治理转型的新向度。具体策略包括:聚合主体利益,巩固治理共同体的基础;完善组织结构,增强治理共同体的能力;优化服务流程,强化治理共同体的管理;建立系统思维,提升治理共同体的效能。[①]

从合作治理视角理解城市治理共同体的研究认为,在城市治理共同体中,政府、社区和居民形成紧密合作的网络,共同推动城市治理向更加开放、透明、民主的方向发展,每个成员都能够在城市治理中发挥积极作用。这种共同体不仅能够提高治理效率,也能够增强社会凝聚力,使城市更具活力和包容性。共建城市治理共同体,是实现城市可持续发展和居民共享繁荣的重要途径。人人参与体现了广泛的社会参与,不论是居民、企业还是社会组织,都应在决策和建设过程中发挥作用。人人负责则意味着每个成员都有责任为城市的良好运转贡献力量,共同维护公共秩序。人人奉献强调了各成员为社区、城市发展作出贡献的精神,通过志愿服务、环保行动等方式,实现对城市的积极奉献。人人共享则追求资源、机会、福利的公平分配,以确保社会的整体稳定与和谐。这一共同体的构建需要政

---

① 文军:《超大城市治理共同体及其构建——基于服务型治理的视角》,《光明日报》2024 年 11 月 13 日。

府、企业、社会组织和居民齐心协力，建立开放、透明的决策机制，促进社区居民的自治和自治能力的提升，从而建设一个充满活力、公平、和谐的城市。①

与此同时，关于城市治理共同体构建的研究主要还有以下观点。如聚焦于城市基层的观察认为，规范化的城市治理共同体，核心在于推进基层共治，在基层形成一个重心下移、"权责利"相结合、人民参与积极性与规范性相统一的共同体建设机制；②或从治理体系和治理能力现代化的视角，认为推进城市治理共同体建设需要进一步加强党建引领，进一步加强群众自治，进一步加强多元共治，进一步加强数字赋能。③聚焦于功能型治理的观察认为，城市治理共同体需要破解"过大"或"过小"的现实困境，坚持"人民主导"的路径方法，在"生活圈""服务圈""工作圈"的搭建和完善中不断织密城市主体间的链接网络，通过凝聚不同主体的认识达成城市共同体的思想共识，通过协调不同主体的行为形成治理合力，构建人人参与、人人负责、人人奉献、人人共享的城市治理共同体。④

---

① 包启挺：《关于构建城市治理共同体的一点浅思考》，载澎湃新闻，2023 年 12 月 5 日。

② 熊竞：《构建"四个人人"城市治理共同体，可以从三大路径切入》，载澎湃新闻，2024 年 1 月 26 日。

③ 陈光普：《构建城市治理共同体，要做到四个"进一步"》，载上观新闻，2023 年 12 月 5 日。

④ 薛泽林：《坚持人民立场，构建"四个人人"城市治理共同体》，载上观新闻，2024 年 1 月 2 日。

第三节　城市治理共同体构建困境的逻辑分析

一、城市治理共同体的理论与现实诉求

构建城市治理共同体作为新的政策目标，是新时代探索超大城市治理现代化新路的新目标和新路径。从政策背景看，2023年习近平总书记在上海首次提出构建城市治理共同体，从社会治理共同体到城市治理共同体，工作的主体指向更加明确、空间单元更加聚焦。从理论演进看，城市治理共同体理论是共同体理论的延续与最新发展，强调城市治理过程和结果的主体间双向依赖、相互支撑，并围绕"工作机会、生活幸福、更好发展"等人民之需组织城市工作，以此提升城市的总体韧性和竞争力。从工作抓手看，作为人口密度高、流动性大、异质性强、联结性弱的超大城市，要在流动性上构建治理联结，形成城市治理共同体，就需要打破对单一共同体的认识，形成工作共同体、生活共同体、兴趣共同体等多重嵌套，构建复合型城市治理共同体网络。

从理论分析来看，城市治理共同体打造具有明显的层次递进关系，其中，人人参与是基础，人人负责是保障，人人奉献是动力，人人共享是结果。但是，我们对于城市治理实践的观察却往往发现，由于人民代表大会、居民自治等制度化的参与机制发挥不够，制度外的表达在一定程度上又不被鼓励，新型的数字化参与（如12345热线等）在解决个人诉求建议方面较为有效但在解决公共利益诉求方面还缺乏固定整合机制，[①] 加上经济社会

---

① 目前，不少地方建立了12345群诉（即多人共同打12345电话反映同一问题）的领导牵头解决机制，但有多少人打电话反映才会触发领导关注，领导关注后在解决问题的过程中跟谁对接、解决后谁来评判是否满意，目前还缺乏相关机制。

发展导致的社会资本流失以及全球来看都普遍面临的政治参与冷漠，由此导致我国的城市治理一定程度上表现出参与不足的困局。少数地方的城市治理在一定程度上容易陷入"自我强化认同的内循环"中，即个别政府部门的民生工作，在项目确定时民众参与不够，项目执行时覆盖对象和点位有限，项目评价时主要看部门工作总结，全程都在有限的范围内开展，很难形成广泛的社会效果。加上很多时候项目从立项到验收的时间过短，很难按照规定流程组织各类公众参与，由此便导致被群众关切的民生项目却缺少人民群众的参与。以至个别政府部门"挖空心思、加班加点、处处留痕"地拼命"内卷"，以减负和服务群众为目标的治理创新成了新的工作负担。

超大城市构建治理共同体需要全面地学习领会习近平总书记 2023 年在上海考察时的指示："要把增进民生福祉作为城市建设和治理的出发点和落脚点，把全过程人民民主融入城市治理现代化，构建人人参与、人人负责、人人奉献、人人共享的城市治理共同体，打通服务群众的'最后一公里'，认真解决涉及群众切身利益的问题，坚持和发展新时代'枫桥经验'，完善基层治理体系，筑牢社会和谐稳定的基础。"并在此基础上做到两个回归：一是回归到狭义城市治理的概念定义上，将人民群众界定为城市治理的核心主体，以此回答城市工作的主体是谁的问题；二是回归到城市为民的城市功能定位上，将与人民群众生活福祉直接相关的公共事务界定为城市治理的核心内容，以此解决城市治理共同体构建的内容困境。总体来说，需要遵循城市运转的底层逻辑，从功能的视角出发，一方面从地域空间入手合理确定治理单元幅度，创造社群之间的反复接触和认同；另一方面基于"以人民为中心"和"城市让生活更美好"的发展理念，围绕人民群众生活所需，打造功能型的城市治理新范式，以此推动城市治理共同体建设。

二、主体诉求差异化与城市治理逻辑分析

在城市治理共同体的打造中，由于各主体遵循不同的行为逻辑，期望的收获和认同也有所差异，这就导致由政府主导的城市治理创新缺少各主体共同参与的共融利益。具体来说，政府组织、社会组织分别秉持政治绩效、社会成效的价值观念，遵循"科层制"的任务分配与公益性的协同合作逻辑。[①] 如果用单一的科层行政逻辑去推进城市治理工作，就不可避免地出现"政策偏差"的问题。

围绕城市治理最重要的公共服务供给领域，为了解决科层制公共服务供给的效率困境和回应性不足的短板，理论界和实务界呼吁由市场组织供给公共服务，但从实践来看，由于政府和市场遵循的是两种低关联度的公共服务供给方式，在社会组织发育不成熟且缺少相应制约协同、居民参与机会和权利经常被忽视的情况下，市场的信息机制陷入失灵。于是，又有理论界呼吁大力培育社会组织，通过充分发挥社会组织在公共服务供给链条上既可以向下深入群众获取居民真实需求又可以向上对接政府和市场组织精准供给服务的作用，以此通过协同合作逻辑来克服政府与市场失灵，实现公共服务的精准化供给。但是，由于购买公共服务的资金由政府控制，资金额度和项目数量也缺少制度化的规定，无论是市场主体还是社会组织，在参与公共服务供给过程中很容易形成对政府的"非对称性依赖"，并由此导致社会失灵问题的产生。

城市治理与乡村治理最大的差异在于城市是一个由陌生人构成的身份

---

① 李永娜、袁校卫：《新时代城市社区治理共同体的建构逻辑与实现路径》，《云南社会科学》2020 年第 1 期。

社会，是一个权利优先而非责任优先的社会。在城市治理过程中，如果人人遵循自身角色设定并参与城市活动，这种基于社会角色的非人格化交往和社会互动往往并不必然催生出城市治理共同体。因为社会关系网络是以相互让渡一部分隐私为前提的，私人信息的交换是重要的前提，共同体不仅基于利益和认同，也是一个分享传说、故事、流言和隐私的社会群体。[①] 比如很多人每天出门都会见到小区门口的同一个保安，但很多人却并不知道这名保安叫什么名字、来自哪里，更不用说其家庭生活信息了，因此也就无从说两者之间有社会资本或是共同体了。此外，"乔哈里资讯窗"[②] 也启示我们，在治理共同体的建设中，我们需要创造条件，让人们能够形成重复性、累积性的社会接触，让渡一部分隐私，跨越熟人门槛，从而形成高质量的社会资本和社会关系网络。

由此，我们可以得出三条重要的启示：一是城市治理共同体打造需要创造重复的社会接触，并在此基础之上通过种种活动或服务促进社会资本的积累和熟人社会出现；二是城市治理共同体打造需要合适的空间单元幅度，既不超出个体的理解和关切范围，还要有一定的可协商空间；三是城市治理共同体打造需要循着城市本身的功能属性，围绕人民群众的需求重构城市工作的闭环。

---

① 熊易寒：《社区共同体何以可能：人格化社会交往的消失与重建》，《南京社会科学》2019 年第 8 期。

② 乔哈里资讯窗是一种关于沟通技巧的理论，其将人的内心世界比做四个窗子，分别为公开区、隐藏区、盲区、封闭区，并认为真正有效的沟通只能在公开区进行。但在现实中，很多沟通者对彼此并不非常了解，沟通的效果也就不佳。因此就需要提高个人信息曝光率，不断扩大自己的公开区，尤其是在隐藏区内寻找双方都能容易接受的点来交流。

三、城市治理共同体构建困境的理论分析

当前城市治理共同体建构过程中面临的种种挑战，或多或少与城市没有找到合适的治理单元，城市治理主体不清、内容不明，城市治理工作脱离了功能属性有关。

一方面，城市治理之所以出现主体不清的问题，与城市治理内容的繁杂密不可分。如前文所述，广义的城市治理包含经济治理、文化治理、社会治理、生态治理、基层治理等各个方面，以及城市综合管理、城市规划建设、城市信息化建设、城市防灾应急、城市社区治理、城市科技创新、城市各类公共政策等具体领域，内容的庞杂使得无论是关于城市治理的研究还是实践都很难把握重点，也很难确定城市治理的主要工作主体，即城市治理工作谁是倡导者、谁是行动者、谁是受益者、谁是评价者、如何推动城市治理工作形成政策闭环？对于这些问题的回答没有确切答案，就很容易导致城市治理工作陷入"空转"的困境。

另一方面，城市治理面临着内容不明的问题，这又与城市治理参与不足有着直接联系。已有研究认为，在多元利益主体的整合中、在利益分配或再分配过程中，由于利益主体的多元化、利益需求的多样性以及满足利益需求的各种资源的稀缺性和有限性，不同利益主体的自身利益偏好与其他利益主体难免发生冲突，因此，城市治理的关键就是分析不同主体的利益诉求和利益实现机制的差别，寻求利益主体的利益整合机制，这也就是城市治理的运行机制。[①] 如前所述，城市治理的主体不清使得城市工作难以分辨利益相关者，由此也难以实现所谓的利益整合，更难实现内容供给

---

① 王佃利：《城市治理体系及其分析维度》，《中国行政管理》2008 年第 12 期。

的精准精细。为了突破城市治理的内容解释困难，不少学者提出了回应型治理等理论框架，但回应型治理的解释领域依然有限，在信访、12345 热线等事务之外，更广泛的城市治理工作仍然被内容所困。

在主体和内容都受限的宏观背景下，城市治理共同体，尤其是超大城市的治理共同体建构显得困难重重。超大城市与中小城市的最重要区别在于其超大的人口规模、超高的人口密度、超强的人群异质性、超快的人口流动，再加上劳动分工复杂、社会分工显著，人与人之间更多地体现出了理性、疏远的关系，如何在超大城市的流动性与不确定性中寻找确定性，如何在社会资本难以积累的地方追寻熟人社会，如何在巨大的差异性中寻找利益整合，这是超大城市构建城市治理共同体面临的重大挑战。

第三章 功能主义理论及其对城市治理的启示

功能主义作为理解人类社会组成和运转规律的重要理论之一，通过"作用"而非"成分"分析方法，更加关注部分如何服务整体目标，并通过强调超越静态结构的过程和互动，为我们理解社会运转规律提供了有益指南。从理论脉络来看，功能主义的研究经历了传统功能主义和经典功能主义之后，目前处于系统功能主义和新功能主义并重的阶段。在城市公共事务日益复杂的当下，功能主义理论可以为城市治理理论和实践创新提供借鉴。

第一节 传统功能主义的理论脉络与主张

19 世纪以来，随着人类关于人体、微生物和动植物知识的不断增长，以及达尔文关于自然选择和物种进化的理论获得广泛认可，生物学的研究方法也开始被不同学科争相借鉴。以奥古斯特·孔德、赫伯特·斯宾塞、埃米尔·涂尔干和勃洛尼斯拉夫·马林诺夫斯基为代表的早期社会学者开始将生物学的一些概念运用到社会分析之中，由此确立了传统的功能主义思想和原则。

一、孔德的功能主义

功能主义作为一种理论范式，始于社会学的创始人孔德。孔德为社会学确立了"秩序和进步"的基本原则，并将社会学分为"社会静力学"（结构、制度）和"社会动力学"（功能、过程）两块主要内容。其中，社会静力学研究的是社会的秩序，是社会诸要素之间相互依赖的有机体，这些要素都为维持社会稳定发挥着不同的但重要的作用。在分析视角上，孔德反对将个人视为基本的社会单位，因为在他看来，个人是从家庭被注入社会的，家庭为个人提供了统治、服从与合作的经验；只有在家庭中，个人的利己主义倾向才有可能被抑制，父母与子女间的关系将过去和未来联系在一起。孔德认为，与通过有形的物质形式连成一体的生物体不同的是，社会是通过语言、分工和宗教而结为一体的。分工使人们意识到彼此间的依赖和合作，但过多过细的分工也会使人片面发展，并助长个人主义，为此有必要建立起外部机构以进行道德协调。而宗教则为人们的行动提供了共同遵守的原则，它能促进人们的情感联系，是社会秩序的强大黏合剂。①

社会动力学研究的是社会进步规律，是从动态角度研究人类社会发展的历史过程。孔德坚信人类社会必然是向前发展的。他认为，同人类智力发展三阶段一致，社会也不可避免地经历了三个阶段：一是13世纪以前的神学阶段，人们认为超自然的力量是万事万物的根源，祭司在社会生活中占据着统治地位，社会内聚力是由武力和军事形成的；二是13世纪到18世纪的形而上学阶段，人们强调诸如大自然的这种抽象力量是万事万物的基础，占统治地位的是牧师和法官，社会基本单位是国家，社会依赖法律系统得到维持；三是18世纪之后的科学或实证阶段，此时人们放弃

---

① 文军：《西方社会学理论：经典传统与当代转向》，上海人民出版社2006年版，第63页。

了对宇宙起源等终极现象的探索，代之以对自然或社会现象的观察，这是一个由科学的道德指导者和工业管理者统治的时代，全人类则是一个巨大的社会单位。① 因此他才特别强调：在这种情况下，"实证"这个词指出了新哲学的最重要属性之一，从而表明这个新哲学的使命就其本性而言主要是组织而不是破坏。② 孔德认为，在实证社会里学者与牧师发挥着特殊的作用，协调人的感情，帮助人们承认国家治理者的权威，节制权贵的专横和利己行为，教育人们热爱他人，对社会、对集体履行自己的责任与义务，克服利己思想，保证维持社会的共存与有序发展。③

在孔德生活的那个年代，社会科学并未进入实证阶段，在此基础上，他倡导在研究方法和功能上都效仿自然科学，这样才能使社会学既能解释社会的过去，还可以预测社会的未来。因为在他看来，社会学应该和生物学最为接近，并且这种相似性突出地表现在它们的研究对象都有整体性这一特质。在孔德看来，社会与生物有机体有相似之处：首先是结构相似性，社会由相互依赖的不同部分构成，如家庭、阶级、制度等，这些就类似于生物体的细胞、组织和器官；其次是功能必要性，社会各部分需满足整体需求以维持存续，例如获取资源、分配资源、维持秩序等；最后是整体优先性，社会是一个不可化约的整体，分析需从整体出发，而非个体或局部出发，整体功能是分析的基础。正是出于这种将社会视为"社会有机体"而与生物有机体比较的研究方法，孔德的学说被称为"有机体类比功

---

① 文军：《西方社会学理论：经典传统与当代转向》，上海人民出版社 2006 年版，第 64 页。

② 孔德：《论实证精神》，商务印书馆 1996 年版，第 12 页。

③ 侯钧生：《西方社会学理论教程》，南开大学出版社 2006 年版，第 29 页。

能主义"，由此也开了功能主义的先河。①

二、斯宾塞的功能主义

斯宾塞继承了孔德的功能主义理论，提出了社会有机体论和社会进化论。其主要理论假设是综合自由放任的激进个人主义和导源于自然科学的集体主义的有机体论。他将社会比拟为单个的生命有机体，形成他的社会有机体论；与此同时，他将社会的发展比拟为生物由简单向复杂的进化，形成他的社会进化论，这是斯宾塞社会学理论的两大支柱。②斯宾塞在《社会学原理》一书中指出，"社会是有机体"，与生物体之间存在许多相似之处，概括起来主要有几个特点：生长过程、结构进化、功能分化、相互依赖。在斯宾塞看来，随着有机体和超有机体（社会）的增长，它们的结构也就增长，结构的分化伴随功能的分化；有机体和超有机体中分化的结构和功能通过相互依赖实现整合；在一定程度上，每一分化的结构本身就是一个系统，整体受其组成部分的系统过程所影响。③斯宾塞第一次提出了结构、功能、分化等观点，后来成为结构功能主义核心范畴的基本概念，他的社会有机体学说包含了结构功能主义的基本假设，即社会是一个由相互依赖的部分组成的系统。④

---

① 吕佳龄：《有机体·结构·功能——孔德"有机体类比功能主义"及其他》，《兰州大学学报》2005年第4期。
② ［美］刘易斯·A.科瑟：《社会学思想名家》，石人译，中国社会科学出版社1990年版，第5页。
③ ［美］乔纳森·特纳：《社会学理论的结构》上卷，邱泽奇等译，华夏出版社2001年版，第9页。
④ 贾春增：《外国社会学史》修订本，中国人民大学出版社2000年版，第47—56页。

斯宾塞还将达尔文的进化论学说运用到社会历史领域，创立了社会达尔文主义，以此解释人类进步。他认为，社会发展也遵循着"物竞天择、优胜劣汰、适者生存"的自然生物界法则，也是一个生存竞争、不断适应环境和"净化"的过程。在他看来，社会发展是由多种因素引起的，在社会生存、发展、变化过程中，每一新的因素成为一个恒定力量；根据诸多力量聚集作用而多少改变运动方向。社会变化过程绝不是简单、直接的，而在许多原因共同作用下变得无规律、复杂，而且总是有节律的。[①] 社会进化是一个自然的过程，社会进化是一个遵守自然法则的过程，另一个是社会进化来自公民的自发努力。[②] 他甚至认为，"以丧失优秀人种为代价来培养那些无用之人，真是一种极端的残忍……人们不禁会怀疑温情的慈善事业是否比最极端的自私带来的灾难还要大，因为慈善家们只看到事情的表面，而忽视了这样做间接带来的损害"。[③] 这一观点自一开始就引起很大争议，被认为具有种族主义和歧视的色彩。

在斯宾塞的理论体系中，社会有机体进化与其结构和功能变化密切相关。他认为，社会的进化首先源于社会结构的变化，即社会的结构由简单变得复杂，由同质社会变成异质社会，由简单结构向复杂结构和多种功能分化。伴随着社会结构的分化，社会的功能也在发生变化，结果便是社会结构和功能的复杂化、分工和专门化同时进行、互相促进，并由此推动社会进化。在他看来，相似部分的结合和不相似部分的分离——这是不断增加的功能再划分——发生在社会的发展之中。最早的社会有机体组织几乎

---

① ［英］赫伯特·斯宾塞：《社会学研究》，张红晖、胡江波译，华夏出版社 2001 年版，第 87 页。

②③ ［英］赫伯特·斯宾塞：《社会学研究》，张红晖、胡江波译，华夏出版社 2001 年版，第 361 页。

全部由同一成分的复制品组成的。每个人既是战士，又是猎手、渔人、建筑工人、农夫、工具制造者。社区的各个部分执行与每一其他部分相同的职责；下一阶段作为区别的是把这些社会单位分成不同的阶级：战士、僧侣和奴隶。再向前进一步是把劳动者分成不同的等级，他们有特殊的职业……这种分离和结合还在继续。[①] 在他看来，社会进化是一个渐进的过程，不存在突变或飞跃，社会从低级到高级、从简单到复杂的发展是一个逐步演化的过程，进化是普遍的规律，世间一切事物都处于不断进化、变动演化的过程中。

三、涂尔干的功能主义

涂尔干在关于分工的探讨中体现了其功能主义思想。在他看来，所谓的功能是指有机体的系统与有机体的某种需要之间的相互关系。在《社会分工论》一书中，涂尔干认为，分工的发展与道德的需要并没有什么关联，分工的最大意义并不在于提高劳动生产率，提高劳动生产率仅仅是分工的一个附带功能。分工的最大意义在于它对社会整体发挥作用，它将整个社会紧密地结合起来使社会成为可能。没有分工的这些功能，社会就不可能存在。所以，分工具有整合社会机体、维护社会统一的功能，并且是凝聚社会的主要因素。[②] 涂尔干在这里实际上阐述了结构功能主义的核心思想，即部分与社会整体之间十分密切的相互作用关系。涂尔干曾经用过

---

① ［英］赫伯特·斯宾塞：《社会静力学》，张雄武译，商务印书馆1996年版，第260页。

② ［法］埃米尔·涂尔干：《社会分工论》，渠东译，生活·读书·新知三联书店2000年版，第24—27页。

一个很好的比喻来说明整体与局部的这种相互关系，他说："如果能够使肌体得以成活的重要器官被分割下来，那么整个生命就会陷入极端混乱的状态。"①

涂尔干特别关注的问题是社会整合。在涂尔干看来，经济的不断发展使得社会出现了相当严重的混乱，为了解决社会失范的问题，就必须建立一个群体，建立起规范体系；而能够完成这一任务的只有职业群体。② 他认为传统社会是通过机械团结的方法联系的，即社会构成要素之间按彼此相似或相同的性质形成的团结，在机械团结的社会中，个体保持着强烈的认同感和归属感，社会成员之间联系紧密，个体的个性往往被集体意识淹没，这种团结方式主要存在于原始、隔绝生存状态下的社会群体中。但在传统社会瓦解后，社会出现了极端混乱的"社会失范"问题——道德滑坡、信任断裂等。

面对当时法国和欧洲由于社会转型导致的传统社会的维系方式难以持续的挑战，涂尔干希望寻找一种能够把社会重新联系起来的"社会整合"方案，也正是在这一过程中，他提出了职业群体这一渠道，在他看来，相互依存的职业群体将变成国家与个人之间的协调者，创造出有机团结。③ 即在现代社会，社会成员基于劳动分工和职能差异而形成的相互依赖关系，这种团结方式与原始社会的机械团结不同，它不是基于成员的相似性，而是基于成员之间的差异性和相互依赖性。身份分析方法至今仍是城

---

① ［法］埃米尔·涂尔干：《社会分工论》，渠东译，生活·读书·新知三联书店 2000 年版，第 111 页。

② ［法］埃米尔·涂尔干：《社会分工论》，渠东译，生活·读书·新知三联书店 2000 年版，第 15—17 页。

③ 李强：《清华社会学讲义：社会分层十讲》第 2 版，社会科学文献出版社 2008 年版，第 185 页。

市治理研究的重要理论视角。

涂尔干认为，表面看来分工会造成人与人的分化，但实际上劳动越加分化，个人就越贴近社会。[①] 在分工的社会里，群体的各个部分都具有各自的功能，相互已经难以分割。[②] 分工使得人与人之间形成内在的相互依赖关系，分工在人与人之间构建了一个能够永久地把人们联系起来的权利和责任体系。[③] 正是这种归因于劳动分工的"有机团结"和各部分功能发挥才使社会更加稳定和有序。

四、马林诺夫斯基的功能主义

在功能主义理论的发展历程中，除了孔德、斯宾塞和涂尔干奠定了功能主义的基本思想之外，还有雷德克列夫-布朗等代表性学者，他们都假定某种社会基本需要即整合的存在，然后再根据这种需要的满足去分析系统的组成部分，这种呆板的分析方法也限制了功能主义的发展。马林诺夫斯基则通过引入斯宾塞的研究方法，为现代社会学者运用功能分析提供了途径。马林诺夫斯基主张对人类事实进行全面的功能分析，注重文化体系内各个部分之间的相互联系以及文化体系与周围环境相互联系的方式，他提出了功能普遍性和功能不可缺少性的假设，这两条假设成为传统功能主义的基本前提。

---

① ［法］埃米尔·涂尔干:《社会分工论》，渠东译，生活·读书·新知三联书店2000年版，第91页。

② ［法］埃米尔·涂尔干:《社会分工论》，渠东译，生活·读书·新知三联书店2000年版，第110页。

③ ［法］埃米尔·涂尔干:《社会分工论》，渠东译，生活·读书·新知三联书店2000年版，第364页。

在马林诺夫斯基的理论框架中，世界存在着三种系统层次：生物的、社会结构的和符号的。在每个层次上，人们能识别基本的需要或生存的必要条件。倘若生物体、社会结构整体和符号的一致想要存在的话，那就必须满足这些需要和条件。此外，这些系统层次构成某种等级阶梯，即生物系统处于底层，社会结构系统居中，符号系统为上。马林诺夫斯基强调，某一层次的系统需要的满足方式必然制约着与它接近的那个系统层次需要的满足方式。此外，马林诺夫斯基还主张，对社会学或人类学的分析来源，重要的系统层次是结构的和符号的。马林诺夫斯基强调文化满足需求、文化要素相互关联、文化具有动态性，在他看来，社会的所有文化都是为了满足人类的生理和心理需求而存在的工具，这些需求包括生物的、生理的和心理的，如食物、住所、安全感、归属感等，文化通过各种方式来满足这些需求，从而维持社会的稳定和发展。

在分析结构系统层次时，马林诺夫斯基强调了制度分析的必要性。在他看来，制度是满足组织活动的重要的必要条件和普遍的、相对稳定的方式。他认为，所有制度都具有某些普遍的特征或"要素"，可以把这些要素列举出来并用作比较不同制度的维度。这些普遍的要素是：（1）人事：谁以及有多少人参与了制度？（2）规章：制度的目的是什么？它宣布的目标是什么？（3）规范：什么是调节和组织行动的主要规范？（4）物化机构：在追求目标的过程中，用来组织和调节行动的工具是什么？（5）活动：任务和活动是怎样进行分工的？什么人做什么工作？（6）功能：某种制度活动模式满足了什么必要条件？通过这六个维度描述每一制度，马林诺夫斯基相信他为比较社会内部和社会之间的社会组织模式提供了一种共同的分析标准。他甚至构造了一系列普遍的制度，它们不但能实现结构必要条件而且还能实现生物和符号必要条件。[①]

第二节　经典功能主义的理论脉络与主张

　　传统功能主义首先在欧洲发展起来，后来经由帕森斯传播到美国，在美国形成结构功能主义。帕森斯综合多个学科的思想，是继韦伯之后试图为整个社会科学理论构筑一个跨部门概念框架的又一次尝试。默顿则在强调经验实在性的基础上，倡导"中层理论"，并形成了经验功能主义。卢曼融合多个学科提出了"社会系统理论"，有研究者将其纳入经典功能主义范畴中；也有学者将卢曼的系统功能主义归纳到功能主义的新发展中，与新功能主义并列，本书暂且将其列在本节。

一、帕森斯的抽象功能主义

　　20世纪40—60年代，西方社会经历了世界大战、经济大萧条等一系列社会动荡，人们对于社会秩序与稳定的需求变得更为迫切，帕森斯在吸收了涂尔干社会功能主义学说、帕累托的均衡理论的基础上，提出了结构功能主义理论，试图通过研究社会系统的功能来解释社会的稳定与变迁。帕森斯的功能主义假设至今仍是各主要功能主义学者学习和批判的基础。

　　帕森斯认为，尽管一切意识常被认为与他们要调节的现存社会生活相分离，但用各种意识的概念去说明人和社会的过程还是有益的。帕森

---

①［美］乔纳森·H.特纳：《社会学理论的结构》，吴曲辉等译，浙江人民出版社1987年版，第59—60页。

斯提出了一种关于社会行动的概念构架——"手段—目的"来说明这一基本概念，即单元行动。在帕森斯看来，每一个单元行动都包括下列要素：（1）行动者：指作为行动主体的个人；（2）目的：行动者所要达到的未来目标；（3）情景：目标实现的环境因素，包括行动的条件和手段，其中前者是行动者不能控制、难以改变的，而后者是可控制的；（4）规范限定：涉及思想观念、行为取向等，这些都制约着目标的确定和实现目标中的手段选择。简言之，与社会行动相关的主要要素包括：行动者、目的、手段、条件和规范，凡人的社会行动总有一定的目的性，而其目标的实现离不开一定的手段和条件，同时所有社会行动都受一定的行为规范的制约。[1]

在帕森斯看来，社会行动涉及一个或多个行动者前后相继的单位行动。为解释单位行动如何互相联系的问题，帕森斯在《社会行动的结构》的结尾部分承认，任何只能涉及单位行动中可辨识性质的原子系统……必将无法恰当地说明这些性质，并且不一定能应用于复杂的系统。[2] 帕森斯将社会系统看作是行动系统的一个子系统，行动系统分为文化系统、社会系统、人格系统和行为有机体系统四个子系统。社会系统是整个行动系统的一个附属系统。在社会系统中，行动者之间的关系结构形成社会系统的基本结构，即社会结构。社会系统中的行动者通过社会身份和社会角色与社会发生联系，制度化了的身份与角色复合体就是社会制度。[3] 所谓的"制度化"是指处于一定地位的行动者（角色）之间互动形成的相对稳定

---

[1] 侯钧生：《西方社会学理论教程》，南开大学出版社 2006 年版，第 170—171 页。

[2] ［美］帕森斯：《社会行动的结构》，张明德、夏遇南、彭刚译，译林出版社 2003 年版，第 748—749 页。

[3] 杨方：《论帕森斯的结构功能主义》，《经济与社会发展》2010 年第 8 卷第 10 期。

的模式，这种模式受规范的调节和文化模式的影响。制度化既是一种过程又是一种结构，制度化了的角色构成了社会系统，即社会系统是指在一定情景下相互互动的个体所构成的一类系统。

帕森斯认为社会是一个自我维持的系统，其稳定依赖于各子系统满足特定的功能需求。他提出 AGIL 范式，认为所有社会系统必须满足以下四项基本功能：（1）适应（A），确保系统从环境中获得所需资源，并在系统内加以分配。（2）达鹄（G），制定系统的目标和确定各目标的主次关系，并能调动资源和引导社会成员去实现目标。（3）整合（I），使系统各部分协调为一个起作用的整体。（4）维模（L），维持社会共同价值观的基本模式，并使其在系统内保持制度化。AGIL 范式为研究所有行动系统提供了功能分析框架。功能分析就是集中考察上述四项功能需求是如何得到满足的。在社会中，满足适应这一功能要求的是经济制度，承担达鹄这一功能的是政治制度，承担整合功能的是法律制度和宗教制度的某些部分，承担维模功能的是家庭制度、教育制度以及宗教制度的某些部分。帕森斯认为，社会系统是趋于均衡的，四种必要功能条件的满足可使系统保持稳定性。在社会系统与其他系统之间，以及在社会系统的各子系统之间，存在着多种多样的"输入—输出"交换关系。通过交换，社会秩序得以结构化，并构成社会系统的动态平衡。①

帕森斯运用系统理论去解释人类社会及其进化。他提出：社会是一类社会系统，在所有社会系统中，社会在系统与环境的关系方面具有最高的自足性。② 他把变迁分为两类：一是系统本身的变迁，二是系统内部各部

---

① 杨方：《论帕森斯的结构功能主义》，《经济与社会发展》2010 年第 8 卷第 10 期。

② T. Parsons. *Societies: Evolutionary and Comparative Perspectives*, Englewood Cliffs, N.J.: Prentice-Hall, 1966:9.

分之间的变迁。他用"紧张"概念解释社会系统内部的失调，认为紧张是指那些影响两个或两个以上的互动单位的非正常状况，或者说任何影响到社会整合的因素都是紧张。[①] 帕森斯认为，社会是由诸多相互依存的基本单元组成的统一系统，其内部又存在着结构上的分工，且每个单元都各自发挥着特定的功能，这些基本单元相互依存又相互制约，共同维系着社会作为一个整合系统而存在。与此同时，倘若一个部分发生变化，势必影响其他部分乃至整体发生变化，但系统一般会保持均衡状态，只有当受到外部或内部因素的刺激时，原有的均衡才会被打破，系统内部也开始进行调整，为适应新的环境而出现结构分化，继而吸收或同化干扰，尔后是建立新的均衡。

二、默顿的经验功能主义

与帕森斯以理论抽象而著称不同，默顿强调经验实在性，倡导"中层理论"，在一定程度上默顿也被称为"经验功能主义者"。默顿从评论早期功能主义的错误开始其论述，默顿认为，功能主义理论蕴含三个值得怀疑的假定：社会系统的功能统一性、社会事项的功能普遍性、功能事项对社会系统的不可或缺性。默顿指出，过去的研究重点集中于显功能分析而忽视了潜功能分析，由此损害了功能分析方法。他第一个在功能分析方案中明确引进"反功能"的概念，推翻了以往功能分析中暗含的"功能普遍性假设"，把人们的注意力引向探求社会变革的原因。默顿还引进了"功能接受者"概念，使功能分析出现了对社会中存在的利益冲突、阶级矛盾进

---

① 侯钧生：《西方社会学理论教程》，南开大学出版社 2006 年版，第 178 页。

行深入研究的新取向，推翻了"功能统一性假设"。默顿提出了"功能替代"或"功能选择"概念，从而推翻了以往功能分析中"功能不可缺少性假设"。默顿的功能分析范式提出了许多新的概念和观察角度，使传统的功能分析法变成可以用来指导经验研究的精确的概念范畴体系。[①]

为了使功能分析规范化，默顿提出功能分析的一套范式，以澄清如下方面的问题：（1）功能归属事项，即明确功能分析的对象。（2）主观意向概念（动机、目的），要求区分主观假设和研究问题。（3）客观结果概念（功能、反功能），功能是所观察到的结果，而"反功能"削弱系统的适应和调整；另外要区分"显在功能"和"潜在功能"。（4）功能指向单位的概念，即功能是针对何类对象或单位的。（5）功能需要的概念（需求、前提条件），要区别功能需要普遍的与特定的不同类型，确立验证这些功能需要的程序。（6）功能实现机制的概念，对其社会机制作出"具体详尽"的说明。（7）功能选择的概念（功能等价或功能替代），即我们一旦放弃了功能不可或缺的假定，就要承认功能选择、功能等价或功能替代概念。（8）结构脉络的概念（结构强制），要求注意某一特定的社会脉络，如何限制事项的变化等。（9）动态与变迁的概念，注意如何评估社会系统中逐渐积累的紧张和压力，注意变迁的方向是否会导致紧张的削弱等问题。（10）功能分析的效度问题。（11）功能分析的意识形态蕴涵问题。[②]

为了确定特定结构和过程的因与果，默顿坚持认为，功能分析要从"纯粹描述"个体和群体活动开始。为了使这些功能变得更为明显，还需要采取更多的步骤。第一个步骤是研究者指出被占统治地位的特定模式排

---

① 于光君：《功能主义理论的嬗变与发展》，《商丘职业技术学院学报》2010 年第 9 卷第 3 期。

② 侯钧生：《西方社会学理论教程》，南开大学出版社 2006 年版，第 185 页。

除在外的主要选择。对排除在外的选择所作的这种描述提供了结构背景的说明，而被观察的模式是首先从这种结构背景中产生，并且现在仍然维持着，因而有助于进一步探索该事项可能对其他事项，也许也对系统整体所执行的功能及所造成的结果。第二个分析步骤超越了纯描述，它涉及对群体成员的活动的意图，或对精神和感情意义的评价。描述这些意图也许能对与此有关的个体活动背后的动机作某些揭示，从而使某一活动的显功能初露端倪。这些描述需要的第三个分析步骤是区分参与者中间存在的某些趋向顺从和越轨的动机，但不能把这些动机与对模式的客观描述或继之而来的对模式所执行的功能的评价混淆起来。然而，通过理解行动者中顺从和越轨动机的结构，就能理解对被某一模式所满足的（或所不满足的）心理需要的评价，而这为了解被研究模式的各种功能又提供了一条线索。①

总体而言，默顿的功能主义分析主要包含以下基本要素。首先，分析的仅仅是经验单位，而且部分及部分的社会联系必须给予规定。其次，确立经验体系特定的生存必要条件，即这个特定的经验系统得以生存所必需的东西。通过评价满足或不满足这些需要的某一事项的功能和结果，就能洞察到部分及其社会联系的本质。最后，除了这种结构分析外，还必须对参与者的意图进行分析，主要因为它反映了由于参与某一结构而得到满足或未得到满足的心理需要。②

---

① ［美］乔纳森·H.特纳：《社会学理论的结构》，吴曲辉等译，浙江人民出版社1987年版，第114页。

② ［美］罗伯特·K.默顿：《社会理论和社会结构》，唐少杰等译，译林出版社2006年版，第136页。

三、卢曼的系统功能主义

卢曼的理论融合了社会学、生物学、控制论和哲学思想，核心在于通过"系统"和"复杂性"的视角分析社会。他的主要贡献在于提出的"社会系统理论"，他将社会视为一个由多个功能分化且相互作用的子系统组成的复杂系统，这些子系统包括政治系统、经济系统、法律系统等，这一理论旨在解释现代社会的复杂性。

卢曼认为，社会是由一系列自组织系统构成的，每个系统通过自我指涉和自我再生产维持存在。系统与环境的区分是其理论的核心：系统通过运作封闭性维持边界：例如，法律系统的运作基于"合法/非法"的二元符码，经济系统基于"支付/不支付"，政治系统基于"权力/无权力"。环境是系统无法直接控制的复杂性：系统的功能在于通过内部规则"简化"环境的复杂性，例如法律系统通过规则将社会冲突转化为可处理的案件。简而言之，卢曼的一般系统方法主要讨论"系统—环境"的区别。系统需要在下述三个方面降低它们的环境的复杂性：对时间的感知，行动者在空间的组织，以及符号的使用。有三个类型的系统，即互动系统、组织系统及社会系统。一切系统过程都通过沟通而发生，而这种沟通可以发展为特有的媒介并包括系统中的反射性和自我主题化。[①]

卢曼认为，功能不是一个发生效能的模式，而是一个起调节作用的意向模式。传统的功能主义代表涂尔干、马林诺斯基等把功能看成满足人类需要、保证具体社会系统生存和服务于某种目标的效能。以帕森斯为代表

---

① ［德］汉斯·约阿斯、沃尔夫冈·克诺伯：《社会理论二十讲》，郑作彧译，上海人民出版社2011年版，第162页。

的结构功能主义认为，功能是结构的过程、结构之间的相互作用以及结构与整体之间的相互作用和过程。这两种理论都把功能看作对现存结构的解释模式，但在卢曼看来，功能包括一个社会系统以及生存和发挥效率所要具备的主要条件。卢曼对功能这个概念的解释来源于他对抽象问题的认识。他认为，在抽象问题中选择问题的解决就是等值 L，即具有同等效用的、可替代的、完全相同的价值 I 问题的解决。在卢曼看来，人唯有在能够进行选择的情况下，才可能进行思考和活动，而选择只有在人们观察世界上的各种可能性的同时，发现自己所寻求的对象的时候才能实现。卢曼对功能的解释，实际上就是把功能看成 X 对 Y 的变量关系，也就是 Y 确定 X（指变量 X 的变化）的一致性，即功能的等值，同时也把它看作是一个社会系统生存和发挥效率的必要条件。[①]

卢曼的功能主义与传统功能主义不同，他反对将社会视为追求稳定均衡的有机体，转而强调系统如何通过功能分化应对复杂性。他的两个核心观点：一是功能取代结构，传统功能主义关注结构如何维持社会秩序，而卢曼关注功能本身——即系统如何通过特定方式（如沟通）处理环境问题。二是功能分化与社会演化，卢曼认为，社会从分层分化（如封建社会）向功能分化（现代社会）演进。现代社会的子系统（法律、经济、科学等）彼此独立，各自处理特定功能，但无法相互替代。在卢曼看来"系统的功能就是化约复杂性"，稳定的结构或系统，都是在确立某种互动形式，缩限互动参与者的行动可能性，减少原则上无穷无尽的行动可能性的数量，借此不仅可以造就个体的行为确定性，而且还可以造就有序的人际

---

① 陈秀萍：《功能、结构和社会系统——简介卢曼的功能结构系统理论》，《社会》1985 年第 4 期。

共同行动。卢曼认为，由于人类的注意力注定只能聚焦在很小的范围内，因此唯有建立系统才能成功提升效率，而系统可以确保信息在有意义的脉络中被加以处理。[①] 社会系统和其他系统借着确定相对有限的行动可能性，化约了原则上无穷复杂的环境，以此让"提升效率"得以可能。同时，系统也与环境，例如与其他系统划分开来，而其他系统也只会偏好一些相当特殊的行动可能性。如同我们不断强调的，系统降低了环境的复杂性；但与此同时，系统本身也会再次建立起复杂的结构。[②]

卢曼指出，未来功能论的思想也许该以新的方式界定人类自由。功能论的分析要做的，不是告诉行动者他的行动的稳定且完美的最终目的是什么，也不该告诉行动者一个正确设想的目的是什么。功能论的分析该做的也不是试着根据法则来解释行动的原因，它要做的是从一种选择性的、抽象的，也因此是可替换的观点来说明行动，好让人们能将行动理解为众多可能性当中的一种可能性。社会科学要做的，是把稳定性问题变成一个分析的核心参照观点，然后从这个参照观点出发，去研究各种能将行为期待加以稳定下来的功能对等可能性。[③]

第三节　新功能主义的主张

20 世纪 60 年代至 80 年代初期，以帕森斯为代表的结构功能主义理

[①] Luhmann N . Soziologische Aufklarung, Suhrkamp Verlag, 1983: 77.

[②] ［德］汉斯·约阿斯、沃尔夫冈·克诺伯：《社会理论二十讲》，郑作彧译，上海人民出版社 2021 年版，第 234 页。

[③] Luhmann N. Funktion und kausalität, *Kölner Zeitschrift für Soziologie und Sozialpsychologie*, 1962(14): 617—644.

论受到来自多方的强烈批评。以亚历山大为代表的一批社会学家，开始致力于综合众学派的纷争，提出了发展"新功能主义"的主张。所谓新功能主义是指从后实证主义立场出发，试图重构帕森斯的功能主义，使之能融合社会学各种传统和当代理论观点，形成更具包容性的整体的、多维性（multidimensionality）框架。①

一、新功能主义的理论视角

以帕森斯为代表的功能主义是在综合帕累托、涂尔干和韦伯等人的思想，对功利主义、唯心主义和实证主义进行了全面分析批判的基础上，对上述理论进行综合而形成的。但是其理论观点却由最初的多维性预设，转向了最终的单维性社会学观念论，这也导致了帕森斯的结构功能主义在后期受到诸多批判。与结构功能主义不同，亚历山大认为，世界是多维的，具有规范性和工具性，并且无论行动还是秩序，都包含这两个方面的平衡和协调。因此，亚历山大在批判吸收各种理论的基础上，以多维度综合的方式对行动和秩序理论作了重新解释。

帕森斯将社会系统视作复杂的社会角色丛，行动系统层次上的矛盾会导致社会张力过大，为避免这种不平衡，行动系统必须通过社会系统进行协调。首先，社会所提供的角色与社会为每个个体所设计的社会道路存在精巧的一致。其次，为使角色有效，角色次序应与人格需求意向的发展相协调。最后，如果存在广泛公认的价值和坚实的内在文化，就会大大推进

---

① 苏国勋：《新功能主义：当代社会学理论中的一种新的综合视角》，《国外社会科学》1990 年第 8 期。

角色形成过程和需求意向的协调。这样协调的结果就是形成一种均衡。亚历山大则认为，帕森斯分析的简化使得其偏离多维性的标准，以至于导致诸多理论上的预设错误。帕森斯主张参与社会生活主要是自愿的，行动的核心现象就是共享价值与需求倾向的整合：在对越轨和社会化的分析中，认为物质约束无关紧要而不作考虑；认为经济制度和政治制度有助于而不是约束了规范和价值的实现；相应的也就过分强调了社会共同体子系统和模式维持子系统；在控制等级中赋予文化要素以优先地位；把大学作为一个十分重要的社会制度；强调价值贯彻而忽视了价值生成；把现代社会概括为自愿社会，决定物质位置的是个体在教育领域和分层领域中的意图等。对亚历山大来说，所有这些预设汇聚到一起，使帕森斯转向了单维的社会学观念论。①

亚历山大指出，以帕森斯为首的功能主义传统所强调的文化系统均衡、整合的主张在实际上是偏离了功能主义研究的初衷，也使其理论由多维的预设走向了单维的社会学观念论，最终偏离了他的综合的宏观理论旨趣。②此外，亚历山大强调多维综合，主张打破传统理论的疆界，他融合功能主义、符号互动论、马克思主义等流派，形成"多维度"理论视角。例如，既承认社会结构的制约性，又强调个体行动的偶然性与创造性。亚历山大承认帕森斯的功能主义为社会学提供了"唯一可行的综合基础"，但认为其理论存在局限性，如过度强调均衡、忽视冲突与行动者的能动性。新功能主义通过"扬弃"帕森斯理论，既保留其系统分析框架，又引

①［澳］马尔利姆·沃特斯：《现代社会学理论》，杨善华、李康、汪洪波、郭金华、毕向阳译，华夏出版社2000年版，第169页。

②［美］J.C.亚历山大：《新功能主义及其后》，彭牧、史建华、杨渝东译，译林出版社2003年版，第15—17页。

入冲突论、现象学等视角。如帕森斯将规范一致性等同于社会聚合，而亚历山大指出社会冲突是分化的必然结果，需通过制度协调而非压制。[①]

二、新功能主义的行动理论

帕森斯以前的传统功能主义都没有包含明确、系统的行动理论。韦伯把行动引入社会学领域，帕森斯把行动及关于行动的研究引入结构功能主义理论，试图克服传统功能主义只重宏观不重微观、只重社会不重个人的缺陷，将理解社会的要素结合起来。帕森斯倾向于强调行动受规范制约的一面，忽视了行动者为实现行动目标所作的各种主观努力，行动者成了一个其内部主观状态不明的"黑箱"。符号互动论等微观社会学理论正是针对着帕森斯的这个缺陷而发展起来的，其目标是探究行动者内部努力的过程。为了消除帕森斯理论的上述缺陷，新功能主义者做出了积极的努力。[②]

亚历山大新功能主义的一个关注点是社会行动和社会秩序。亚历山大认为，行动和秩序的普遍性问题是社会学理论中两个最重要的一般性预设。过去大多数社会学家关于行动问题的典型做法就是从以下两个选项中选择一个：理性的和非理性的。而大多数社会学家关于秩序问题的两种最普遍的研究方法是个体主义和集体主义的研究方法。个体主义方法将秩序解释为个体协商和选择的结果；集体主义方法采用社会组织的自然特性来解释秩序。亚历山大认为，对行动和秩序问题的习惯性选择导致了与之

---

① 于光君：《功能主义理论的嬗变与发展》，《商丘职业技术学院学报》2010 年第 9 卷第 3 期。

② 高华：《浅析亚历山大的新功能主义》，《社会》2003 年第 11 期。

有关的每一种理论或研究中都有严重的概念和经验困难。带有个体主义秩序概念色彩的理论如不求助于集体主义的概念，如文化、社会组织或规范原则等，就无法解释社会模式。但由于其自身个人主义的烙印，这些理论只能偷换一些集体主义的观点，这就使得理论内部自相矛盾。亚历山大认为，在社会学中，这种传统的行动和秩序分析的单向性概念不可避免地会引起无意义的争论。①

新功能主义在批判吸收各种微观理论观点的基础上提出了新的分析模型。亚历山大认为，行动沿着两个基本维度发展：解释性和策略性。行动是可以理解的，但是这同时又是实践性和功利性的。行动的这两个方面应该被看做是经验意识流中的分析要素。它们既不代表不同种类的行为，也不代表单一行动中不同时点的不同侧重方面。任何行动都是解释性和策略性的；每一个过程在任何一个时间都是连续化的。②亚历山大所说的行动的解释性由两个不同的过程构成：典型化和创新。前者是指从现象学观点看，所有行动者都把自己对世界的理解看成是真实的。但是典型化的行动并不是重复的，人们总是不断地创新，从策略性的特征来说，行动并不仅仅理解世界，它同时是为了改变和作用于世界，行动者总是通过实践去实现自己的创新。亚历山大还提出，应变行动并不等同于经验概念上的个体行动，行动总是发生在一定的集体环境结构中。而构成行动环境的要素或系统有三种：人格、文化和社会。前两者属于行动的内部环境，而社会系统是行动的外部环境。他认为，行动可以看做是在心理、文化和社会环境之间的流动，这样行动过程就与结构要素

---

① 文军：《西方社会学理论：经典传统与当代转向》，上海人民出版社2006年版，第204页。

② 侯钧生：《西方社会学理论教程》，南开大学出版社2006年版，第293页。

连成一体。①

为了平衡社会学关于微观层次的人际过程与宏观层次的集体或组织过程的张力，亚历山大认为，微观与宏观的区分并不具有经验所指，它们的对应只是分析上的，因此两者是相对的。在某一层次是宏观因素，在另一层次又是微观的了。在亚历山大的理论中，每一种微观观点都强调一种努力的分析维度，亚历山大重构的单位行动强调理性与非理性微观理论的互补。从多元的观点来看，行动可以被设想为沿着解释和有策略的算计这两个维度运动的。解释包括两种不同的过程：如果用既有的框架来解释每种新的印象，那就是典型化；如果用比较新的方式来理解行动者，那就是创新。因此，在亚历山大的方法中，创新几乎总伴随着分类系统中重要或次要的改变。影响行动的不仅有解释性的理解，也有收益和成本等的算计。这两种一般维度的行动（解释和计算）是相互影响的。策略性的算计依靠相关的但几乎总是不完美的有关将来的知识；解释性的理解提供了阐释策略的环境，从而深刻地影响了策略性算计本身。相反，解释性的努力扩展到那些行动者对其有某种利益和感到某种控制的现象，因而，策略性算计影响解释。②

与微观理论学者不同，亚历山大采用了帕森斯有关行动系统三分法模型（社会、文化和人格）来分析有关的集体环境。社会系统为行动者提供了行动的真实目标：一是构成行动者解释和分析重要环境的政治权威机构和劳动分工；二是团结的成分，或那些行动者赖以建立共同体观念的成

---

① 文军：《西方社会学理论：经典传统与当代转向》，上海人民出版社 2006 年版，第204—205 页。

② 文军：《西方社会学理论：经典传统与当代转向》，上海人民出版社 2006 年版，第205 页。

分，以及影响行动者解释和分析这些纽带的特质；三是塑造行动的社会角色规范及其组成部分。文化系统构成了第二个环境，通过对现实的认知，阐明何为神圣与亵渎神圣，以及建立潜在的制度化体系使文化渗透到行动中去。通过建立认知参照、道德和价值分类、符号系统来引导解释和策略性算计。人格系统包括两个行动的微观维度：解释和策略性的算计。这些能力随着生命周期和社会系统以及解释与策略所运用的条件而变化。亚历山大的一般理论是试图将微观和宏观观点进行综合的尝试。因为行动在部分上是解释和策略算计的产物，因此具有权变的特性。行动的这些维度即解释和策略性算计，在行动者及其宏观环境之间开辟了一个空间。同时，行动者的努力所赖以酝酿和实现的社会、文化和人格系统环境，为权变性行动设置了限制。①

三、新功能主义对功能主义的发展

在对经典理论解读分析的基础上，亚历山大重新解释了功能主义传统的特征，主张将功能主义向其他理论传统（包括冲突理论、互动理论、交换理论等）开放，把它们的基本思想整合进功能主义的框架中去，建立起一个新的"多维性质"的综合性一般理论，并对这种新的综合性理论的特征加以概括。

---

① ［美］乔纳森·H.特纳：《社会学理论的结构》（上），北京大学出版社 2004 年版，第 51 页。

表 3-1　传统功能主义与新功能主义特征

传统功能主义 [①]	新功能主义 [②]
1. 在描述性而非说明性的意义上提供了一种社会各部分间一般图景，认为社会是由彼此联系相互作用的要素组成的、多元的与开放的系统；	1. 集中关注系统，视其为相互关联的各个部分组成的整体，相互关系的各部分的行动相互影响；
2. 不仅关注结构而且关注行动，不仅关注行动的实践性和手段性而且关注它的表意性和目的性；	2. 同时关注行动和结构，既关注条件状况和手段，也关注表现状况与目标；
3. 关注社会整合与社会控制的变异及过程；	3. 把整合解释为只是在面对越轨和控制系统时发生的一种可能性，整合确实蕴含着一种均衡观念，但这种均衡观念只是一个观察者范畴，而不是一个行动者范畴；
4. 假定人格、文化与社会之间的区别是社会结构所必需，它们之间的相互渗透所产生的张力是变迁与控制的持续根源；	4. 把文化视为一块自治的领域，社会化是一个关键的过程；
5. 认为分化是社会变迁的主要形式；	5. 认为分化是社会变迁的主要过程；
6. 强调概念化与理论化的独立性。	6. 集中关注理论阐述过程，视其为一种独立于经验研究和观察的活动。

亚历山大的新功能主义与帕森斯的功能主义相比，表现出以下几方面的超越。[③]

第一，对帕森斯理论传统持批判继承态度，既强调与帕森斯结构功能主义的承续关系，又强调从内部批判帕森斯理论的必要性。其中，亚历山大批判了帕森斯理论的实证主义认识论基础，主张在"后实证主义"科学观的基础上重建多维度的理论框架。

第二，针对符号互动论、社会交换论、常人方法论等理论的微观分析，力图通过重建帕森斯的行动理论来综合其理论洞见，并探索微观个体行动和宏观社会结构及制度的连接环节。对宏观社会学领域的冲突理论，

---

① 亚历山大：《论新功能主义》，《国外社会学》1991 年第 3 期。

② Alexander J. C., Colomy P., Toward Neo-functionalism, *Sociological Theory*, 1985, 3(2).

③ 刘少杰：《当代国外社会学理论》，中国人民大学出版社 2009 年版，第 430—431 页。

主张在保持帕森斯"规范秩序"的前提下，强调对权力、战争、强制、冲突等问题的分析，并把社会变迁分析纳入帕森斯的"分化"理论中。

第三，尚未具备统一的理论形态，只能说是以超越战后社会学发展之第一阶段和建立新的综合理论为目标的尝试。在多元化的学术环境中，代表了一种"学术取向"，即抛弃帕森斯分析方法中的功能需要的观念，并保留其中有用的部分为社会科学的发展提供了新思路。

第四节　功能主义理论方法对城市治理的启示

功能主义理论借鉴了生物学和进化论的观点，将社会比作一个有机体，认为社会的各个组成部分（如制度、规范、角色等）相互依存，共同促进社会的整体功能，强调社会的各个部分如何相互作用以维持社会的稳定和平衡。其核心假设认为，社会是一个由相互依赖的子系统构成的有机整体，每个部分承担特定功能以维持系统稳定，这为理解城市治理的政策设计与实施提供了独特的理论视角。尤其在当代社会复杂性加剧的背景下，功能主义强调的"系统性协调""功能优化"和"渐进调适"理念，对城市治理共同体构建具有重要启示。

一、系统视角下的城市治理共同体构建

功能主义将社会视为一个由制度、规范、角色构成的复杂系统，各子系统通过功能互补实现整体稳定。对于城市治理而言，城市作为一个巨大的复杂巨系统，其涉及主体多、主体关系复杂、系统关联度强、功能定位

多元，这就要求面向不同功能任务的城市治理政策设计，需超越单一领域的碎片化思维，强化政策的系统性和整体性。

一是强化城市治理政策的系统性。政策系统论创立者戴维·伊斯顿将政治视为一个动态的、开放的"系统"，并强调通过系统分析来理解政治现象。为了更加全面地理解公共政策，伊斯顿提出了政治系统的"输入""输出"等概念，他把"输入"看成是包括系统外部以一切可能的方式改变、修改或影响系统的所有事件，包括要求和支持；认为正是输入，成为连接社会生活非政治领域中和政治领域中所发生的事情之间的实际纽带。而输出是政治系统的决策和行动，包括约束性的决策（如法律、命令等）和相关的输出（如政策、承诺等），输出不仅影响政治系统本身，也对环境系统产生作用。[1] 对于超大城市治理而言，城市治理的政策也应被视为一个系统工程，其由多个相互作用和相互依赖的部分组成。在制定和实施政策时，需要处理好整体与局部、局部与局部、系统本身与外部环境之间的关系。尤其是要围绕"城市让生活更美好"这一功能目标，处理好城市治理中"人民"这一核心主体地位彰显与城市总体可持续发展之间的关系。

二是突出关键领域的牵引作用。政治是对社会价值的权威性分配，而在现实实践中，资源（如财政预算、行政能力、社会注意力）始终是有限的，不可能在所有领域平均分配资源，这就要求我们借鉴功能主义关于结构分化与社会变迁的观点，在工作中突出重点。一是突出关键领域的引领作用，可以将有限的资源集中投入对社会发展、经济增长、民生改善等具

---

[1] ［美］戴维·伊斯顿：《政治生活的系统分析》，王浦劬等译，华夏出版社1999年版，第61页。

有决定性影响的领域，从而提高政策资源的利用效率，实现政策目标的最大化。二是系统的动态适应性特征也要求城市治理实践突破环境约束，集中资源解决制约系统存续的核心矛盾，即所谓的关键领域，以此实现改革发展的目标。三是通过关键领域的示范引领，能够对系统内的其他子系统和行动主体产生压力或推力，从而推动系统功能的动态均衡。可以说，在超大城市治理过程中，我们要正视城市的"非均匀"特质，并通过抓住关键领域实现普惠性服务，以此对城市治理产生托底作用；与此同时，也要鼓励重点领域创新，从而更好地为城市未来发展探索方向。

三是注重城市治理的整体规划。城市的功能实现离不开对城市发展和建设的总体规划布局，从规划理论来看，城市是一个复杂的有机整体，各个子系统之间相互依存、相互作用，整体规划能够将城市的不同子系统整合起来，形成一个有机整体，实现系统的协调运行和功能优化。通过整体规划，可以明确各子系统的发展目标和任务，协调各子系统之间的关系，促进城市系统的整体发展。① 从城市治理实践来看，围绕人的需要的公共政策，涉及多个部门、多个层次和多个领域，需要进行有效的协同和整合，以此减少政策的重复和冲突，增强政策之间的协同性和一致性。也正是基于如上考虑，近年来我国的城市治理一方面更加强调精细化治理，即通过城市治理政策的相互兼容从而解决城市公共问题，实现精准治理；另一方面也更加强调一张蓝图干到底，突出城市综合规划在城市治理中的引领作用。

---

① 石晓冬、徐勤政、王吉力：《城市空间治理的底层逻辑与首都规划治理实践》，《城市规划》2023 年第 47 卷第 6 期。

二、发展视角下的城市治理共同体构建

功能主义理论虽常被批评"过于强调稳定",但其理论内核却包含着动态平衡思想。如帕森斯的"AGIL 范式"指出,社会系统通过"适应、达鹄、整合、维模"四类机制实现动态稳定。卢曼的系统功能分化以应对复杂性的理论倡议、亚历山大关于行动的策略性和解释性理解,都强调从动态视角理解系统。对于超大城市治理来说,功能主义理论对政策制定者的启示是:公共政策需要在变革与秩序间寻求平衡,通过渐进调适实现城市可持续发展。

一是推进城市治理的渐进式改革。改革的核心目标是维持系统功能的稳定与优化,并通过逐步调整子系统间的协同关系,避免剧烈变革引发的"功能失调"。一方面,城市复杂的巨系统具有不可完全预测的特性,即便是数字技术已经取得巨大进步的今天,我们对于城市的"数字孪生复原"仍处在初级阶段,渐进式改革可以通过"逐步试错"探寻城市治理的可行策略。另一方面,在城市治理实践中,关键领域改革的牵引作用和重点领域改革的先试先行,可以通过技术赋能和制度微创新形式,将改革的"量变"积累为"质变",避免剧烈改革带来的社会冲击,降低社会成本。但也要注意,渐进式改革路径也有可能陷入"路径依赖",需通过阶段性突破并打破制度惯性。

二是推动城市治理机制的动态平衡。功能主义理论强调适应性,关注系统的反馈与调节,以应对外部环境变化。超大城市作为一个开放、非线性、自适应的复杂巨系统,其治理目标并非追求静态的"最优状态",而是通过持续调整内部要素与外部环境的互动关系,在效率与公平、发展与稳定、刚性与弹性等多重张力中实现动态均衡。一方面,可以通过建立

反馈机制，强化城市政策中的优势循环正反馈，同时抑制系统偏离的负反馈，以此提升城市公共政策的效能。另一方面，可以通过设立弹性边界机制，对城市治理中的各主体实施行为引导，如设定不可逾越的刚性边界（历史文化保护、公共安全等），或设定弹性边界，预留可变通的空间，在规划中留白，以增强系统应对不确定性的能力。

三是推动城市治理长期和短期目标的均衡。功能主义理论倡导系统的动态均衡，城市治理的效能发挥取决于公共政策与城市发展阶段本身的适配性，而不同的城市或者同一城市的不同区域也正经历着不同的发展阶段，一般来说，超大城市治理包含城市硬件设施的查漏补缺，提升社会各主体获得感；城市治理体制机制创新，提升社会各主体满意度；城市治理价值重构，以此实现社会各主体民心归一等三个阶段，每一阶段的落实都与社会公众的感知密不可分。这也就意味着在实践过程中，超大城市治理要求基于各主体诉求，在城市政府与社会各主体之间搭建广泛且实际的社会连接，即城市政府的公共政策要能够及时、准确和高效地反映社会各主体的需求，以此实现社会各主体需求的满足、满意度的提升和民心的集聚。通过良好的"政社"互动，城市治理可以实现中长期与短期目标的协调。

三、功能视角下的城市治理共同体构建

城市是一个由相互依赖的子系统构成的有机整体，其治理的核心目标是确保各子系统功能的有效发挥与协同配合，从而维持城市系统的整体稳定与可持续发展。功能主义理论的核心命题是社会结构的存在因其功能必要性。结合功能主义理论思考城市治理，就要求政策制定者明确回答三个

问题：政策是否回应了社会系统的真实需要？政策是否产生了预期与非预期后果？政策该如何不偏离城市治理的核心任务？

一是城市治理回应社会真实需要。功能主义强调，社会系统的存续依赖于子系统对整体需要的满足，这也意味着城市治理政策需精准识别并回应社会系统的核心需要，避免"功能失调"，以及由此导致的城市治理各主体对公共政策感知度不高、效能感不强的问题。一方面，我们可以借助现代信息技术，精准识别城市各主体对于城市治理政策的需要，并基于需要重构城市治理政策闭环。典型案例如北京的"接诉即办、未诉先办"，就是通过围绕市民诉求重塑政府内部运作流程。另一方面，我们也要区分城市治理各主体真实需要的类型，如可以将其简单分为增量型需要与约束性需要，增量型需要即各类优质公共服务的供给，如优质的医院、学校、交通等，约束型需要则是对各种违法违规有违公序良俗行为的制度化约束，如管制乱扔垃圾、飞线充电、暴力暴行等。对于约束型需要，政府相关部门必须负起依法治理的责任，以维护更大的公共利益，并对社会形成正向引导，避免出现用德治式自治的方法去解决法治的问题，不但效果不好，也有损治理的权威性。对于增量型需要，则是鼓励各地方政府尽力而为，量力而行，突出特色。

二是城市治理满足社会公众预期。功能主义关注政策的系统连锁效应，既需评估其是否实现预设目标，也要警惕非预期后果对系统平衡的破坏，在此基础之上，功能主义要求建立起多维度的评估体系，以及基于评估的目标修正，以此确保城市治理的各项政策符合社会公众预期。一方面，政策制定者需要创造条件鼓励预期后果的产生，以此实现子系统功能的系统强化。如通过"管理服务力量下沉""推动多格合一"等，鼓励在城市基层形成人人参与、人人奉献、人人负责、人人共享的治理新格局，提升居民获得感。另一方面，政策制定者需要约束非预期性后果的产生，以此避免功能冲突和系统扰动。如城市大量使用数字技术赋能治理，虽然能提升管理效率，但"数字鸿沟"以及"屏幕距离"也会造成对弱势群体的排斥以及对于政府信任度的下降，反而降低了城市韧性。

三是城市治理围绕市民日常生活。从功能主义视角来看，城市治理的核心任务是维持系统存续与动态适应。我国的城市是"人民的城市"，"城市发展为了人民、城市治理依靠人民"意味着我们需要以人民城市理念重构治理价值序列，在效率、产品、满意等逻辑叙事中坚守人文底线，遵循人民属性。一方面，坚持发展为了人民，即围绕人民群众的物质需要和精神需要、生活需要和发展需要、短期需要与长期需要，通过公共政策的设计与指引，更好地满足人民对美好生活的向往。另一方面，坚持城市治理依靠人民，转变城市治理只是政府部门的"内部事务"这一误区，构建起包括政府、社会组织、公众等多元主体的立体化、全方位合作治理模式。总结而言，城市治理的逻辑起点是人，城市治理的政策创新需要将保障和实现人的全面发展放在中心位置，把最大限度激发市民参与作为出发点和落脚点，并围绕市民日常生活需要重构公共政策闭环，提升城市治理效能。

四、功能主义理论对于城市治理实践的启示

功能主义理论通过在生物学有机体理论的基础之上，注重整体功能实现而非成分分析，注重部分如何更好服务整体目标，注重微观主体互动基础之上的动态均衡，注重宏观制度环境与系统的双向影响，注重行动主体的策略性算计，注重系统对于复杂系统的化简功能等，为我们理解社会运

转和进步提供了理论工具，也对城市治理共同体构建具有启示意义。

一是明确为何要构建超大城市治理共同体。超大城市主体多元、需要多样，不同主体之间的诉求很多时候难以协调，不少诉求甚至相互矛盾，这也就意味着城市治理中的每一个政策不可能让所有人满意。基于这样一个假设，城市治理共同体的意涵在实质层面意味着城市治理政策是"重复博弈"，不同政策要照顾不同群体的诉求，并且通过多轮、多样政策的制定与实施，最终达到大多数人都获益、满意；在心理层面则意味着城市治理政策即便短期不能给每个个体带来收益，但从长远看在这个城市生活、参与这个城市治理的过程则是收益大于牺牲，个体对城市中的人和政府有信任、有期待。总结来说，超大城市治理共同体既是各主体利益的相互妥协与实现，也是各主体心理上的认同与依赖，还是各主体与城市命运休戚与共关系的结合，是一种韧性治理。

二是明确城市治理共同体构建的功能导向。超大城市要素复杂、主体多元、幅员辽阔，这就决定了我们所说的超大城市内部事实上是非常不均衡的。以上海为例，浦东新区的陆家嘴、黄浦区的南京东路、宝山区的港区、金山区的化工园、静安区的大型居住区、青浦区的绿色示范区等，这些不同的区域不论是功能、人口还是资源要素特征等都差异巨大，不可能用同一方式进行治理。因此，超大城市治理需要根据不同的区域功能特色，制定适宜的"非均匀治理"策略。即不见得所有地方都要如上海的人民广场一样设施高规格、管理高投入、形象高品质，而是要正视不同区域的功能和人群差异，采用适宜的非均衡策略。举例来说，同样是楼道里放一些不影响安全通行的物品，高档商品房小区的居民和农村集中安置房小区居民的态度就有很大差别。但即便如此，城市治理也要回归"以人为本"新型城镇化的价值本源，从"城市让生活更美好"这个原点出发去确定城市分区、制定城市政策，以此实现城市为民服务的功能。

三是明确城市治理共同体构建的行动主体。超大城市治理主体多元，主要可以分为政府部门、社会组织、公众等，并且每个主体还能进行再细分，这些主体构成城市系统运转的变量。城市治理共同体的构建过程要通过搭建平台，吸纳更多的主体参与。首先，城市治理共同体构建的重复博弈过程要关注各行动主体的微观诉求和行为逻辑，基于不同的行动主体确定差异化的、复合型的政策逻辑，以此提升政策的有效性。其次，关注不同主体诉求和行为逻辑的差异化整合，尽量形成激励相容的运作机制，以此减少政策缝隙的出现，让更多的人在参与中有获得感和成就感。最后，在宏观层面通过加强党的领导，确保城市治理各项政策的实施有稳定的政治及政策环境，并有效约束违法违规失德失范现象的发生，形成"人人参与—人人共享"的正向反馈，实现城市治理的政策良性循环。

五、功能型城市治理的理论倡议

本书所提倡的功能型城市治理，是沿着城市产生和运转本身所内嵌的功能特色，在中国特色的制度场域下，中国共产党作为中国式现代化的领导力量，在城市治理过程中紧扣城市"不断满足人民对美好生活的向往"这一新时代城市功能目标，突出城市治理政策的功能指向，为城市中的市场、社会、公众等主体创造发挥自身功能优势并参与城市治理过程的制度化渠道，通过在城市治理过程中强化政治引导、强化资源整合、强化群众参与、强化政策实效等方式，打造城市治理工作的政策闭环，让城市治理的公共政策实现更多体现满足基层人民生活的功能定位。

功能型城市治理主张的理论来源包含三个方面。一是使命型政党和责任政治作为中国特色治理体系和治理能力现代化的推动力量，需要在治理过程中发挥引领带动作用；二是近年来关于民心治理和民心政治的呼吁，强调治理过程要回应群众需求，满足群众期待，对群众产生正面预期和引导，提升治理韧性；三是功能主义理论结构和过程服务于功能的主张，尤其是卢曼系统功能主义关于功能分化以应对复杂性，亚历山大新功能主义关于行动的"解释性和策略性"假设。在综合以上理论的基础上，功能型城市治理主张执政党和政府作为治理过程中的权威主体发挥引领作用，聚焦于人民群众对美好生活的需要，以功能为导向重构治理过程和政策闭环。

功能型城市治理的提出主要是为了回应当下城市治理工作的两大短板。一方面是受我国集中统一总体政治制度的影响，尤其是干部选拔机制的制度形塑，我国一些地方的城市治理工作具有较为典型的"对上负责"特征，完成"条条指令"或"块块政府"工作计划是一些城市基层政府的主要行为逻辑。另一方面是受参与机制不健全等因素的影响，本应"以人民为中心"的治理过程，可能由于群众参与较少，政策执行过程群众覆盖面较小，政策结果评价群众话语权较弱等约束，导致治理过程容易出现主体不清、目标不明、方式单一、缺少反馈等不足，不仅难以对群众产生"黏性"或"期待"，也难以形成城市治理工作的良性闭环。功能型城市治理主张围绕基层群众诉求重构政策流程，强化城市政策"为了人民、依靠人民"的功能指向。

服务于构建超大城市治理共同体的功能型城市治理政策实践包含三个层次。第一层次为实在诉求的满足，即围绕人民群众"急难愁盼"的问题开展工作，在政府内部区分"市—区—街镇—居村"的功能定位，通过不同层级的党组织引领及政府主导，打造不同层级的开放式协同治理平台，由城市中的不同主体发挥自身功能，让城市各主体在参与中奉献自己的力量，并不断满足群众的当下诉求。第二层次为情感需求的满足，即在城市治理过程中，各主体在不断的互动中增进相互了解，在协同治理的实践中形成更多社会网络，在持续的治理参与中实现长远利益共容，由此在不同层次形成不同圈层以及可以信赖的社会网络，由此强化了城市治理共同体的情感功能。第三层次为命运与共的融合，即在持续的互动参与中，各个主体都充分发挥自身优势特色，通过构建"人人参与、人人负责、人人奉献、人人共享"的城市治理共同体，实现城市让生活更美好的功能目标。

第四章　功能型城市治理共同体的实践路径

结合"主体—空间—机制"分析框架，城市治理共同体建设主体不清、内容不明导致城市治理工作没有形成完整的政策闭环，十分不利于城市治理共同体的打造。结合城市的功能属性，城市治理共同体的构建需要打造功能型的城市治理新范式，以此回答城市治理"为了谁，如何开展，何以有效"等问题，将人民群众对美好生活的需要与城市治理工作结合在一起。

第一节　城市治理共同体建设的核心制约和短板

近年来，在城市治理体系和治理能力现代化的探索中，我国各主要城市在城市治理制度创新上已经做了不少有益探索。如上海的人民建议征集、人人议事厅等制度载体，北京的"接诉即办、未诉先办"等，基本形成了较为完整的政府回应群众民生福祉诉求的制度框架。与此同时，各地也在积极推进党建引领治理、街道体制改革、城市治理智能化等机制创新，以此不断释放超大城市治理的体制机制活力。但在个别城市治理实践中，由于参与协同机制缺乏明确的功能，再加上城市公共政策本身的复杂交互性很容易导致政策利益指向不明，以及由于政策导向性不够导致的各主体能动积极性欠佳等诸多因素叠加，更多由政府主导的城市治理容易陷入"自我创新循环"，不仅不利于城市治理共同体的建构，也与城市治理现代化的目标背道而驰。基于城市治理共同体构建最需要关注的是不同行动主体，最要紧的抓手是找到适宜的空间载体，最核心的竞争力是制度机制设计这些假设，本章构建"主体—空间—机制"的三维分析框架，以此分析超大城市治理共同体构建的短板制约。

一、城市治理共同体构建的主体困境

城市治理共同体构建的主体方面，政府主导使得城市各主体对政府产生非对称性依赖，多元主体积极性被销蚀。社会组织、社区居民的作用没有很好发挥出来。

一是社会组织作为专业力量在城市治理中的作用发挥不充分。一般认为，社会组织是打造共建共治共享城市治理格局的重要力量，是社会协同、公众参与城市治理的重要载体，是提高城市治理社会化、专业化水平的重要渠道。这是由于城市治理工作的复杂性，专业的社会组织参与不仅可以提升工作的专业化程度，也能够发挥社会组织的节点链接作用，更好地组织居民参与城市治理。但从实践情况来看，由于我国当下的社会组织发展还处于初级阶段，活动的经费主要来源于政府，在资助不稳定情况下，社区社会组织还不能很好地发挥辅助居民自治、丰富居民生活的作用，行业协会等枢纽型组织辅助政府治理、规范市场秩序的作用也没有很好发挥出来。

二是城市治理中社区居民的骨干力量还没有很好地发挥作用。从已有城市治理创新实践来看，治理活动和项目能不能动起来，除了党组织、政府或第三方社会组织或市场的组织之外，"能人"和志愿者的参与和带动至关重要，他们是推动社区融合的黏合剂和"穿针引线"人。但从已有实践来看，由于对本辖区内的居民或人群不熟悉、不了解，或者"能人"来了给出过多主意，导致部分基层单位不善于或不敢挖掘或吸引"能人"参与治理活动，并由此导致"能人"在基层治理中的破冰、号召作用还未发挥出来。

二、城市治理共同体构建的空间困境

空间方面，由于行政边界与治理单元边界存在错位，再加上公共资源具有跨域性和外溢性等特征，以公共服务为载体的城市治理工作和城市治理共同体构建还缺少比较适宜的治理单元。

一是治理单元划分难题。尤其是对于人口过千万的超大城市，个体面临着"过大"和"过小"两大困境。"过大"是指对于整个城市而言，虽然市民共享诸多的公共设施和服务，但每个个体的正常行为对于其他市民和自己所生活城市的影响微乎其微，城市公共参与冷漠是大城市面临的普遍难题；"过小"是指对于居民生活的圈子尤其是小区而言，居民之间的利益高度交织，矛盾也易于产生，但小区在城市里又介于城市公共事务与居民自治之间的模糊地带，基层治理难度较大，参与机会少，空间也有限，在参与回应上也没有成熟的机制，因此也很难激发居民的参与热情。城市治理共同体的构建在"过大"和"过小"之间一时难以找到合适的单元幅度。

二是治理单元锚点难题。在超大城市人口资源等各种要素高流动性的特质之上建立城市治理共同体，这就面临实质性的物理空间锚点问题。即对于上班的个体来说，在超大城市广泛的"职住分离"背景下，居住地的公共服务项目由于时间和空间原因其享受不到，工作地点公共服务项目又由于信息覆盖等原因不被知道。虽然全覆盖和区域化党建在一定程度上解决了部分的群体覆盖和公共服务供给问题，但仍有相当部分群体处于居住地与工作地"严密"公共服务网络的缝隙之中。城市要形成治理共同体还缺少适用于流动性、分布均匀且人人都可参与、便于知晓、易于接近的公共服务提供和多主体融合物理空间锚点。

三是缺少多元互动的虚拟空间。随着数字技术的发展，越来越多的工作和生活已经从线下转移到线上，尤其是年轻人，伴随着网络成长起来，被称为"互联网原住民"，网络已经成了其工作、生活和学习的重要组成部分。在数字化应用方面，虽然不少地方推出了诸如"社区云""公众号""微信群""小程序""属地 App"等属地化工具，但由于担心自身缺少舆论（讨论）引导能力，以及回答居民专业性法律政策咨询的能力，以至于引发"负面新闻"，总体来说这些数字化工具更多的还是承担了发发通知等的管理辅助功能，城市基层治理仍然缺少较为成熟的虚拟空间治理诉求表达整合机制。

三、城市治理共同体构建的机制困境

机制方面，由于缺少完整的城市治理公共诉求处置政策闭环，不仅制约了政府部门的治理绩效提升，同时也抑制了民众的参与热情，更不利于形成城市治理的正向循环。

第一，公共参与机制不完善。由于城市治理的公共参与机制不健全，导致无论是官方正式的参与渠道，还是服务项目的参与，都面临着参与不足或形式参与的问题。如居民区的楼组长和各种各样的"网格"本应作为居民区党组织或政府部门联系群众的桥梁，基层人大代表也有联系属地居民的义务，但由于缺少制度化的机制规定，导致有些地方的各种正式组织机制疏于同居民联系。居民既不了解楼组长也不知道谁是群众代表，更是很少认识人大代表；而部分楼组长、人大代表与群众缺乏主动联系，使得政府同群众联系的正式机制不畅通。在联系不足的背景下，以项目为抓手的城市治理工作很容易陷入"为了谁、谁来做、怎么做、怎么评"不明晰的困局，政策过程不完整侵蚀了各主体参与的积极性。

第二，缺少吸引民众参与的特色化项目。推动民众加强联系认识的特色化项目缺少与民众的有效沟通，由此可能导致服务的供给和需要出现错位，难以激发公众的参与热情；再加上信息公开机制不健全，或由于服务供给数量有限，部分政府部门的服务项目不公开或小范围公开，这又导致能够有机会参与的民众又进一步减少；最后，由于服务项目的实施过程中和实施后相应的评估机制和改进机制不健全，民众对于服务项目的参与仅限于当次。再加上当前民众服务项目的供给大多是政府委托第三方专业机构执行，民众在参与项目的过程中，关于项目参与的新想法和新思考很难通过第三方机构进入政府的决策流程，这种"无效反馈"又抑制了居民的进一步深度参与。

第三，缺少完善的民意诉求信息反馈机制。由于城市治理缺少完整的民意诉求征集回应工作闭环，民众诉求不能得到及时、完整的回应，日积月累也会抑制民众参与的积极性。实践中，由于作为基层自治组织的居民区解决居民诉求的能力有限，居民往往倾向于通过市民热线、市长信箱等方式直接向政府部门表达诉求，这些诉求的解决都是针对个体的回应和答复，在涉及公共项目诉求问题上，很难达成让居民满意的结果。久而久之，民众参与的获得感和效能感一定程度上大打折扣，由此也抑制了民众的参与热情。与此同时，一些涉及基层治理和公共服务供给的政策设计可能存在短板，民众反映强烈的问题长期得不到解决，也会成为影响基层群众参与和满意度的重要制约之一。如涉及物业管理过程中一些业委会不作为或乱作为等问题，当下还没有制度性的约束和惩戒手段，再加上关于物业费的质价相符上居民与物业公司各执一词，互不相让，以及单个的居民往往能力有限，解决不了或代表不了如此复杂的矛盾，由此导致物业矛盾成为城市治理工作的主要短板之一。

第二节　功能型城市治理新范式与共同体打造

一、城市治理共同体构建的思路

从共同体的演进路径来看，在城市治理共同体提出之前，无论是传统的血缘共同体、地缘共同体、情感共同体，还是当下被更多提及的利益共同体、单位共同体等，都刻画出了多样化的共同体成员联结方式。与已有共同体带有明显的直观性和先验性不同，如血缘、地缘、业缘、利缘等纽带是容易辨别的，城市治理共同体的纽带具有间接性和隐蔽性的特征，共同体成员往往无法直观地认识自身和城市治理的相关性。此外，以往的血缘、地缘等共同体成员尽管也存在不同的利益诉求，但总体来看具有更加相似的社会关切和更多的社会互动，而城市治理由于包含了政党/政府、社会组织、公众等，主体更加丰富且各主体之间的地位差异悬殊，这种非共同性因素的增加以及各主体之间的利益诉求和底层逻辑差异，也就导致城市治理共同体的构建更为复杂。此外，当我国进入城市引领发展的新阶段以后，城市治理不能只是关注群众生活的逻辑从而强调公共服务的供给，同时也要关注城市的发展逻辑从而推动城市可持续进步，依靠人民、为了人民，将人民对美好生活的向往转化为城市发展的新动能，打造功能型城市治理新范式也就成了时代之需。

为了突破由于直观性和先验性因素不足导致的城市治理共同体建设困境，我们要回归城市的本源，顺着城市运转的固有脉络和机理构建城市治理共同体。自城市产生以来，城市的定义多种多样，不同学科的关注点也有所不同。社会学家认为，城市是在地理上有一定范围，并具有某些特征的社会组织形式；经济学家认为，城市是经济发展到一定阶段时生产、交换和消费的集中地，是生产力的空间存在形式；生态学家认为，城市是以人类活动为中心的复合生态系统；建筑学家认为，城市是多种建筑形态的空间组合，主要为居民提供良好的生活和工作环境。①从定义可以看出，虽然关于城市的定义有所不同，但所有的定义都指向城市的一个核心特质，即城市承担着社会、经济、生态、生活等不同的功能。这些功能总体又可以分为基础功能和衍生功能，其中，基础功能是城市提供的每个人正常生产生活都必需的服务，衍生功能则指在基础功能支撑之上的各种政治、经济、社会、文化、教育等。②随着技术的进步，虽然城市的衍生功能逐步丰富和复杂，但围绕人的基本工作生活的基础功能始终是城市运转的逻辑原点。即城市的运转，核心是围绕人的工作和生活，实现不同的工作和生活功能，这也是我们打造功能型城市治理共同体的逻辑思路。

---

① 武进：《中国城市形态：结构、特征及其演变》，江苏科学技术出版社1990年版，第9页。
② 翟宝辉、沈体雁、王健、杨雪锋、陈松川、原珂：《中国城市治理》，中国城市出版社2022年版，第7页。

二、城市治理共同体构建的要义

城市治理共同体兼具实在诉求满足与情感层面的认同，这意味着其具有一定的稳定性特征，因此其构建的过程也具有长期性和综合性。从博弈论的角度来看，城市治理的各主体间长期协作，可以看成是完全信息重复博弈的过程，在这一过程中的每一个参与主体在每个阶段都能观察到之前的博弈结果，并据此调整自己的策略。由于城市治理中的各个参与主体大多是城市中的常态化主体，如政府是固定的，企业和社会组织也是稳定的，绝大多数常住人口也是相对稳定的，且面向民众服务的参与过程和结果如果也是公开的话，那城市治理共同体的构建就可以被理论化为完全信息的重复博弈，并在这一过程中通过党的领导来协调利益诉求，最终达到所有主体的长期收益增量和情感认同提升。

在具体政策分析中，功能型的城市治理共同体打造，需要聚焦于人的生活和工作需要，从供需两个方向进行分析。在需求方面，我们要围绕不同主体的不同层次需求，划分合适且可行的治理单元，理顺群众诉求的表达机制，完善群众诉求的整合机制，以此形成有效准确的服务诉求政策信息。在供给方面，需要围绕不同群体的不同需求，在区分不同的需求层次、确定不同的供给主体，并在已有治理单元的基础之上形成不同的工作侧重和服务项目。在供需融合方面，需要党委和政府搭建一系列的基础性制度安排，以使得政府相关部门能够协同市场主体和社会主体，对民众诉求进行有责任的回应。更进一步地讲，城市作为一个人造的功能体集合，功能型城市治理共同体的打造已经超越了"民有所需、我有所应"的回应性城市治理范式，而是追求个体与城市的融合，并在此基础之上实现个

以党组织为轴心的治理引领

城市党委政府

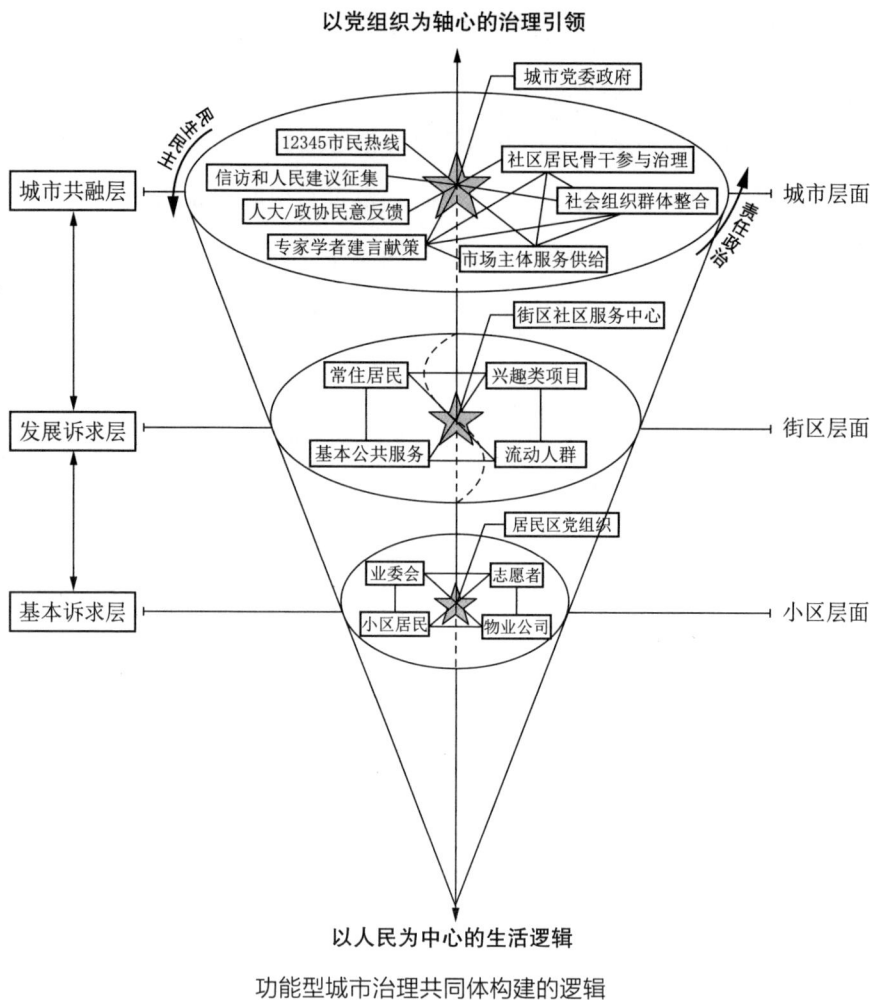

功能型城市治理共同体构建的逻辑

体与共同体之间的激励相容，以便从更深层次激发社会活力。[①] 在这一过程中，城市是可参与的、可对话的、可塑造的，个体所生活的城市不仅仅是政府或他人创造出来的，每个人都是行动者，你生活的城市就是你的创造物。

---

① 李志明：《"国家—社会"关系视角下社会治理共同体建设研究》，《人民论坛·学术前沿》2023 年第 10 期。

任何社会的生产都有一定的目的，生产目的体现了社会生产关系的本质。2012 年，习近平在担任总书记伊始就十分明确地宣告："人民对美好生活的向往，就是我们的奋斗目标。"党的十八届五中全会首次提出以人民为中心的发展思想，强调把实现人民幸福作为生产的目的和归宿。结合城市的本质是满足人的生活和工作功能，在城市治理中人人都是负责任的行动者，城市的政策实施需要在合适的治理单元内实施这些基本假设，我们可以构建出功能型城市治理共同体的行动框架和概念模型。

在此模型中，其一，城市治理贯穿始终的轴心包含了以"党的领导"和"以人民为中心"两个要点，即在党的领导下城市治理始终要坚持以人民为中心的人民城市理念是城市工作的最核心要义。其二，人民群众的诉求按照需要层次可以简单地划分为"基本诉求""发展诉求"和"融合诉求"三个层面，三种诉求虽有区分，但也有上下交错，不同的治理单元主要满足不同的群众诉求，总体来说基本生活诉求主要在小区这个治理单元内实现，发展诉求主要在街区这个治理单元内实现，融合诉求则需要以城市整体为治理单元。其三，在不同的治理单元和界面，城市治理共同体打造的重心有所不同。其中，在小区层面，居民区党组织引领的自治共治是工作的要点，围绕物业管理问题，推动业委会、物业公司、小区居民和志愿者良性互动，解决当下物业管理难题是要点；在街区层面，要以街区社区服务中心为阵地，打通服务于常住人口和流动人群的基本公共服务和兴趣类项目界限，以此更好地发挥属地融合作用；在城市层面，城市党委、政府是核心，12345 市民热线、信访和人民建议征集、人大 / 政协民意反馈、专家学者建言献策构成了城市治理的政策信息源，在党委、政府的支撑下，社会骨干治理参与、社会组织群体整合、市场主体服务供给构成城市治理的功能实现。其四，中国共产党作为中国特色社会主义事业的领导核心，责任使命型政党独有的责任政治理念，以及全过程人民民主围绕人民生活需要开展政治生活的民生民主理念，共同构成城市治理共同体运转的动力机制。

三、城市治理共同体构建的议程

发挥党组织的整合作用是功能型城市治理共同体打造和有效运转的关键。从城市治理的实践来看，与西方新自由主义意识形态下的治理理论不同，我国治理机制成长的决定性因素在政府，发力点在党组织。因为治理关系不是一种原生性关系，而是次生性的，是一种现代的公共性关系，这意味着，决定和联结城市治理共同体的治理关系不会自然而然地产生，而是需要扩展和建构，而党组织是城市各领域唯一能够全面抵达的可信组织力量，因此要发挥其引领作用，实现基于关系的集成式联结。但在这一过程中，让政府感到纠结的往往是"进退"之选，政府的"进"有过度干预之嫌，与治理的本意相矛盾；而"退"则有消极懈怠之疑，毕竟政府仍然是公共事务的"第一责任人"，其实际作用是其他主体无法替代的。[1]

未来，我们的实践需要抓住"党政推力"和"制度保障"这两个城市治理共同体构建的必要条件，通过党委、政府的公共空间改造、公共服务撬动、公共组织聚合、公共事件倒逼等方式，聚焦于街区和基层社区两个层面，不断激发其他主体尤其是社区居民的公共性和主体性，使得社区治理真正成为产生共同体意识的纽带，将民生民主与责任政治结合，以此通

---

① 鹿斌、金太军：《总体国家安全观视域下社会治理共同体建设的新思考》，《湖湘论坛》2023 年第 36 卷第 3 期。

过制度保障"为民服务"的职责得以履行，并在此基础之上激发社区治理的内生动力。在这一过程中，城市治理共同体构建需要我们围绕民众的工作生活功能满足这个核心抓手，打破以往城市工作中的单向度关系，形成多主体相互依赖的网状关系，不断提升网络节点之间的连接强度和密度。

确定适宜的治理单元是超大城市在人口高速流动的情况下建设共同体的关键抓手。城市治理共同体的重要一环是民众需求的"供需"有效对接以及制度的可预期与稳定性。在围绕服务功能满足的政策流程设计中，从顶层设计来看，城市治理共同体构建强调"一核多元"的主体结构，形成城市治理多元主体的协同合作联动机制，并贯彻"以人民为中心"的价值理念；从底层关怀来看，城市治理共同体打造需要深入民众收集服务需要，并将之整合吸纳进政策制定过程。这里，如何获得居民的公共服务需要？居民真正需要的表达渠道是否通畅？供给主体如何回应居民的这些服务需要？只有弄清楚社区居民社会需要的识别机制、整合机制、传递机制和吸纳机制才能保证"自下而上"的需求信息与"自上而下"服务供给之间的精准匹配。

城市治理共同体的打造不是简单地就城市治理而整体论述城市治理，而是要细分并确定不同的治理单元。其中，由于街镇从纵向上看具有连接上下级政府的职能作用，在横向上可以代表政府与社会各主体进行合作，因此可以被认为是城市治理共同体打造的最重要治理单元。在这一治理单元中，街镇的社区服务中心即是为当地常住居民提供基本公共服务和特色服务项目的最主要阵地，同时也要向属地单位和流动人群开放参与机会，做好宣传推介，以此更好地推动城市群体间的高度融合，并在此基础之上解决上班族群体对常住地服务项目时间冲突、对工作地服务项目不知道的问题。

居村小区作为民众各种利益诉求有更多交织的空间载体，是城市治理共同体构建的最基本单元。这里之所以将居村和小区混在一起来研究，主要是因为实践中物业公司是基层治理的重要主体之一，大多物业小区是一个居委会，一个物业小区分几个居委会或一个居委会管几个物业小区的情况虽然不少但并非普遍情况。在基层社区治理过程中，小区内居民区党组织、物业公司、业委会（委员）、居民代表，或由居委会代管的物业，虽然"几驾马车协同"的治理结构并非完整，但其日常运转却与居民生活息息相关，小区作为居民利益更多交织的地方，因此可以被认为是治理共同体打造的重点场域。

第三节　功能型城市治理共同体构建的方案

多元、多圈层、合作行动是城市治理的主流理念，数字技术赋能是新趋势。我国确立了"依靠人民、为了人民"的人民城市发展逻辑，并在这一过程中，构建城市治理共同体将是超大城市治理现代化的新方向。在构建城市治理共同体的未来实践中，需要加强党的领导，聚焦"主体、内容、路径"等，在各主体需要满足、功能实现的基础上构建复合型治理共同体圈层，提升城市治理各主体之间的激励相容，提升城市黏性。

一、总体目标

城市治理共同体构建将城市视为有机生命体，要求政府从"划桨人"转变为"掌舵人"，把政府与其他主体的关系从"你和我"变成"我们"，从"要我做"变为"一起做"，实现城市共治共管、共建共享。总体来说，城市治理共同体的战略目标包含：改善民生，提高群众满意度，聚焦于民生福祉项目的高质量生产、创新式供给、精准化配送、系统性反馈，让发展成果由人民共享；防范风险，提升城市发展韧性，树立全周期系统思维，通过城市多元主体各自功能和主观能动性发挥，打造目标共容、行动协同、持续迭代的韧性城市网；凝聚合力，提升城市发展潜力，有为政府提升城市竞争引领力，有效市场提升高端资源吸引力，有机社会提升各类人才聚合力，集城市全体市民之力共同提升城市整体竞争力。

宏观来看，城市治理共同体构建包含一个总目标和三个子目标。总目标就是把党的领导优势和各主体角色发挥激励结合起来，围绕民生所需优化城市工作，形成工作、生活、兴趣等多重共同体嵌套，提升城市韧性和整体竞争力。分目标包括：一是主体，核心要义是党组织引领的"政府—市场—社会—公众"四方协同，以此实现政府组织引领行动、社会组织协助治理、公众共建共享。二是内容，主要围绕"安全稳定、品质工作、幸福生活、更好发展"等人民之需形成政策闭环，提升服务供需匹配精准性和满意度，不断优化城市治理内容。三是路径，主要包括通过全过程人民民主等制度完善多元参与，数字技术赋能治理流程再造和效能提升，虚/实空间打造创造多重社会联结等。

长期来看，城市治理共同体构建的首要任务是明确目标使命。即要以全面践行人民城市理念为抓手，围绕功能型城市治理框架，在主体上，完善党组织领导的政府、社会组织、市场等多元主体协同治理格局，充分尊重人民群众的主体地位，推动城市治理各主体由城市治理的"旁观看客"向"负责主人"转变，把城市打造成为人人都有人生出彩机会、人人都能有序参与治理、人人都能享有品质生活、人人都能切实感受温度、人人都能拥有归属认同的新乐土。

空间上，探索适宜治理单元，优化城市公共物理空间锚点分布，可以考虑以分布相对均匀的街镇和街区社区服务中心为锚点，打破常住居民与流动人群的界线，并通过区域化党建等方式，建立同一区域内的党组织间制度化联结，以此吸引属地单位工作人员积极参与城市治理活动；与此同时，也要充分发挥线上和线下的民意征集和项目宣传推介工作，并在此基础之上完善项目的确定、执行和评价，推动项目不断迭代。与此同时，还要关注网上虚拟社群的诉求和利益表达渠道及机制，以此优化线上虚拟空间。

机制上，不断完善参与全流程政策闭环，破除单向度"权利优先"索取关系，关注新技术和新治理工具的应用。在完善相关工作流程的基础上创新城市治理项目政策执行，并不断将创新的方式方法形成机制和制度予以固定，以此实现政策和项目的可预期性。在这一过程中，创新的方式方法主要体现在引导发动多元主体参与的机制构建上，破除单纯的"顾客—服务供给者"的单向度索取价值理念，逐步尝试并树立公共服务共同生产的理念和方法，不断推动城市治理朝着共同体构建的方向迈进。此外，充分发挥数字技术的赋能作用，不断提升城市应急管理和人文治理的效能，也是城市治理共同体构建的重要方法。

二、中期规划

一是推动多主体参与。发展专业化社会组织，通过政府购买公共服务，发挥社会组织治理技能支撑、治理活动组织、治理项目优化功能，为城市治理提供更多专业化支撑，为城市公众参与提供更多平台型渠道。发展社区商业和社会企业，推动企业更好地与群众需求和城市发展融合，在空间和政策上促进"居—商"有机融合，通过"完整社区"建设以此提升社区的支撑力和服务黏性。激发并规范市民参与，打造全市统一的市民公益、参与积分平台，在公共场馆服务等方面对优秀志愿者予以优惠；选树不同层级优秀市民典型，通过表彰优秀市民典型形成正向引导激励。更为重要的是，对于破坏公共秩序的个体和组织，各级执法部门必须敢于执法亮剑，避免基层治理参与的"破窗效应"出现。

二是打造平台矩阵。打造小区生活共同体，突破当下以居村为治理单元但一个居村下辖不同物业管理单元诉求不一的困境；而以小区为治理单元，由村居党组织牵头，专业社会组织、治理达人协助，围绕小区生活圈建设，通过抽签吸纳更多居民参与，以此提升公众参与的覆盖面，提升居民的认同度。构建街区服务共同体，依托现有街镇党群服务中心，通过空间再组织，吸引专业社会组织和企业参与运转、经营，以便民项目、兴趣项目、特色项目等为抓手，构建生活和工作兼具的街区共同体，推动"商—居—社"深度融合。建设特色市民场馆，借鉴国内外城市经验和最新技术，建设人人可以参与的市民记忆银行，建设用于展示城市创投成果的城市设计和治理金点子展示馆，鼓励头部企业结合自身业务同政府合作建设特色市民场馆。

三是善于向全球主要城市学习先进经验。一是鼓励多元参与。如纽约推动公私合作，鼓励市场力量和社会组织参与城市服务供给；悉尼构建基于社区的多主体参与体系。二是关注民生需求。如"同一个纽约"行动旨在确保每位市民都能共享城市未来，香港探索"5R"城市更新模式，杭州围绕高品质生活不断完善街居体系。三是优化治理单元。巴黎建立街区议事会作为政府与居民的沟通桥梁，大伦敦构建两级政府以解决治理战略协调和服务精准供给的张力，成都构建以社区为切入口的城市治理体系。四是完善治理协同。如东京设立以机构为中心的城市整备局作为城市管理综合机构，新加坡建立问题零耽误处理机制用于解决跨部门或灰色地带问题；北京打造"接诉即办"治理体系闭环。五是创新数字治理。如纽约建立基于数据分析的决策情报应用以提升决策效能，新加坡运用大数据预测城市未来发展以更好规划公共服务供给。六是遵循治理法治。如新加坡和东京构建包括完善法律、规范详细程序、严格不苟执行的法治体系，以此提升城市治理的规范度化程度。

三、短期政策

着力破除城市治理运转过程的堵点和难点。一是破解物业痛点，围绕民众反映强烈的物业管理、小区硬件等问题，通过政府购买实务协助型社会组织服务辅助业委会运作，理顺小区治理机制，全面规范业委会运作，同时强化对物业公司服务质量和日常运转的监管。二是梳理政策法规，全面系统梳理涉及民生服务的政策法规，找到堵点和矛盾点，有计划地更新解决，既为执法和管理部门管理执法提供依据，同时也避免群众为了不合理的法规制度而"反复奔波"。三是发展数字参与，创新治理数字化转型，提升城市灵动回应和回头率，鼓励政企合作开发更多应用场景，方便小区治理参与，强化街区服务信息发布互动，推动城市创投交流展示，为更多的数字化民生服务创新应用提供机会。

不断深化城市治理领域的制度机制改革创新。一是优化居村自治，所谓"给钱给物不如给个好干部"，在当下的治理语境下，优化居村自治需要抓住基层治理中干部队伍建设这一关键决定性因素，推动街镇—村居干部交流、企事业—政府人才流动，用好社区干部选育平台，确定基层治理领头人。二是深化服务改革，提高基本公共服务对外来人口的开放度，加大公共服务的跨区域协同共建共享，围绕老人、儿童、青年等重要群体组织人人都可参与的特色公共服务项目，探索通过市场机制、社会机制协同供给公共服务。三是强化城市韧性，以"数字＋人力"两手抓提升城市韧性，既要强化数字化城市运行体制体系建设，创新数字化城市日常体检机制，不断提升数字智治的潜力；也要充分发挥人民群众在城市治理中的积极作用，鼓励城市公共设施"认领"，创新群防群治工作方法，在人民城市人民建上实现突破。四是打造熟人小区。试行"托老"与"托幼"二合一，工作日"老人＋孩子＋社工"老人服务社区模式，双休日"父母＋老人"模式，孩子父母作为志愿者服务社区、回馈老人模式，创造社区重复性接触，将感性因素融入社区建设和城市治理共同体构建。

持续强化城市治理工作中的创新竞争与活力。一是激活社会活力。推动基层党组织与各治理主体的互嵌，发挥专业组织和主体的作用，激发协会、枢纽型组织、专业社会组织、社区达人的行动潜力，激发更多微治理、微创新、微圈层，形成多重治理共同体的复合嵌套，打造复合型的治理网络。二是优化公共空间。聚焦"15分钟"生活圈[①]，建设完整社区，增量并优化小区和街区公共空间，推动复合型、分时段、嵌套式空间打造，创造更多社会交往。打造更多融合工作、生活、发展的复合型公共空间。如某一街区平时可以作为城市道路通行，周末／节日两端封锁后可以作为民众休息交流的公益集市场地；街区绿地白天可以作为老年人的活动

---

① 上海于2014年率先提出15分钟生活圈建设，2022年上海市黄浦区率先提出独立打造"15分钟社区生活圈"。

广场舞空间，晚上则可以作为年轻人的运动场等。三是打造品牌场馆，建设特色市民场馆，打造更多民众可互动、能参与、便交流的市 / 区级场馆平台，尤其是要鼓励包括政府、社会资本等在内的主体建设"综合型 + 专业型 + 兴趣型"等不同类型的平台场馆，在集聚城市人气活力的同时提升城市市民的自豪感和认同感。

第二篇

超大城市治理共同体构建的制度逻辑与关键抓手

习近平总书记2019年11月2日在上海考察时强调:"人民城市人民建,人民城市为人民。在城市建设中,一定要贯彻以人民为中心的发展理念,合理安排生产、生活、生态空间,努力扩大公共空间,让老百姓有休闲、健身、娱乐的地方,让城市成为老百姓宜业宜居的乐园。"结合功能型城市治理以人民生活为中心,以基层社区为锚点的理论假设,践行"人民城市人民建,人民城市为人民"的人民城市理念,打造面向基层人民生活需要的功能性治理新叙事,需要聚焦于基层社区治理创新,从宏观制度架构、中观制度设计、微观个体诉求以及基层干部队伍建设几个方面入手,自上而下构建超大城市治理共同体。

第五章　功能型城市治理共同体构建的宏观制度架构

　　围绕构建超大城市治理共同体这一目标，政府统合能力提升和文化传统潜力发掘构成不同基层治理模式生成的两个维度，简约治理是基层治理的目标追求。破解我国基层治理面临的活力悖论，需要基于地方知识推动家国融合，并在此基础之上构建简约高效基层治理体系。从宏观上讲，代表大传统的政府善于从代表小传统的社会生活中发现治理的积极因素，并基于"家"的逻辑在政策再设计中实现家国融合，这是简约高效基层治理体系的生成路径。构建简约高效基层治理体系的制度安排包括：推行"放管服"改革，强化政府治理能力；创新公共服务供给方式，提升公众获得感；落实党领导的社会共治，实现政府与社会融合。

　　超大城市治理共同体构建的主要落脚点在基层，而党建引领是当前基层治理理论研究和实务操作的最主要特征。围绕构建城市治理共同体这一目标，面向人民生活的功能治理新叙事需要在宏观制度架构层面形成简约高效的基层治理体系，以此让城市战略更好地与人民群众的生活习惯及需要结合在一起，切实提升城市治理的功能导向。

第一节　城市治理共同体构建与简约治理

　　习近平总书记在 2018 年 3 月召开的党的十九届三中全会上强调，"合

107

理设置和配置各层级机构及其职能，增强地方治理能力，加强基层政权建设，构建简约高效的基层管理体制"。①2018 年 5 月，习近平总书记在主持召开中央全面深化改革委员会第二次会议时再次强调，"着眼于服务方便人民群众、符合基层事务特点，构建简约高效的基层管理体制"。② 在以中国式现代化全面推进中华民族伟大复兴的新征程中，基层治理作为党长期执政的根基，也是国家治理的基石。在构建城市治理共同体，实现城市治理现代化的战略目标指引下，围绕"构建简约高效的基层管理体制"这一目标，按照基层治理的内在本质要求，结合基层工作实际发挥优势补齐短板，打通服务民众的"最后一公里"，探寻超大城市简约高效基层社会治理的生成路径，这是探索功能型城市治理共同体构建可行宏观架构的迫切命题。

简约治理被认为是既有中国历史延续性又有治理现代化价值的理想模式。但不论是理论研究还是实践探索，我们对于构建简约高效基层治理体系的目标追求与现实困难之间的张力仍然是当前提升城市治理效能面临的重要挑战之一。从文献来看，已有关于简约高效基层治理体系的生成主要有三种解释。一是"条块关系论"，认为构建简约高效的城市基层治理体系，需要理顺条块关系，加快形成分工合理、权责一致、运转高效、有法律保障的政府职责配置体系与运行机制，③ 具体来说就是在机构设置上要整合相关职能设立综合性机构，并通过政府购买公共服务的方式实现

---

① 《中共十九届三中全会在京举行》，《人民日报》2018 年 3 月 1 日。

② 《习近平主持召开中央全面深化改革委员会第二次会议强调　加强领导周密组织有序推进　统筹抓好中央和地方机构改革》，《人民日报》2018 年 5 月 12 日。

③ 周振超：《构建简约高效的基层管理体制：条块关系的视角》，《江苏社会科学》2019 年第 3 期。

社区公共服务的社会协同供给。① 二是"纵向治理论"，认为"上下一般粗"的制度安排是导致城市基层治理不能满足实际需要的主要因素，构建简约高效基层治理体制需要强调基层政权机构的设置和人力资源调配必须面向民众，而不是简单地照搬上级机关；② 最重要的是要做到上下级之间的内部均衡，以及国家主导和社会自治之间的外部均衡。③ 三是"整合吸纳论"，认为技术和社会的内生能力是简约高效基层治理体制持续运行和发挥作用的重要支撑；④ 构建简约高效基层治理体制需要突破压力体制和信息制度障碍，利用信息技术建设数字政府平台，改善信息传递和权责配置，实现社会各主体的有序参与及多主体有效互动。⑤

关于简约高效基层治理体系的已有成果主要关注行政体系内部的改革与调整，而对于在这一过程中基层治理体系如何运行则缺少更为细致的探讨，尤其是从宏观思路层面来讲，在基层治理制度体系既定的情况下，如何将本土治理资源挖掘用于助力简约高效基层治理体系建构的研究相对较少。本章节结合大传统与小传统相结合的分析框架认为，文化传统是制度变迁和制度有效性的重要影响因素，以生活为核心的家国融合是基于中国本土的地方知识和文化传统在简约高效基层治理体系建构的实践中代表国家权力的大传统和代表公众生活逻辑的小传统之间的调试和融合，基于生

---

① 曹海军、鲍操：《社区治理共同体建设——新时代社区治理制度化的理论逻辑与实现路径》，《理论探讨》2020 年第 1 期。

② 朱光磊、侯波：《对理顺中央地方职责关系和构建简约高效的基层管理体制的几点认识》，《中国机构改革与管理》2018 年第 6 期。

③ 李文钊：《重构简约高效基层治理体系的中国经验——一个内外平衡机制改革的解释性框架》，《河南师范大学学报》（哲学社会科学版）2020 年第 47 卷第 2 期。

④ 张丙宣、郭子雯、狄涛：《简约高效：县域治理现代化的着力点——以浙江嘉善县综合执法体制改革为例》，《上海城市管理》2018 年第 27 卷第 6 期。

⑤ 李齐：《信息社会简约高效基层管理体制的构建》，《中国行政管理》2018 年第 7 期。

活的逻辑重构基层政策是简约高效基层治理模式生成的基本逻辑。

第二节　简约高效基层治理体系的理论建构

在中国式现代化道路的探索中，面对现代社会的高度不确定性，治理体系中的中枢能力建设固然重要，但与民众工作和生活息息相关的各项事务大多在基层，维护社会和谐稳定的大局也在基层。基层既是国家治理体系和治理能力现代化的重要内容，同时也是治理创新的源头活水。新时代新征程中完善功能型城市治理共同体建设的宏观思路架构，要紧扣党的二十大"健全共建共治共享的社会治理制度"的总体要求，全面提升城市基层社会治理的效能。①

一、基层治理的目标导向

传统中国在超大规模的国家治理体系运行过程中只能在儒家的伦理道德之上构建治理综合体。

在这种传统的治理结构中，中央政府难以及时有效地了解基层实情并做出有效决策，基层公众也难以将自身诉求反馈给政府决策机构，政府与公众在治理实践上的实际分野造成上层文官集团以国家的宏观稳定为目标，其制度设计更加着眼于为统治者服务，这也是何以中国传统政治著述

---

① 习近平：《高举中国特色社会主义伟大旗帜　为全面建设社会主义现代化国家而团结奋斗——在中国共产党第二十次全国代表大会上的报告》，人民出版社 2022 年版，第 54 页。

更多地都在讨论帝王之术和驭民之术,却较少关注基层治理;而普通社会公众则由于受教育程度和制度设计等原因形成仅关注家庭生活和自我生存的性格。虽然政府责任和治理技术两要素融合的框架可以解释当前我国治理新格局的制度逻辑,[①] 但如何将国家的治理逻辑与基层公众的生活逻辑融合在一起,构建起利益相容、简约高效的整体性基层治理结构仍然是当前中国治理现代化的主要诉求。[②] 在基层重塑以生活为中心的社会以此完善整体治理体系也是当代中国基层治理创新的逻辑起点。

二、基层治理的影响因素

政府能力和文化传统是形塑基层治理的两大因素。中国近代以来革命和改革的经验证明,普遍的理论与地方实际情况相结合是指导实践成功的必由之路。在基层治理现代化的理论分析框架中,治理能力的提升既离不开"国家能力"这一普遍的、基础的制度安排,更离不开"地方现实"这一特色的、变化的客观实际。具体而言,基层治理现代化要在"找回国家"的呼吁中增强政府的统合能力,与此同时也要在"尊重传统"的导向下强化对文化传统潜力的发掘。

政府统合能力是我国基层治理实践中最重要的影响因素。这是因为我国基层治理在实际上面临着权威主体缺位的瓶颈制约。以城市社区治理为例,居民委员会作为群众自治组织,虽然在法理上可以代表居民与政府部

---

① 汪锦军:《构建"基层社会治理新格局"的制度逻辑——对基层社会治理多元创新实践的一个解释框架》,《治理研究》2022 年第 38 卷第 2 期。

② 林尚立:《大一统与共和:中国现代政治的缘起》,《复旦政治学评论》2016 年第 1 期。

门协调意愿，但现实实践如果没有上级政府的强力支持，居委会的"哨"并不敢吹；业主委员会作为业主自治组织，代表业主大会行使各项物业管理权利，名义上对业主负责实际上却少有约束；物业公司作为市场主体，更多地只对业主委员会负责而不是对业主个体负责。看似完备的基层社区治理其实面临着权威缺失的困境，其他基层治理领域也面临类似的情况，我们在强调多主体参与的同时或多或少忽略了多主体中政府这一"权威供给者"的角色。也正因为如此，增强政府的统合能力在基层治理中就显得尤为重要。

文化传统潜力是我国基层治理实践中最需要挖掘的关键因素。从全球动向来看，如果说经济全球化使得整个世界变成"地球村"，人们之间的联系与联通变得无处不在，那在这个多姿多彩的世界中，强调特色而非普世、强调尊重而非同化、强调和谐而非冲突则是当下最重要的价值追求。

第三节　简约高效基层治理体系的内在逻辑

在现有制度环境下如何发掘地方知识，围绕基层群众生活重构治理叙事，做到上级政策设计与地方实际的适配，这是简约高效基层治理体系建构需要解决的时代命题。

一、活力悖论：基层治理的主要制约

"活力悖论"是指当前我们对于社会活力的期许同政策实践中难以激发社会活力的现状并存，由此极大地制约了我国基层治理效能的提升。一

方面，不论是已有宏观政策导向还是学界研究，都对激发基层治理活力寄予厚望，如《中共中央　国务院关于加强基层治理体系和治理能力现代化建设的意见》强调"力争用 5 年左右时间……党建引领基层治理机制全面完善，基层政权坚强有力，基层群众自治充满活力，基层公共服务精准高效，党的执政基础更加坚实，基层治理体系和治理能力现代化水平明显提高"，[①] 也有学者从经济发展与社会转型的视角认为激发社会活力、推动多元主体参与的治理、建立政府与社会的平等合作伙伴关系、提高社会自治与自我服务能力，是当代基层治理发展变化的一个趋势。[②] 但另一方面，基于对安全和稳定的强调，以及新技术背景下对于精细化治理的"误读"，一些实践使基层行政主体的自主空间被压缩，尤其是在安全优先的制度导向下，基层行政主体在面对活力与安全的抉择时往往会更加主动地选择安全优先的策略，由此形成了基层治理的活力悖论。

二、地方知识：基层治理的观察视角

简约治理曾被认为是中国帝制时代基层统治的有效方式。已有主流观点认为，"皇权不下县，县下皆自治"[③] 是帝制时代基层治理的重要特征，其原因一方面是治理资源的匮乏和治理能力的不足，尤其是在信息管理科学缺失和信息传递能力低下的背景下，即便是每个王朝初期都会建立所谓

---

① 《中共中央　国务院关于加强基层治理体系和治理能力现代化建设的意见》，载中华人民共和国中央人民政府网，2021 年 7 月。

② 陈振明：《社会控制、社会服务与激发社会活力——社会治理的三个基本维度》，《江苏行政学院学报》2014 年第 5 期。

③ 温铁军：《半个世纪的农村制度变迁》，《战略与管理》1999 年第 6 期。

的编户管理制度，以更好地收税。但长期来看，面对人口变化，中央政府难以对基层变化数据的真实性进行核对，因为不管是核实还是严格管控，其成本往往会超过所谓的税赋收入，皇权下县既不理性也不经济。另一方面，为了补充大国治理技术跟不上且成本过高的问题，传统中国探索了一种宗族式的治理模式，即科举制度之前的豪门望族和科举制度之后的仕子族长，这些人作为统治阶级中的一员，在家乡或回乡后成为所谓的"乡绅"，形成了维系基层社会秩序的基本框架，这一制度设计既为豪门望族或仕子族长留下了"作为"或"谋利"的空间，也节约了有限的治理资源，皇权下县也就没有了必要性。这样，古代中国就形成了所谓的依赖"准官员"半行政方式的"简约治理"①。当然，传统中国的基层治理远比以上论述复杂得多，并呈现出不同时期、不同地域的差别等，以上仅是简要论述。虽然新中国成立后，中国共产党通过"政党下乡"建立了完整的基层组织网络，但随着单位制的解体，志愿者、社会组织、社会能人等成了基层治理的"半正式"地方力量。

基层治理的特殊性要求基层发掘具有当地特色的地方知识。简约治理源起于传统中国简陋的治理资源和制度设计，并在当下复杂治理任务背景下再次复苏，由此也给我们至少两点启示。一方面，即便是传统的简约治理也离不开地方知识，不论是豪门望族或士子族长，其在基层治理中的权力行使都高度依赖于对地方民情和人际关系的熟悉，以及建立在当地生活习惯基础之上的话语体系和行为方式。费孝通先生在《乡土中国》中有描述："回到我们的乡土社会来，在它的权力结构中，虽则有着不民主的横

---

① 黄宗智：《集权的简约治理——中国以准官员和纠纷解决为主的半正式基层行政》，《开放时代》2008 年第 2 期。

暴权力，也有着民主的同意权力，但是在这两者之外还有教化权力，后者既非民主又异于不民主的专制，是另有一种的。"①可以说豪门望族或仕子族长等乡绅承担的所谓秩序维持功能实则是在地方知识的基础之上依例行事，否则其权威就会受到质疑。另一方面，基于治理复杂性的简约治理更离不开地方知识，现代社会治理复杂性的实质是治理需要与治理工具的错配，这在我国自上而下大一统的制度环境下表现得尤为突出，上级政府出台的政策举措到基层落实的时候往往面临千差万别的治理场域，这在统一管理的逻辑主线就促生了基层治理中的所谓"土政策"，消极的土政策固然是走样应付，但积极的土政策则是因地制宜的基层治理创新，而在这一过程中，地方知识则是破解治理复杂性的关键。

三、家国融合：简约治理的逻辑基础

在中国传统的语义中，以生活为核心、以家为主要单位的差序格局是传统中国社会体系的鲜明特征。家既可以指以个体为中心的家庭，也可以指同一宗族，以至于"国"和"家"也在一起并用。费孝通深刻地指出基层民众的社会关系是逐渐从一个一个人推出去的，是私人联系的增加。在这种以"己"为中心的差序格局中，道德规范等在私人关系中比在公共关系中往往更有意义，地方社会网络在基层政策执行中依然重要。这也意味着，对于中国问题的思考要更多地基于家国融合的思路来展开，以此破解基层治理困境。即在"名"的方面，不少学者基于政治学和社会学理论，

① 费孝通：《乡土中国》，上海人民出版社 2007 年版，第 64 页。

提出诸如党建引领 ①、多元共治 ②、法治保障 ③、数字赋能 ④ 等基层治理方略和政策，但复杂的制度设计在实践中往往收效甚微或难以执行，有时甚至会在危急时刻产生灾难性后果；而在"实"的方面，讲究实用的基层治理实践者经常是通过挖掘本土治理资源推动基层治理创新，不但解决了基层遇到的实际问题，在一定程度上也实现了有效治理。如何更好地将基层治理的"名"与"实"结合起来，即在家国融合的总体框架下重构基层治理政策，这是构建简约高效基层治理体系的关键抓手。

近代以来，中国式现代化道路实际上是一条将现代化理论与中国传统文化和国情有机融合的连续尝试，而基于地方知识的家国融合则是成功的关键。毛泽东在新民主主义革命时期就先后明确提出了"没有调查，没有发言权"⑤，"离开中国特点来谈马克思主义，只是抽象的空洞的马克思主义"⑥ 等马克思主义中国化主张，强调的就是马克思主义理论只有同中国的国情实际结合起来，革命才能胜利。关于家国融合的中国传统，我们可以借用美国人类学家罗伯特·雷德菲尔德（1897—1958）的"大传统"和"小传统"的理论框架进行注释。

在基层治理中，国家治理逻辑和基层公众生活逻辑分别代表着不同的次文化传统。在雷德菲尔德看来：在某一种文明里面，总会存在着两个传

① 吴晓林：《党建引领与治理体系建设：十八大以来城乡社区治理的实践走向》，《上海行政学院学报》2020 年第 21 卷第 3 期。

② 王诗宗、杨帆：《基层政策执行中的调适性社会动员：行政控制与多元参与》，《中国社会科学》2018 年第 11 期。

③ 贺雪峰、刘岳：《基层治理中的"不出事逻辑"》，《学术研究》2010 年第 6 期。

④ 陈勋、胡洁人：《技术治理的适配性：基层治理数字化改革的效度及逻辑反思》，《中共天津市委党校学报》2023 年第 25 卷第 5 期。

⑤《毛泽东选集》第 1 卷，人民出版社 1991 年版，第 109 页。

⑥《毛泽东选集》第 2 卷，人民出版社 1991 年版，第 534 页。

统：一是为数很少的一些善于思考的人创造出的一种大传统，二是由为数很大的但基本上是不会思考的人创造出的一种小传统。[①]雷德菲尔德认为，"大传统"是指以都市为中心，基于国家意志，借助社会中少数上层人士、学者、政府官员、政策制定者以及受过良好高等教育的知识分子代表的"正统文化"，即精英文化；"小传统"则是指土生土长并深深扎根于村落共同体的文化背景和环境下，基于村民、乡民以及俗民这一特定群体所代表的态度、意见表达以及行为方式。[②]更加简单的理解可以认为，大传统代表的是国家治理的逻辑，而小传统则代表了公众生活的逻辑。在已有相关研究中，学者更多地强调"大小传统"的互动与融合及其治理的整合效应。[③]

总体而言，西方大传统与小传统融合的思路与我国家国融合的思路一致且具有相互借鉴意义。由此我们可以推导出简约治理的逻辑基础，对于我国的基层治理而言，代表大传统的"国"之政策制定需要关注代表小传统的"家"之地方知识，建立在地方知识基础之上的、基于"家"的逻辑进行政策设计，才能生成简约高效基层治理体系，也与功能型治理新叙事相一致。以生活为中心的家国融合在一定程度上也体现了"以人民为中心的发展思想"在基层的实践，是治理共同体构建的总体宏观思路。

---

①［美］罗伯特·雷德菲尔德：《农民社会与文化：人类学对文明的一种诠释》，王莹译，中国社会科学出版社 2013 年版，第 94 页。

② Redfield Robert, *Peasant Society and Culture*, Chicago: University of Chicago Press, 1956, p.176.

③ 李亦园：《人类的视野》，上海文艺出版社 1996 年版，第 52 页。

第四节　简约高效基层治理体系的经验观察

以建设服务型政府为导向的公共服务供给是现代政府的主要职能之一，也是观察政府与社会互动的重要界面。简约的基层治理体系既要能完整地落实上级政府的政策任务，同时也要注重地方知识的发掘和提炼，并在此基础上实现家国融合和治理共同体构建。

一、自我服务：基层治理中的逻辑思路重构

复杂性是基层治理的重要特征，而破解基层治理复杂性的关键则不仅依赖于公共服务的增量供给，更重要的是基于地方知识的治理工具选择，做到国之政策与家之感知有机融合。换言之，照顾不同群体需求、维护社会稳定，是基层治理体系运行的首要目标，也是政府能力提升的重要标志，但如何将强制的政策执行变成柔性的服务则是实际难点。以江苏省太仓市为例，独生子女率高使得太仓的失独家庭社会稳定风险突出，但以往的实践由于政府政策难以响应特殊群体的情感需求而常常成效不足。从2014年开始，太仓市政府部门将思路由政府强力推动转变为依靠群众作为，按照"家"的思路融合"国"的政策，发起成立"太仓市连心家园关爱服务中心"，以购买公共服务的方式将失独家庭关爱转交给社会，政府则专注于公共服务的绩效管理。在具体工作中，连心家园关爱服务中心充分发挥失独家庭骨干作用，由率先走出失独阴影的家庭骨干成员具体负责中心的运行，他们在进行同伴教育、同伴疗伤、同伴互助方面以同理心与失独老人进行沟通，将心比心服务失独老人，取得政府部门无法达到的良

好效果。中心运营以来，连心家园建设得到国家、省、市级政府的肯定和支持，并多次获得市级"最具影响力慈善组织"，以人民群众自我服务为特征的"太仓模式"已在江苏全省推广。用生活和家的逻辑重构基层治理政策，用失独家庭的同伴感召力替换政府治理的"大道理"，以提升政府统合能力，这是太仓模式成功的核心要义。

二、因地制宜：基层治理中的公共服务创新

简约高效治理体系运作的核心要义是上级政府制定的宏观政策落实需要结合基层的文化传统基因，以此既调动政策客体的参与热情，同时也提升人民群众的政策满意度。在基层治理实践中，有效治理的关键抓手是通过优质的公共服务供给，提升公众对于政府治理体系的黏性，而政府的公共服务供给如何才能准确回应公众需要则是现实中的政策难题。以浙江省宁波市海曙区为例，作为宁波市人口不断导入的一个市辖区，如何满足近百万常住人口的养老服务需求是该区各基层街镇治理中面临的首要问题。实践中，由政府提供的单一集中式养老模式由于难以应对不同老年群体的个性化需要，也不符合中国传统以家庭为中心的社会结构，因而陷入了投入大效果欠佳的困境。在人口不断增多和社会治理创新的压力之下，海曙区政府开始探索更加符合中国传统家庭文化逻辑的社会化居家养老新模式。如在鼓楼街道，其采用"土地入股＋服务补贴"的方式引入万科旗下的随园智慧坊，并由万科投资建成"嵌入式"街道区域养老中心，服务覆盖辖区的全体老人。养老中心作为民办非企业单位同政府合作为老人提供日托、餐饮、康复、日间照料、助浴、理疗、老年大学教育等服务，让老年人在不离家或离家近的前提下享受养老服务。通过做帮助家属照顾老人

的"管家"但不替代老人的家人，让老人与子女为邻，老年人的满意度和政府的公共服务绩效都得到了提升。在尊重公众生活传统的基础之上，政府退后一步、群众跨前一步，这种家国融合不仅提升了政府的统合治理能力，也升级了群众的满意度，社会化的居家养老已成为海曙区提升社会公众服务获得感的主要手段，海曙区的居家养老项目也多次获得国家级和省市级奖项。

三、平台融合：基层治理中的管理服务整合

基于家国融合的总体思路，通过搭平台和抓骨干强化政府与公众的互动，提升政府对于基层治理的融合能力，重构简约高效基层治理共同体。政府该以何种合适的方式开展社区治理，一直以来是政策操作的难题。以山东省青岛市阿里山社区为例，作为新区最大且人口密度最高的社区，阿里山社区面临着公共服务供给不足以及由此导致的矛盾多发等挑战。为改变这种状况，经社区党支部和居民委员会充分讨论后，社区将空余办公场所开辟成社区居民活动中心，并以活动中心为抓手，在服务公众的过程中实现融合公众的目标。阿里山社区一方面将社区的场地无偿提供给各种社区自发团体使用，将社区服务中心打造成基层治理融合的平台；另一方面，社区也善于抓住自发团体骨干这些积极力量，将社区自发团体打造成为社区工作上传下达的有效途径；同时还充分发挥社区自发团体在矛盾调解和邻里社会资本积累中的作用，极大地提升了社区的治理整合能力。以小场地和少数骨干为抓手，善于动员社区积极力量，在服务公众的同时重构基层治理共同体，这是阿里山社区简约高效基层治理体系建构的主要经验，该社区也多次获得省级和市级表彰。

第五节　简约高效基层治理体系建构的政策议程

　　基于家国融合的基本思路，围绕民众生活所需，提升政府统合能力并发掘文化传统潜力，为理解我国当下简约高效基层治理体系的生成提供线索，也为治理共同体构建提供思路指导。结合基层治理现代化的演进模型理论框架和已有实践可知，太仓、宁波、青岛的基层治理实践之所以取得成效，其最主要经验即是基于家国融合的总体思路，将基层政府治理的大传统与公众生活的小传统进行融合，做到政府统合能力和文化传统潜力的双提升。在这一过程中，简约高效基层治理体系的政策议程包含三个要点：一是基于大传统伸张的需要，简约高效基层治理体系需强化政府的统合能力，其具体策略即是推行"放管服"改革，强化政府核心职能，全面提升政府管理和维护公共秩序的能力，也即"国家能力"。二是基于小传统延续的需要，简约高效的基层治理体系需提升社会公众获得感，其具体策略即是创新性地增量公共服务供给，满足公众生活需要，着力提升政府服务能力，提升治理黏性。三是基于大传统与小传统的融合，简约高效基层治理体系需强化政府与公众互动，并在此基础上增进政府与公众利益共融，重构基层治理共同体。在这一过程中，家国融合的具体表现为，代表

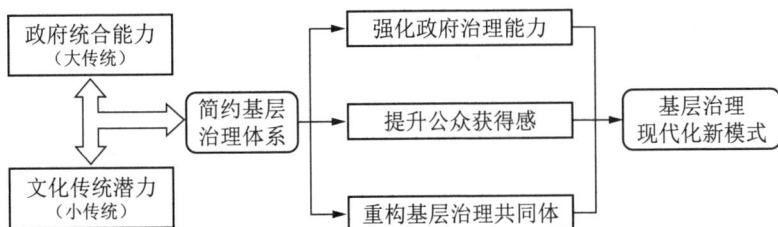

简约高效基层治理体系建构的政策议程

大传统的政府善于从代表小传统的社会生活中发现治理的积极因素，并在挖掘文化传统积极因素的基础上不断提升政府自身的统合能力，提升基层治理制度运行的有效性，这是简约高效基层治理体系生成的路径。

一、推行"放管服"改革，强化政府治理能力

简约高效基层治理体系意味着政府的核心职能得以强化，政府治理的能力得到提升。这也意味着简约高效基层治理体系运行，政府不是管得越多越好，而是在党委的领导下，在充分激发社会活力的总体思路下，实施"抓大放小"的策略，在政府核心职能上着重用力，实现管得精而好。在全面深化改革的当下，强化政府治理能力就是要抓住"放管服"改革这一牛鼻子，不断提升政府治理能力，不断完善中国特色社会主义行政体系。具体而言，落实"放管服"并非一味地放权，而是各级政府部门要遵循"权力清单""责任清单"和"负面清单"这三张清单，重新思考简约高效基层治理体系的政策议程。基于顺应社会文化传统运行的总体思路，下放非政府权责事项，加强政府核心职能，做好公共服务供给工作，让基层治理体系更加通畅有效。以太仓市的实践为例，政府将非政府核心职能的特殊群体公共服务供给事务转移给社会组织，通过政府购买公共服务、创新治理等方式激发社会活力，积极发掘治理中的文化传统因素，并在此基础上实现政府治理能力的提升。可以说，在简约高效基层治理体系构建中，"放管服"作为一个系统整体，要求我们既要做好简政放权的"减法"又要做好加强监督管理的"加法"，既要发挥好优化公共服务供给的"乘数效应"还要找准文化传统发掘的"最大公约数"，以此在大传统与小传统的融合中实现政府治理能力的不断提升。

二、创新公共服务供给，提升社会公众获得感

简约高效基层治理体系意味着公共服务供给得到保障，社会公众的获得感和满意度得到提升。近年来我国加大了对医疗卫生、基础教育和社会保障的投入，但总体来看，公共服务供给的结构性短板依然突出。[①] 随着我国社会主要矛盾的转化，公众对于更高质量、更加精准的公共服务，以及建立并完善多层次的公共服务体系提出了新要求，在这一过程中，如何创新性地发掘文化传统中的积极因素，构建起简洁、管用、高效的公共服务供给体系，全面提升社会公众的获得感，这是简约高效基层治理体系得以生成的关键。宁波市海曙区的实践案例表明，单纯的投入并非解决公共服务供给问题的不二法门，在公共服务供给中更多地考虑文化传统因素，在小传统运行逻辑的基础之上加载群众急需且喜闻乐见的公共服务，顺应而非改变社会文化传统，这是创新公共服务供给方式、提升社会公众获得感的关键，也是简约高效基层治理体系得以生成的"牛鼻子"。

三、落实党建引领治理，实现政府与社会融合

简约高效基层治理体系意味着代表大传统的政府治理制度安排与代表小传统的社会公众生活需求实现了耦合，并在此基础上重构了基层治理共同体。以基层治理体系现代化为抓手，通过相应的体制机制创新和运行模式创新，建立起以党的领导为保障，以公众合理需要满足为核心，政府、

---

① 陈少晖、陈冠南：《公共价值理论视角下公共服务供给的结构性短板与矫正路径》，《东南学术》2018 年第 1 期。

社会组织与公众协同共治的基层治理新局面，是我国基层治理现代化道路的核心要义。基层治理的创新实践也表明，宏大的治理叙事需要落实在民众实实在在的生活中，不但要合乎群众的日常行为逻辑，还要满足群众的工作生活需要。这也意味着，简约高效基层治理体系生成需要将政府治理体制机制运行和公众的生活需要有效对接，在引导公众参与政府治理、尝试自我服务、实现自我发展的过程中，逐步解决我国的公共服务供给体系管理层级多、服务人员少，服务条线多、执行能力不足等困难。青岛市阿里山社区的案例表明，基层治理效能提升的关键在于找到政府监管和公众参与的交汇点，通过公众的自主性的发挥，实现公众自我组织、自我服务、自我管理，并在此基础之上重构基层治理共同体，打造基层治理现代化的新模式。

在中国这样一个拥有悠长政治文明史的国家，中国特色大一统中央集权与源于西方的中国当代政治体系如何有效融合并创造出现代化的基层治理制度并构建起城市治理共同体，这是我们应该关注的议题。但从已有研究来看，从文化传统视角解读基层治理现代化仍然较少，不多的研究也都从自上而下的视角分析政府如何形塑非正式制度资源并为治理服务，而非强调政府治理如何循着文化传统等非正式制度资源与政府治理体系实现融合，这一微小的差异实际上也代表了基层治理自上而下和自下而上两种思路。本章主要是将基层治理中的非正式制度资源研究进一步深化，并基于中国传统的家国融合思路，以及大传统与小传统的融合分析，从自下而上相融合的视角，集中探讨了如何循着文化传统等非正式制度资源构建起简约高效的基层治理体系，即只有将由政府主导的、代表政治制度的大传统，与长期以来由历史形成的、代表公众生活的小传统进行融合，并基于

"家"的逻辑进行政策再设计，基层治理现代化才能实现制度共容并向前继续推进。

进入新时代以来，我国面临着最快速度的城市化、最强力度的数字化，整个国家治理进入没有国家可以借鉴的"无人区"，探索基层治理的中国道路，面对基层治理投入大、负担重、成效欠佳的现实，构建简约高效的基层治理体系和城市治理共同体成为客观要求。简约高效的基层治理体系不能是无根之树可以凭空捏造，也不能是邯郸学步可以直接照搬，需要结合中国的具体国情，在尊重历史的基础上做增量创新。在实践中，文化传统既是国家转型的阻力与羁绊，同时也可以为成功的转型提供非正式制度资源，其中的关键则是做到代表新制度安排的大传统与代表生活习惯的小传统有效融合。一个现代化的国家必然通过各种渠道来服务社会，推动追求美好生活的现代社会的发育。大传统与小传统的结合，围绕人民群众对美好生活的需要，发掘基层有效治理的文化传统因素并提升政府统合能力是值得我们长期跟踪的话题。

第六章　功能型城市治理共同体建设的
中观机制设计

城市治理共同体构建的着力点在基层，而党建引领优势是其最重要的特征。但党建引领基层治理的研究更多地还停留在党组织的整合效用发挥上，而对由个体组成的基层社会面的关注度不够。基于对个体特征、价值重塑、行为改变、集体行动的理论分析，本章梳理党建引领基层治理的底层行为逻辑，以此论述治理共同体构建的中观机制。通过对上海市五里桥街道的典型案例观察发现，打造各具特色且具备实际可操作性的社区共同体、搭建各类社会网络推动共同体想法流的交汇共享、发挥网络节点作用形成行动的示范带动效应是其治理成功的关键。未来，进一步强化党建引领基层治理应基于利益相关打造基层治理共同体、基于价值重塑打造更多基层社会网络、基于行动示范打造更多社会行动节点。

构建超大城市治理共同体，打造面向基层人民生活的功能型治理新叙事，需要关注功能主义理论对组织和个体行为逻辑的分析，并在此基础之上完善基层治理的中观运作机制。这些运作机制既包含城市中基层人民群众的行为选择以及如何实现集体行动，也包括城市基层治理中的组织化主体如何决策以及如何采取策略性行动。只有基于不同主体的行为所需构建起基层治理共同体的多样的、互惠的治理网络，城市基层治理才能得以有效运转。

第一节　基层治理的绩效之问

从已有文献来看，在"党政社关系"框架下构建具有中国特色的超大城市基层治理新话语体系是当下城市基层治理研究的主要切入点。在市场化改革和政府放权改革的大背景下，不少学者基于西方政治社会学理论政社关系的分析框架认为，新时期以来我国基层社会出现了一些超出已有治理体系的新要素，[①] 如何重新塑造政府与社会的联接，[②] 尤其是控制"制度外"的表达和参与，[③] 从而维护社会的稳定幸福，[④] 这是当代我国基层治理面临的新挑战。但在实践过程中，立足于本土化研究的学者却发现，中国事实上并不存在西方学术话语体系中的社会，但却有一个完整且动员能力超强的政党。[⑤] 随着基层党建的持续深化和拓展，"将政党带进基层治理的结构中"[⑥] 已成为学界共识。关于中国基层治理的研究也开始尝试突破原有西方话语体系中的"政社关系"理论框架，进而转向中国本土的"党政社关系"，尤其是"党社关系"的理论建构。[⑦] 研究的主要内容包括：

[①] 何艳玲、王铮：《统合治理：党建引领社会治理及其对网络治理的再定义》，《管理世界》2022 年第 5 期。

[②] 张静：《通道变迁：个体与公共组织的关联》，《学海》2015 年第 1 期。

[③] 黄晓春：《党建引领下的当代中国社会治理创新》，《中国社会科学》2021 年第 6 期。

[④] 刘建军：《上海市社会治理创新的十个维度》，《社会治理》2020 年第 3 期。

[⑤] 陈天祥、王群：《党政统合动员：基层社会动员的组织联结与机制整合——以新时期村居法律顾问政策为例（2009—2021）》，《中共中央党校（国家行政学院）学报》2021 年第 25 卷第 6 期。

[⑥] 景跃进：《将政党带进来：国家与社会关系范畴的反思与重构》，《探索与争鸣》2019 年第 8 期。

[⑦] 李友梅：《当代中国社会治理转型的经验逻辑》，《中国社会科学》2018 年第 11 期。

基于政党与社会或国家（政府）与社会关系视角的治理研究，推进党的建设"伟大工程"背景下基层党组织与社区治理研究，公民参与视角下基层群众自治制度创新研究等。[①]

借助于政党的组织化手段应对基层治理的新问题是当下党建引领基层治理创新的基本思路。从已有研究来看，党建引领基层治理研究的典型路径包括"政党（政府）中心主义"或"社会中心主义"视角。[②] 具体路径包括：以提升组织能力为核心的区域化党建，以汇聚治理资源为核心的平台化党建，以强化治理效能为核心的技术化党建等。[③] 按类型可以分为：价值引领式治理、平台搭建式治理、资源整合式治理、机制保障式治理等。[④] 在进一步的深入研究中，不少学者基于实践经验的总结，提出了不少颇具建设性的学术观点，比如政党组织社会、[⑤] 政党链接社会、[⑥] 多层次整合治理、[⑦] 统合型治理 [⑧] 等对党建引领基层治理的新解释。总体而言，通过主体补位，以组织化应对非组织化，创建基层秩序；通过培育社会，以组织化撬动社会发展，创造集体行动的条件是当下党建引领基层治理的基

---

① 布成良：《党建引领基层社会治理的逻辑与路径》，《社会科学》2020 年第 6 期。

② 陈秀红：《从"治理共同体"到"生活共同体"：党建引领基层治理的社会整合功能实现逻辑》，《北京行政学院学报》2022 年第 3 期。

③ 杨妍、王江伟：《基层党建引领城市社区治理：现实困境 实践创新与可行路径》，《理论视野》2019 年第 4 期。

④ 陈亮、李元：《去"悬浮化"与有效治理：新时期党建引领基层社会治理的创新逻辑与类型学分析》，《探索》2018 年第 6 期。

⑤ 叶敏：《政党组织社会：中国式社会治理创新之道》，《探索》2018 年第 4 期。

⑥ 冯小敏：《新时代上海党的建设的实践创新》，上海人民出版社 2021 年版，第 12 页。

⑦ 唐文玉：《政党整合治理：当代中国基层治理的模式诠释——兼论与总体性治理和多中心治理的比较》，《浙江社会科学》2020 年第 3 期。

⑧ 杨宏山：《转型中的城市治理》，中国人民大学出版社 2017 年版，第 56 页。

本逻辑。[①] 在诸多研究中，学者普遍认为，规模庞大、覆盖面广、党员众多的党组织由于承担着特殊的组织使命，是整合基层多元诉求和行为的有效工具。

理论的创新源于真挚的社会关切，在中观层面如何解读超大城市治理共同体建构，如何解释城市基层治理何以有效，这是功能型城市治理研究亟须回答的新议题。在经典的理论脉络中，马克思面对工业革命引发的阶级冲突、社会极化与底层赤贫时，提出了社会主义革命的思路；[②] 涂尔干在面对道德堕落、自杀增加、社会失序的问题时，提出了发展社会团体重建社会团结的思路；[③] 卡尔·波兰尼在面对市场对社会的侵蚀时，提出了社会自我保护的思路。[④] 理论研究的先驱事实上都在探究可适的管理模式，以应对当时社会转型面临的问题。

循此思路可以发现，党建引领基层治理的研究虽然丰富，但我们也应看到，已有的研究和实践仍然或多或少地存在对基层多元主体的多样化诉求关注不够，片面强调使命与担当而不注重制度化内在动力发掘的短板。这也导致当下党建引领基层治理的讨论要么善于在宏观层面探讨党建引领的重要性，要么重视在微观层面探讨情感等因素的重要性，而较少从中观层面追问党建到底如何引领基层治理？换言之，即是党建引领基层治理到底导致社会发生了什么变化？

---

① 吴晓林：《党如何链接社会：城市社区党建的主体补位与社会建构》，《学术月刊》2020 年第 5 期。

②《马克思恩格斯选集》第 2 卷，人民出版社 2012 年版，第 81—300 页。

③［法］埃米尔·涂尔干：《社会分工论》，渠东译，生活·读书·新知三联书店 2000 年版。

④［匈牙利］卡尔·波兰尼：《巨变：当代政治与经济的起源》，黄树民译，社会科学文献出版社 2013 年版。

第二节　基层治理的底层行为逻辑

面向人民生活需求的功能型城市治理认为，基层治理的本质是关于人的需求满足和行为协调。因此，党建引领基层治理的研究除了关注政党的组织力量之外，更重要的是研究由人组成的基层社会的差异性和行动协调。近年来，以彭特兰为代表的社会物理学研究在功能主义学派社会行动理论的基础上，通过对"人的动机和想法如何驱动并改善人类行为"的研究，为我们研究面向基层人民生活的功能型治理新叙事提供了新思路。

一、组成社会的个体特征与价值塑造

理解基层治理的基本逻辑需将理论出发点放在社会个体身上。近年来，以行为和动机为基础的交叉学科开始兴起，并从人类行为模式入手开展组织研究，由此将组织和群体研究引向深入。如两位诺贝尔奖得主——心理学家丹尼尔·卡尼曼和人工智能先驱赫伯特·西蒙的研究都认为，人类心智模型基本可以分为两种：一种是快速、自动并且以潜意识为主的模式，另一种是慢速、推理并且以有意识为主的模式。快思考主要使用我们从自身经验和对他人的观察中习得的想法关联来驱动我们的习惯和直觉；慢思考主要使用推理，结合我们的信仰以得到新结论。[1] 由于很多时候我们面临决策时，时间非常紧迫，几乎没有时间用慢思考来仔细推敲，所以我们平时的很多决策更多的是基于快思考临时决定的。但临时的决定并非

---

[1] Kahneman D., *Thinking, Fast and Slow*, Macmillan, 2011, p. 51.

都是"草率"的，心理学的研究表明，与缓慢的、深思熟虑的决定相比，人们瞬时的判断反而更具有利他性和合作性，[①] 这也是紧急时刻很多人往往能够挺身而出的主要原因。与快思考相对应，如果想要一个人转变自身习惯，尤其是建立起新的合作机制，这就需要以慢思考为特征的仔细衡量和社会学习。快思考和慢思考这两种人类学习机制是党建引领基层治理个体行为重塑的基础理论。

基层治理的基本逻辑是基于慢思考的理性选择和价值塑造。在彭特兰看来，由慢思考主导的人类行为不仅是由理性思考和个体需要决定的，其最主要是受社会环境的影响。换言之，我们经常所说的"理性"只说明了我们想要什么并且付出相应的行动，而没有说明决定需要和行动的深层次原因。彭特兰进一步的研究认为，我们的需要和偏好大多是基于我们的社区同伴对事物的价值判断，而不是直接基于以个体生物本能或者天生道德观为基础的理性思考。[②] 在日常生活中，我们大部分的公共信仰和习惯都是通过观察同伴的态度、行为和结果学习，而不是逻辑或辩论得来，正是这种社会契约的学习和强化才使得一群人得以协调他们的行为。这意味着，共同价值的形成依赖于两个关键因素：一是利益相关，即自己面对的思考和选择要同自己具有或强或弱的关联，这是组织或网络之所以存在的前提；二是观察交流，也即我们可以通过观察身边人的行为，并在"想法流"的互动中习得常识，这是价值共识得以建构的基础。可以说，党建引领基层治理作为一种常态化的治理机制，其既要把握利益相关，能满足基

[①] Fudenberg D, Rand D G, Dreber A, Slow to Anger and Fast to Forgive: Cooperation in An Uncertain World, *American Economic Review*, 2012, 102(2).

[②] [美] 阿莱克斯·彭特兰：《智慧社会：大数据与社会物理学》，汪小帆、汪容译，浙江人民出版社 2015 年版，第 54—55 页。

层群众的切身需求；同时也要遵循慢思考的基本规律，更加关注基于"想法流"的共同价值塑造。

二、个体行为改变和集体行动实现

党建引领基层治理的机制构建需要遵循组织行为的社会网络基本规律。社会物理学的研究认为，在人与人的想法流互动中，并非所有的信息都会对个体的行为产生影响，而是只有那些本身已经与自己有较强联系（比如是朋友或者是熟人）的人才会有相应的影响。例如，有学者在 2010 年美国国会选举中做了实验，课题组给 6100 万脸书（Facebook）用户发送"出去投票"的消息，其中 A 组仅仅收到去投票的提醒消息，B 组则能够看到已经去投票的朋友的头像，结果发现亲密的朋友对实际投票者总数的影响是消息本身影响的 4 倍之多。[①] 这也意味着我们在构建群体组织的时候，应该对个体采用社会网络激励的思路，而不仅仅是只为改变个体行为提供经济激励，或者简单地进行宣传。换言之，我们应把工作的重点放在改变人们之间的连接，而不是让人们作为个体改变他们的行为上。这也是基层治理中需要通过参与建立信任关系，并在信任关系的基础之上实现合作的主要原因。但与部分学者强调的"因为参与重要而需要参与"的思路不同，社会物理学的研究更强调由想法流塑造的群体之间的连接以及同伴的影响力。可以说，关注群体之间的连接是基层治理之所以成功的基本路径。

---

① ［美］阿莱克斯·彭特兰：《智慧社会：大数据与社会物理学》，汪小帆、汪容译，浙江人民出版社 2015 年版，第 61 页。

党建引领基层治理的机制构建需要把握组织运作的两个基本要点。社会物理学的研究认为，在想法流的交换中，平等的话语轮换和节点作用的发挥是两个关键因素。一方面，就平等的话语轮换而言，相比较于组织里的某一个或几个人长篇大论地发表言论，其他人很少回应或者只是简单回应，大家意见统一一致而言，组织里大量简短的发言，密集且有实质性的互动回应，想法多样且参与者之间话语轮换次数相当，后一种组织更具有创造力，并且所达成的共识也更具有长期维护的基础。这是因为决策是大家经过充分讨论得来的，而非被外力强加或者由部分人主导的，这种被认可的决策即是建立在想法流基础之上的同伴影响力。另一方面，就节点作用的发挥而言，任何一个组织中都具有类型多样的社会连接，那些具有共同连接的人则会构成一个有效的局部社会网络，这是想法流发挥作用的基础；而要想让一个组织更有效地运作，那就需要在组织内部催生更多的局部社会网络，并且使得不同的局部社会网络相互连接在一起；在一个复杂的社会网络中，不同局部社会网络的交点就是可以推动组织运作的节点。

三、党建引领基层治理的底层行为逻辑

党建引领基层治理分为紧急状态基层治理和正常状态基层治理两种基本模式，由于紧急状态属于少数情况，党建引领基层治理的常态实际上是一种非应急状态下的慢思考，这也意味着，一方面就常态治理而言我们不能指望所有人随时随地都有一种"革命奉献精神"参与其中，而要关注长效机制建设；另一方面，我们也要深刻把握"应急"与"常态"两种状态下的治理机制的内在机理，为相应的转化切换做好路径规划。

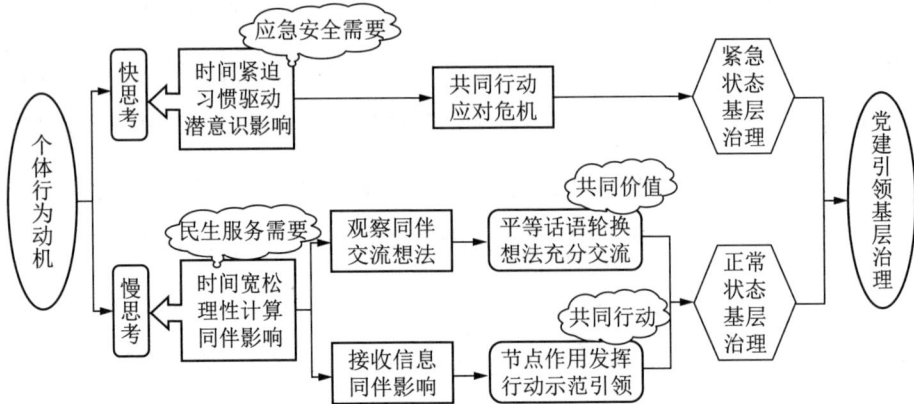

基层治理的底层行为逻辑

城市治理共同体构建的应急状态是基于快思考的应激反应，实践紧迫、习惯驱动、潜意识影响是其关键。因此，应急管理状态下的城市治理共同体建构需要关注以下三个要点：一是合理划分治理单元。应急管理要求合理划分治理单元，如社区、村居、物业小区等，这些单元是利益相关主体的集合，成员之间不但可以相互守望，也能相互帮助，因此可以协同合作以应对突发事件。二是理顺激励奖励机制。一方面是对政府主体的激励，主要是通过考核和问责机制来激励相关部门和人员在应急管理中积极表现和承担责任；另一方面是对社会、市场的激励，主要是通过荣誉、尊重、安全保障以及必要的补偿来激励个人和组织参与应急管理。三是注重发掘能人的带动作用。一方面是政府认定的组织，有政府作为保障和兜底，可以在应急管理中发挥领导和协调作用，确保应急响应的有序进行；另一方面是民间志愿者，民间力量在应急管理中也扮演着重要角色，通过自发组织和动员，以增强社区的凝聚力和应对突发事件的能力。

城市治理共同体建构的常态化运转是基于慢思考的理性选择，时间宽松、理性计算、同伴影响是关键。因此，常态化的城市治理共同体建构需要关注以下要点：一是基于利益相关打造基层治理共同体。具体包括基于利益相关的思路，识别共同的利益诉求；将利益诉求分类化、具体化、项目化；通过共同的过程和结果的共享进一步做实优化治理共同体。二是基于价值重塑打造更多基层社会网络。一方面，可以通过组织、发起、培育社会组织和群众组织等方式，以此打造更为丰富多样的基层社会网络，形成实际意义上的"熟人社会"；另一方面，可以借力已有的社会网络，推动信息的传播和想法的交流，以此促进共同价值的形成。三是基于行动示范打造更多社会行动节点。一方面，可以通过发挥基层党组织和党员的模范带头作用，以此为基层公共事务的解决找到抓手和切入点；另一方面，也需在日常的治理实践中发掘并培育一大批基层治理的领头人和热心人，并将他们放在基层治理的网络节点位置上，以此形成更好的示范带动作用，促成共同的行动。

第三节　基层治理创新的案例观察 [①]

案例研究方法通过聚焦于一个或若干个案例的分析，以此再现其来源母体的相关因果特征（代表性）并且给出随理论关联维度变化的变量（因果关系）。在案例研究中，研究者在案例选择时采用典型案例，原因是更希望典型案例能够验证理论层面的因果现象。本节通过典型案例的研究，验证并探讨党建引领基层治理创新的中观机制安排。

---

① 案例部分材料除了实地调研资料之外，还参考了《"街区共同体"提升基层治理精细化水平》（《文汇报》2020 年 10 月 9 日）、《以新时代"三会"制度打造全过程人民民主基层最佳实践街区——上海市黄浦区五里桥街道的调研与思考》（人民网·上海频道）。

一、黄浦区五里桥街道党建引领基层治理的起点

五里桥街道位于黄浦区西南部，是一个典型的居住型社区，也是上海基层治理的明星街道。早在 1998 年，五里桥街道作为上海市居民区组织改制工作试点街道，就开始积极探索居民委员会工作机制和运作方式创新，并逐步建立起"三会"制度——简称为听证会、协调会、评议会，成为推进基层民主建设最早的有效成果。进入新世纪后，五里桥街道总结提炼出"组团式服务、民主化管理、区域化支撑、群众性评议"+"基层队伍建设"的"4+1"社区工作方法，并在上海基层推广。党的十八大以来，五里桥街道整合以往经验和做法，以党建为引领带动治理资源整合，并以"街区共同体"打造为特色，有效提升基层治理的精细化和现代化水平。

解决新形势下的基层治理难题是五里桥街道党建引领基层治理的起点。随着上海城市治理改革的不断深化，城市管理和服务的重心不断下移，街道社区承担的任务也越来越多，城市基层治理出现许多新情况、新变化和新要求，由此迫使街道主动求变。如大量流动人口进入城市，城市管理存在许多短板，新的社会矛盾不断增多，表现出问题交织的特点；新型经济组织和社会组织不断涌现，党的基层组织与社会各类组织之间出现了"位移"，多元组织如何有效协同；还有居民弱参与问题，表现出要么不参与，要么过度参与，民主呼声很高，如果缺乏有效的民主协同机制，很容易陷入混沌或僵局。

与此同时，街道在调研中也发现，如果缺乏群众的广泛参与，仅仅依靠"政府大包大揽"的惯性思维，有时会出现党员干部费了心、花了钱、办了事，群众却不理解、不领情、不买账的尴尬局面。优化社区主体之间

的关系，形塑党、政、社多元主体的合力，解决新形势下的新问题成了五里桥街道党建引领基层治理的主要任务。

二、黄浦区五里桥街道党建引领基层治理的抓手

合理划分各具特色的治理空间单元。五里桥街道在走访调研中发现，在基层治理中，小区之间、居民区之间以及居委会之间存在着治理盲点、服务盲点，很难在更大范围内显现出"街区共同体"的集聚效应和空间效应，因为一个居民区太小，资源不够丰富，而整个街道的范围又太大，不利于关乎民生服务公共议题的形成。在不断地探索中，五里桥街道基于在街道和居民区、小区之间构建更具辐射力、影响力、组织力的治理共同体的考虑，逐步形成了"街区共同体"的工作理念。街区不是简单地将几个居民区任意分割组合，而是基于历史渊源、地理环境、生产条件、生活方式等方面的特质进行划分，即所谓的地缘、业缘、趣缘有交集。比如，上下班时行驶在同一条交通主干道、在同一个菜场买菜、在同一个广场跳舞健身等，这样，大家对这个街区遇到的问题会有同样的感受，这种基于生活共同体建立的街区共同体为基层的集体行动提供了路径。最终，街道以辖区的南北高架路、中山南路高架为界划分三个街区，作为三个党建网格，分别打造了"创意家园—和美街区""颐乐生活—和美街区""人文滨江—和美街区"三个特色街区共同体。

搭建各类社会网络推动共同体想法流的交汇共享。三个街区共同体有着不同的特色，但其支撑机制是一样的，即民主选举产生三个党建（共治）联盟，成员由区域单位、"两新"组织和居民区等单位成员，以及街区内的报到党员、居民代表、街区顾问等成员构成。与此同时，为了让社

区共同体动起来，街道党工委积极打造"街道—街区—居民区"三级联动平台，推动各类资源和需求的有效对接。在街道层面，完善区域化党建联席会议制度与社区代表会议、社区委员会制度，进一步发挥好收集公共议题、发现治理盲点、解决焦点问题的作用。在街区层面，成立党建（共治）联盟，参与成员分为单位成员和个人成员，单位成员由区域单位、"两新"组织和居民区构成，个人成员由街区内的报到党员、社区居民代表、街区顾问等构成，设立"3+X"委员会，推动议题在街区层面的收集和解决。在居民区层面，建立零距离家园理事会，吸纳业委会、物业公司、驻区单位、"两新"组织、"两代表一委员"、法律顾问等各方力量，凝聚起社区共治的工作合力。除此之外，街道还大力培育多样化的社会组织发展，并通过"微创投"支持群众项目，这些都极大地促进了社会网络的丰富。

发挥网络节点作用形成行动的示范带动效应。"找有趣的人、破尴尬的局、做有益的事、享和美的家"是五里桥街道基层治理创新的基本思路。在街道层面，发挥社区党委和行政党组在街区共同体建设中的组织整合与资源动员优势，在推动共治议题形成、"两代表一委员"建言献策、共治项目谋划落实、资源经费筹措、队伍设施配备等方面，给予指导与支撑，特别是注重建立健全自下而上的共治议题形成、协商、监督和回应机制，吸引热心群众的积极参与。在街区层面，组建党建促进会与共建促进会，并成立街区党建（共治）联盟，街区党建（共治）联盟下设理事会，理事会在街区党群服务站下设秘书处，作为区域化党建和社区服务的实体化阵地，承担街区党建（共治）联盟的日常运营工作，并通过组织街区中的单位组织、"两新"组织、白领群体等热心志愿者广泛参与，发挥好参与动员功能。在居民区层面，充分发挥居民区党组织的领导核心作用，推进居民区党建共促会运作，大力培育楼组自治小组，成立商铺自管会、居民书画楼、社区花园墙、邻里议事厅等一批党建引领的自治项目，培育了一大批自治骨干、自治团队和品牌自治项目。

三、黄浦区五里桥街道党建引领基层治理的成效

在党建引领基层治理的过程中，围绕人民群众的生活所需，五里桥街道将民生需要化成一个个项目，逐个解决、持续推进，群众获得感获得全面提升，街区居民的共同体意识得到强化。通过"和"系列工程的实施，聚焦街区人文软环境提升，以为老服务中心建设、安全社区创建、老公房电梯安装、社区花园建设、错时互助停车、居民自治微创投、委会主任沙龙和联谊会等重点项目，街区和谐度得到提升。通过"美"系列工程的实施，聚焦街区面貌环境美化和改善，依托网格中心，围绕生态环境综合治理、住宅小区综合治理等，连片整治、滚动推进，推进无序设摊、跨门营业、违法搭建等顽症治理，推动外墙管道修缮、垃圾厢房改造等美丽街区建设项目落地，街区环境的美感度得到提升。作为党建引领基层治理的标杆，2020 年，五里桥街道获得"长三角基层依法治理十大优秀案例"；2021 年，新华网以《上海五里桥街道：从共治到善治，"居民的事情自己说了算"》为题对其基层治理进行了专题报道。

第四节　基层治理创新的机制分析

党建引领基层治理得以实现的关键机制是以"人民生活"需求为核

心，打造治理共同体，并让共同体行动起来的过程。社会物理学的研究和五里桥街道的实践都表明，选择合适的治理空间单元，基于利益相关打造基层治理共同体、基于价值重塑打造更多基层社会网络、基于行动示范打造更多社会行动节点，是党建引领基层治理创新，打造面向基层生活的功能型治理新叙事的中观实现机制。

一、基于利益相关打造城市基层治理共同体

党建引领基层治理得以实现的关键是打造利益相关的城市基层治理共同体。彭特兰在组织行为的研究中发现，对于个体的激励应该与社会网络的激励结合在一起，这样才能建立起一个切实有效的组织。也即在集体的行动中，我们既要鼓励个体积极行动，同时还要确保个体的行动有利于集体行动。这种利益相关的共容式思路也被广泛应用于政策分析领域，并通过利益相关者的识别以此提升政策的精准性和实际运作效能。在城市基层治理实践中，利益相关的分析框架不仅可以在多元主体中识别能动的行动者，还能为打造共建共治共享的治理共同体提供工具和思路。因此，党建引领基层治理首先需要基于利益相关的思路，识别共同的利益诉求，其次是将利益诉求具体化、项目化，最后是通过共同的过程和结果共享，进一步做实优化治理共同体。

在五里桥的案例中，街道创新性地将内部划分为三个次级治理单元，以此解决"街道太大、小区太小、资源不均"的治理空间单元问题，并形成具有可操作性的利益共同体，这是其党建引领基层治理的创新之举，也可以为其他地方的基层治理提供借鉴。在已有的基层治理实践中，在以服务为载体的街区治理过程中，街道和居民区是两个基本单元，但正如

五里桥街道遇到的情况一样，以街道为单位进行治理规划，管理和服务的幅度过大，无法实现精准服务，因此也就无法吸引群众来参与。但如果以居民区为单位推进治理，则又面临小区资源有限或者说是资源分布不均的问题，由此导致基层治理缺乏活力。而通过划分片区的办法，不但解决了治理幅度过大的问题，也通过将有相同利益诉求的人划到一个片区、纳入更多的商户等措施，使得基层治理可以项目化操作、治理资源分布更加平衡，基层治理也更有抓手。

二、基于价值重塑打造更多基层社会网络

党建引领基层治理得以实现的切入点是培育更多更密的社会网络。彭特兰在众多的社会物理学实验中反复强调，周围同伴群体的行为是驱动想法流并形成观点的最强大作用力，更加重要的是，起作用的不是直接互动的数量，而是与他人的观点和表达的接触量，包括通过对话的直接接触和通过偶然观察的间接接触。无意听到的评论和对他人行为的观察是想法流的有效推动力。[①] 在基层治理实践中，这种想法流的交换和行为的模仿是治理创新的重要方法论。一方面，党建引领基层治理可以通过组织、发起、培育社会组织和群众组织等方式，以此打造更为丰富多样的基层社会网络，形成实际意义上的"熟人社会"；另一方面，基层党组织也可以借力已有的社会网络，推动信息的传播和想法的交流，以此促进共同价值的形成。

---

① ［美］阿莱克斯·彭特兰：《智慧社会：大数据与社会物理学》，汪小帆、汪容译，浙江人民出版社 2015 年版，第 46—47 页。

在五里桥街道的案例中，街道在三个片区划分的基础之上打造三个党建（共治）联盟，并着力构建"街道—街区—居民区"三级联动，通过进一步织密社会网络以解决不同主体之间的协同行动问题。这种分层治理的思路不但建构起基层治理的组织架构，也为主体之间的互动提供了平台。在基层治理中，不同的民生问题由于涉及不同的群体、不同的覆盖面、不同的资源要求，因此也就需要更加丰富多样的问题解决机制。这也意味着，那种希望通过建立一种或几种组织机制就能解决基层所有问题的思路不仅是一种行为上的偷懒，更不可能有效解决基层面临的问题。在五里桥街道，纵横交错的社会网络是其治理运作的主要特征之一，并用于解决不同的问题。如托育机构的设置需要放在街道层面来解决，菜场的添置需要在街区层面解决，停车矛盾则需要在居民区层面解决。如果有需要或议题重大，三个层面的各种力量还可以协同发力，共同推动基层问题的解决。

三、基于行动示范打造更多社会行动节点

党建引领基层治理得以实现的抓手是培育更多的领头人和热心人。基层治理的实质是一个协同行动的问题，并且这种协同不仅指组织内部的协同行动，还包括组织之间的协同行动。彭特兰在组织变革的研究中也强调"魅力型连接者"的重要性，作为组织中的网络节点，他们在组织中积极地走动，并与他人进行简短且充满活力的对话，他们能够引导自己组织内的互动模式朝着正确的方向发展，以此确保每个人都在圈内；更重要的是他们也是行动者，并带动更多的人参与到新的变革之中。在基层治理的实践中，这种协同行动的发起和运作需要更多细微的机制设计。一方面，党

建引领基层治理可以通过发挥基层党组织和党员的模范带头作用，以此为基层公共事务的解决找到抓手和切入点；另一方面，基层党组织也需要在日常的治理实践中发掘并培育一大批基层治理的领头人和热心人，并将他们放在基层治理的网络节点位置上，以此形成更好的示范带动作用，促成共同的行动。

在五里桥街道的案例中，街道通过"有趣的人破尴尬的局并做有益的事"，并在此基础上形成更好的示范带动作用。这种能人带动的思路事实上已经被许多地方证实是一种行之有效的方法。特别是在基层治理的实践中，破解群众诉求多样、观摩观望情绪的关键就是有人站出来开始具体去行动，并且通过行动效果的展示形成示范效应，进而带动更多的人加入进来，最终形成集体的行动。在五里桥，街道里的"两代表一委员"、街区内的热心志愿者、居民区的自治骨干，这些人在党组织的带领下构成基层治理的领头人和热心人。他们一方面是通过治理议题协商和广泛参与，在基层治理网络中发挥了想法流交换的节点功能，另一方面也通过自身的实践及其自身的影响力，在基层治理网络中发挥了示范带动功能。而正是这些领头人和热心人的参与和带动，街道更多的自治项目得以开展，更密集的社会网络加速形成，更多的想法流也得到交换，基层治理的"想法—行动—新想法"实现了良性循环。

习近平总书记多次强调："基础不牢，地动山摇。只有把基层党组织建设强、把基层政权巩固好，中国特色社会主义的根基才能稳固。"近年来，在新时代中国特色社会主义学术话语体系建构中，学者也更加关注以生活为中心的"民心治理"逻辑建构，即聚焦于人民生活，通过不断提升社会公众的满意度和获得感，社会个体基于满意度和获得感，对政府具有高度信任，对治理体系具有高度黏性，对现在和未来治理共同体充满期待的一种新的治理形态。[①] 本章的研究进一步认为，在超大城市治理共同体的构建过程中，面向基层人民生活的功能型城市治理新叙事，我们不能只关注党组织的整合作用发挥，同时也要关注由社会个体组成的基层社会，关注其运作的基本特征、重要规律和底层逻辑，并在此逻辑基础上构建中观层面的城市基层治理运作机制，只有这样我们才能更好地说明党建引领基层治理何以成功，这也是本章的理论重点。更进一步来讲，在我国治理现代化的探索过程中，我们党逐渐认识到现代化只是一种手段，而满足人民对美好生活的向往才是推进治理转型的根本目的，而这一目标的实现则离不开城市治理的功能导向。

---

① 薛泽林、孙荣：《人工智能赋能超大城市精细化治理——应用逻辑、重要议题与未来突破》，《上海行政学院学报》2020 年第 21 卷第 2 期。

第七章　功能型城市治理共同体建设的
微观个体诉求

　　社区是城市治理的基本单元，也是以功能为导向的城市治理有效运转的空间载体。上一章我们主要分析了常态化下的基层治理逻辑，本章我们将聚焦于应急态的分析。换言之，如果说常态化的城市治理参与由于覆盖面广、涉及主体多、功能导向不足难以研究和观察，那新冠肺炎疫情防控中的社区应急参与则为我们提供了非常态化城市治理的观察样本。总体来说，无论是作为应急管理的基本单元，还是城市生活的日常归宿，抑或是城市治理的空间载体，假设"人民群众已经充分参与"，或忽略"人民群众事实上没有参与"，以至于"害怕人民群众知晓并参与"是当下城市治理共同体建构中的主要障碍，也是城市治理之所以失去功能导向的主要原因。面向超大城市治理共同体构建、面向人民生活的功能型治理新叙事，需要在关注宏观制度设计、中观机制创新的同时，深入探究微观个体层面的行为逻辑，只有关注人的需求和利益才能更好地把握人的行为动机，从而更好地建立可行的制度，并在此基础之上构建起城市治理共同体。

　　发挥社区在应急管理中的积极作用对于夯实超大城市应急管理体系至关重要，而调动微观个体的参与积极性又是其中的关键所在。以新冠肺炎疫情防控为观察对象，2020 年 2 月，习近平总书记在北京调研指导新冠肺炎疫情防控工作时强调："社区是疫情联防联控的第一线，也是外防输入、内防扩散最有效的防线。把社区这道防线守住，就能有效切断疫情扩散蔓延的渠道。"同年 3 月，习近平总书记在武汉考察疫情防控工作时再次强调："抗击疫情有两个阵地，一个是医院救死扶伤阵地，一个是社区防控阵地。坚持不懈做好疫情防控工作关键靠社区。"社区在整个抗击疫情的实践中发挥了关键作用，但也暴露出了能力不足和参与不够的短板，且能力不足的短板又与社区参与不够、无法有效组织"人力、物力、智力"相关。正视超大城市应急管理中的社区参与短板，既不以"上帝"视角对现状进行无差别的批判，也不以"鸵鸟"姿态选择性地无视短板，而是基于不同行动主体的行为动机客观分析超大城市应急管理中的社区参与，这有助于我们更加理性地思考城市治理共同体建构的现状并构建起面向人民生活的功能型治理新叙事。

第一节　作为应急管理基本单元的社区

社区作为应急管理的基本单元已经是全球各国的基本共识。应急管理的核心任务是维护以"人"为核心的自然秩序，面对灾害风险多发的现代社会，作为人类聚居区的社区从 20 世纪 80 年代开始就引发了学界越来越多的关注。1989 年，世界卫生组织在首届世界伤亡与事故预防大会上就提出安全社区理念，并一致通过《安全社区宣言》，由此正式提出应急管理中的社区命题。1994 年，世界减灾大会在《横滨战略与行动计划》中将社区视为减灾行动的基本单元。1997 年，联合国在日内瓦公约中指出，社区将会毫无疑问地成为 21 世纪及以后全球范围减灾的重点所在。2005 年，联合国召开的第 2 届世界伤亡与事故预防大会进一步提出，加快推进社区防灾减灾应用系统的建设和完善。此后，联合国又分别在 2008 年和 2010 年，提出尽最大努力推进安全社区建设，以使社区具备高效预防和快速应对突发事件的能力；社区应急管理不能只是关注于救灾过程和事后处置，而更应该将重点放在前期检测和预防上。在联合国等国际组织的呼吁下，全球各主要国家和地区都基于自身特点提出了有针对性和特色的社区应急管理模式。如拉美国家提出的灾害管理"双向路径"，南亚国家民间组织提出的灾害管理"双向视角"等，分别强调应急管理中的社区功能。此外，美国联邦紧急措施署（FEMA）提出了"减灾社区"和"可持续社区"，^①澳大利亚 EMA 提出了"有准备的社区"，^②日本提出了"自助＋共助"等新理念等。^③由此可以看出，人类聚居的社区作为共同体的一个单元，在应急管理中的重要性已经被充分认识，并在实践中得到应用。

一、公众参与社区应急的逻辑假设

公众的积极参与是应急管理社区功能发挥的基本逻辑假设。在西方语境下，社会作为政府和市场之外的补充和力量制约，在社会运作中发挥了关键性作用。如托克维尔较早就提出了以社会制约权力的思路。在他看来，社会是一个不同于政治国家的新力量，中立的媒体舆论、自由的新闻、独立的报刊、自由结社、志愿组织、宗教、法学精神和理论都能对政

---

① FEMA. Project Impact: Becoming a Disaster-Resistant Community: How and Why.

② 夏保成：《西方国家公共安全管理的理论与原则刍议》，《河南理工大学学报》（社会科学版）2006 年第 1 期。

③ 张帆、李思叡、唐建：《日本"自助、共助"社区防灾体系及对我国的经验借鉴》，《城市建筑》2020 年第 23 期。

治国家的权力产生牵制作用。在他看来，结社自由和志愿活动已经成为反对多数专制的一项必要保障。^①卡尔·波兰尼则用"双重运动"来描述资本主义社会实现平衡的两条线索，在他看来，19世纪中叶以来的所谓"完备市场"并非自发形成，而是政府通过一系列法律、法规和制度构建出来的，在资本主义商品化在全球扩张运动中，市场作用的充分发挥往往导致社会不公平等问题的出现，这就导致另一重运动——为了维护社会整体利益而反对资本主义商品化的社会运动的出现。社会不是人为建构的，而是去抵制市场过度侵蚀，保护自己、保护社会。因此，以公众参与为基础的社会成长是包括应急管理在内的西方政治制度运作的重要特征。

已有的研究也强调了不同国家应急管理的社区参与特征，如韬业对德国的应急管理的研究就指出了德国高度重视社区居民、营利组织以及非营利组织的力量，注重激发群体的参与感、调动群体的积极性、满足群体的获得感；^②杨倩云和张军对美国应急管理模式的研究也指出了社区应急管理的运作模式，并认为这种管理模式不仅强调建立分工明确的应急管理机构，同时还强调建立起从下到上的科学运作机制，强调私人部门与公共部门的共同配合，不同主体根据FRP计划开展合作，使社区应急反应小组（CERT）在公共危机处理和应急管理中的积极作用得到充分发挥。^③

① ［美］托克维尔：《论美国的民主》，董果良译，商务印书馆1991年版，第213—218页。

② 韬业：《德国的灾害防治机制》，《中国减灾》2008年第12期。

③ 杨倩云、张军：《基层社区风险治理的"社区为本风险管理模式"转向——基于芜湖市N社区的实地研究》，《西安建筑科技大学学报》（社会科学版）2021年第4期。

二、融入城市的社区应急制度设计

应急管理中社区作用的发挥需要将社区融入城市应急管理的总体系统。就理论而言，将应急管理的主要关注点放在社区是利用社区贴近基层民众、贴近现实生活、贴近危机现场的区位优势，发挥社区在危机管理中的基础性作用，以此实现有效预防、及时应对、迅速遏止、减少损失的目标。[①] 但从现实情况来看，超大城市复合型风险频发以及城市社区本身的复杂性也加剧了社区的脆弱性，由城市复杂性导致的风险叠加以及由此诱发的诸如"黑天鹅""灰犀牛"等严重次生事件也超出了社区本身的应对能力。[②] 这也意味着，社区作为应急管理的基本单元，其作用发挥的关键是深度融入城市整体应急管理体系之中。

在此，我们可以将应急管理中社区的作用概括为四个方面：一是在应急管理事故发生之前，社区作为政府应急管理预防体系的有机组成部分，承担着信息收集反馈，微小事故处置的职能；二是在应急管理事故发生初期，社区作为距离社会公众最近的应急管理第一现场，承担着第一时间响应和处置的使命，即通过迅速采取有效措施来降低灾害和突发事件造成的损失；三是在应急管理事故发生中期，社区作为应急响应的主要阵地，承担着组织来自政府、市场、社会和社区各种资源，建立协同型应急管理体系的职能，以此实现应急管理处置的协同型模式；四是在应急管理事故发生后期，社区作为社会公众聚集地，承担着事后修复的功能，协助相关专业机构做好硬件恢复和心理修复工作，尽快恢复社

---

① 谢一帆、古雯：《论公共危机管理中的社区参与》，《华东经济管理》2006 年第 11 期。
② 李琦：《自组织视域下应急管理的社会参与》，《理论月刊》2016 年第 8 期。

区韧性。

三、参与不足是城市应急的重要困境

社区参与不足或处置不当会直接制约城市应急管理体系运作的成效。尤其是对于超大城市而言，城市生活的精彩来源于多样性，而巨量的多样性则给有效的管理带来实际困难。即便是在日常运作中，高度聚居的海量人口与多样流动性相互叠加并彼此催化，极易引发大量的不确定性与风险性；在应急管理状态下，对自然灾害和突发事故的处置不当还极易激活并放大超大城市的潜在风险并由此导致更为严重的问题。

第二节 作为共同体和政策工具的社区

一、西方语境下的社区及功能

在西方社会，社区作为一个研究术语和政策术语存在。社区的概念悠久且多变，作为应对城市扩大和人与人之间关系疏远的方式，社区被认为是个体形成归属感和至少得到部分身份认同的途径。[①] 但是，模糊和难以定义一直是社区的一大特性。这也导致社区的概念虽然早在 1887 年的《社区与社会》中就被滕尼斯提及，但一直到 20 世纪 80 年代才再度受到关注，这期间一直处于低潮。此时，社区概念的广泛应用既是作为描述

[①] [英] 诺南·帕迪森编：《城市研究手册》，周振华、郭爱军、王贻志译，格致出版社、上海人民出版社 2009 年版，第 248 页。

城市生活和行为的工具，也是为了证明政治目标合理性的工具。这是因为随着城市人口的增加，人与人的关系疏远，理性推理构成了城市的突出特征。在这样一个陌生的社会里，个体在处理社会关系的时候不可避免地进行客观判断，无数人面对无数的变化开始变得麻木不仁，金钱经济一方面为众多人际关系搭建了框架，同时也意味着人与人的关系是建立在算计和潜在冲突的基础之上的。[①] 这种城市冷漠带来的是城市生活的混乱无序、失去个性、相互疏离并充满竞争。如在恩格斯和斯蒂芬斯的笔下，城市是对人的压迫、贪污腐败和尔虞我诈的地方。卓别林的电影也直接或间接地批判了城市的生活。

　　但是，即便如此，社区作为一种观察城市的单元，被认为可以为城市里建立联谊关系提供环境，并为共同价值的支持和区域性保护提供依托。而其运作的基石则是社会的活动和共同体认同感的表达。与此同时，作为一种政策术语，城市的超大规模和个体分散也导致政策的执行面临客体缺失的问题，尤其是对于西方选举制度而言，对于个人主义的过分强调不但加大了获取选票支持的难度，同时也可能导致政策的执行更加碎片化以至于无法执行。而社区作为一种模糊的概念，其对于"我们"的强调不仅可以在一定程度上拉近候选人与民众的距离，同时也有助于在此过程中实现对于民众分散利益的整合。社区与其说是一个实体，在西方政客眼里，其更是一种"法团主义"式的政策工具。主要用来证明政策的合理性：因为它不仅传达了理解和本土化的内涵，还增强了国家和民间社团的新关系，特别是合作和共担责任的关系。

---

① Simmel G., The Metropolis and Mental Life, in K.H. Wolff (ed.), The Sociology of George Simmel, New York: The Free Press, 1950, pp. 409-432.

二、中国语境下的社区及功能

在中国语境下，社区具有不同于西方的内涵和应用。1933 年，费孝通为了便于对"society"与"community"进行区分，首次将"community"翻译成"社区"，认为社会是泛指任何人经营共同生活时所发生的关系，社区是在一定地域里经营集体生活的共同体。[①] 此后社区开始被一大批社会学家重视，但关于什么是社区，在中国当下依然没有达成共识，且这种共识争议与西方略有差异。在国外，社区的主要争议在于其是以地理空间划分还是精神认同划分，在我国，社区的主要争议在于其地理空间范围的大小，如有的政策部门和学者认为社区是以街镇乡为单位，但也有学者认为社区是以居委会为单位，还有学者认为社区指的是物业管理小区。对于社区的界定，不同部门的政策文本中也略有差异。如 2000 年，民政部对社区下了具体定义，即社区是指聚居在一定地域范围内的人们所组成的社会生活共同体。但这一概念依然相当模糊。[②] 2017 年的《中共中央 国务院关于加强和完善城乡社区治理的意见》作为我国社区治理的纲领性文件，进一步指出，"城乡社区是社会治理的基本单元。"并提出了"进一步增强基层群众性自治组织开展社区协商、服务社区居民的能力""进一步加快城乡社区治理法治建设步伐，加快修订《中华人民共和国城市居民委员会组织法》，贯彻落实《中华人民共和国村民委员会组织法》，研究制定社区治理相关行政法规"等任务。由此可见，这里的社区指的是以村/居民委员会为单位的居住区。但与此同时，在"国家综合减灾示范社区"创

[①]《费孝通文集》第 12 卷，群言出版社 1999 年版，第 22 页。

[②] 曹海军、鲍操：《社区治理共同体建设——新时代社区治理制度化的理论逻辑与实现路径》，《理论探讨》2020 年第 1 期。

建和上海市宣传系统的"文明社区"创建中，社区都被定义为街道这样的行政实体。近年来，随着网络社会的兴起，关于网上虚拟社区的研究也开始在中国兴起，而主流的讨论仍然聚焦于村居这样的实体社区。

三、社区在应急体系中的定位

在我国应急管理的制度安排中，基层村居作为社区单元构成了应急管理体系的最底层。如 2024 年修订的《中华人民共和国突发事件应对法》第二十二条规定：居民委员会、村民委员会依法协助人民政府和有关部门做好突发事件应对工作。第四十二条规定：居民委员会、村民委员会、企业事业单位、社会组织应当根据所在地人民政府的要求，结合各自的实际情况，开展面向居民、村民、职工等的应急知识宣传普及活动和必要的应急演练。第七十七条规定：突发事件发生地的居民委员会、村民委员会和其他组织应当按照当地人民政府的决定、命令，进行宣传动员，组织群众开展自救与互救，协助维护社会秩序；情况紧急的，应当立即组织群众开展自救与互救等先期处置工作。第七十九条规定：突发事件发生地的个人应当依法服从人民政府、居民委员会、村民委员会或者所属单位的指挥和安排，配合人民政府采取的应急处置措施，积极参加应急救援工作，协助维护社会秩序。

《国务院办公厅关于加强基层应急管理工作的意见（2007）》提出："社区居委会、村委会和各类企事业单位可根据有关要求和实际情况，做好应急队伍组建工作。"上海市应急管理"十四五"规划目标中也提出"健全分类管理、分级负责、属地为主的立体化应急管理组织体系，推进市、区、街镇、居村的应急管理工作有机衔接和纵向贯通"的任务。但在实际的制度安排中，村居社区有职责却没有相应的资源和能力是制约村居社区参与应急管理的主要瓶颈。如在疫情防控中，政府内部的信息传递主要是"自下而上的报送"和"自上而下的指令"，市、区两级通过街镇和村居报送信息的汇总，可以对疫情有更加全面的了解，但村居社区却没有权限获取相关信息。市区两级在缺少"信息细节"的情况下作出的决策，村居社区在执行中往往面临不少难题，并由此导致了不少矛盾。市民将矛头全部指向村居社区不仅增加了基层疫情防控的工作难度，也削弱了应急管理的权威性。与此同时，村居社区缺少物资支持、专业人员支持等也是应急过程中面临的突出问题。

四、公众应急参与的机制约束

机制约束是影响当下我国城市社区公众参与的主要瓶颈。作为人民当家作主的社会主义国家，我国历来重视社区治理中的公众参与。2018年11月，习近平总书记在上海虹口区嘉兴路街道考察时强调："城市治理的'最后一公里'就在社区……加强社区治理，既要发挥基层党组织的领导作用，也要发挥居民自治功能，把社区居民积极性、主动性调动起来，做到人人参与、人人负责、人人奉献、人人共享。"2019年，习近平总书记在中央政治局第十九次集体学习时强调："要坚持群众观点和群众路线，坚持社会共治……支持引导社区居民开展风险隐患排查和治理，积极推进安全风险网格化管理，筑牢防灾减灾救灾的人民防线。"

实践中，基层社区的公众参与面临着双重困难。一方面，虽然社区居委会属于"基层群众性自治组织"，但在我国基层治理场域中，社区承担着不少行政事务，在一定程度上扮演着国家政权在城市基层治理中"代理人"的角色；[1] 有学者将其视为"类行政组织"；[2] 且与这种关系相伴而生的是政府行政机构延伸及条线下沉，使得社区居委会被卷入科层制，并在体制性的力量下发生功能性的改变。[3] 另一方面，行政职能承担过多不仅弱化了社区服务居民的意识，也在一定程度上降低了村居社区激发居民参与主动性和能动性的工作意愿，机制约束导致的社会公众与村居组织制度性疏远是当下我国城市社区公众参与面临的主要问题，也是当下城市治理缺少明确功能指向、城市治理效能不高的主要原因。

第三节　探寻社区公众参与的可行路径

一、以参与呼吁替代参与实践的困境

对于应急管理中社区公众参与的呼吁，目前还缺少有力的落地抓手。不论是社会学还是政治学的研究，呼吁社区参与的文献可谓是汗牛充栋，但更多的研究仍然停留在应然层面的分析之上，缺少从实然到应然的转化工具分析。一些学者开始从技术角度寻找社区参与的"捷径"，即希望将近年来在西方社会兴起的除了选举之外的"新式参与"同数字化技术相结合，以期找到社区参与的"弯道"。但遗憾的是，在思路和机制不变的情况下，技术在进入社区治理中面临着组织刚性的规制，具体表现为技术

---

[1] 王汉生、吴莹：《基层社会中"看得见"与"看不见"的国家——发生在一个商品房小区中的几个"故事"》，《社会学研究》2011 年第 1 期。

[2] 吴刚：《类行政组织的概念》，《中国行政管理》2001 年第 7 期。

[3] 赵吉：《条线下沉与权责失衡：社区治理内卷化的一种解释》，《城市问题》2020 年第 5 期。

认知萌发时的"进场规制"、技术发挥效能时的"功能规制"以及技术运转过程中的"运行规制",多重困境使得技术一定程度上"悬浮"于治理之上。[①]

二、对制度变革设计过分依赖的不足

针对应急管理中社区参与的短板,有不少学者寄希望于通过制度的变革来解决问题。这些研究遵循"国家—社会二分法"的脉络,形成三种典型思路。一是针对政府直接控制型管理模式的弊端,提出创新应急管理社区参与的新机制和新方法,如"项目制"动员[②]、全要素网格化[③]、"三社联动"[④]等,以此发挥政府的引导作用,并建构起整合机制、协调机制和信任机制等。二是基于城市治理主体多元化的新趋势,从多中心治理的理论角度出发,提出了加强多元主体协同与合作的建议;[⑤]以此明确各主体的地位、职责和边界,实现社区应急管理主体多元化,夯实基层应急管理体系。三是针对城市社会环境变迁以及其对风险管理的影响,提出通过培植社会资本来提升社区风险治理能力的思路,这类研究认为社会资本可以通

---

① 王磊:《情境、认知与策略:技术嵌入组织的逻辑——以新冠肺炎疫情防控中武汉市红十字会为例》,《求实》2021 年第 3 期。

② 王清:《通过项目进行动员:基层治理的策略与影响》,《四川大学学报》(哲学社会科学版) 2020 年第 5 期。

③ 盘世贵:《借助网格化管理推进我国应急管理新常态建设》,《学术论坛》2015 年第 9 期。

④ 颜克高、唐婷:《名实分离:城市社区"三社联动"的执行偏差——基于 10 个典型社区的多案例分析》,《湖南大学学报》(社会科学版) 2021 年第 2 期。

⑤ 刘智勇、刘文杰:《公共危机管理多元主体协同研究述评——以近 10 年来国内期刊论文研究为例》,《社会科学研究》2012 年第 3 期。

过规范、互惠网络和信任机制的共同作用实现社会整合，促进社区参与和社会合作，提升社区应急管理绩效。[①]

但是，制度变革往往也意味着政府自上而下的推进，而这种自上而下的思路在很大程度上还是难以解决应急管理中的社区参与问题。究其原因就在于基层社区作为应急管理的"被动执行者"而非"主动参与者"，这种大脑指挥式的工作模式不但使得社区失去了自主性，同时也缺少公众参与社区治理的制度激励和保障。即便是不少地方又在这一制度的基础上进行叠加，建立了督查巡视制度，但这种自上而下的监察不仅具有排他性，即公众被排除在监督网络之外；同时也面临着考核"悖论"的约束，即只要有考核就不可避免地存在基于考核指标的"逆向选择"问题出现，而"通过考核"便成了基层工作的新目标，城市社区治理的目标也在不知不觉中被替换。

三、建立围绕人的需求的参与机制

以人民生活为中心的应急管理社区参与路径探索需要围绕不同主体的需求展开。贝克将工具理性和价值理性的分离视为现代风险的起源，其认为资本主义社会对金钱、利益、效率、进步的过度追求蒙蔽了人们对自然的敬畏、对社会发展规律的遵循、对情感的感受和共情，人与人、人与社会、人与自然的关系出现异化，并引发一系列非理性且难以预测的后果。[②] 这种变化同时也带来理性选择和集体行动的困境。尤其是在应急管

---

① 李琦：《自组织视域下应急管理的社会参与》，《理论月刊》2016 年第 8 期。

② ［德］乌尔里希·贝克：《风险社会》，何博闻译，译林出版社 2004 年版，第 28—31 页。

理中，突发性事件往往导致城市秩序、价值的短暂性缺乏以及未来的不确定性，但即便如此，个体和组织依然是理性的行动者。

对一个组织来说，突发性的公共危机为其利益维护、利益表达、利益扩散提供了难得"窗口"，组织如果能抓住这个"窗口"就能够在参与中更好地实现自我利益；对于社会个体成员来说，参与应急管理的过程也是维护自身合法权利、获得声望、增加物质收益以弥补财产损失的机遇。这也意味着，任何一个公共危机都会对社会利益分配结构做出调整和安排，组织和个体成员如果能够积极行动、将自我利益诉求表达和应急处置结合起来，那就会获得主动参与的内在动力结构。[①] 这种内在动力的调整则主要建立在三条基本原则之上：一是应急管理中的社区参与必须实现集体利益和共同利益，且这种利益安排可以让所有的利益攸关方均享；二是应急管理中的社区参与需要利益表达，让不同的行为主体都有表达利益诉求的平等机会；三是应急管理中的社区参与需要协调相互冲突的不同主体间利益，如通过对因应急管理需要而暂受损失的利益攸关方予以补偿。

应急管理的社区参与路径建构需要完善基于"需求—机制—能力—激励"的四维行动框架，建立起围绕城市治理功能的新的治理叙事。基于对应急管理社区参与重要性、现状和困境的分析，超大城市应急管理中的社区参与制度设计的关键是将关注点从宏观的制度层面重新带回到微观的个体层面，只有关注人的需求和利益才能更好地把握人的行动动机，从而更好地建立起可行的制度。

一是明晰应急管理中的社区参与需求。这里的社区参与既包含村居作

[①] 贾学琼、高恩新：《应急管理多元参与的动力与协调机制》，《中国行政管理》2011年第 1 期。

为一个组织参与到城市整体的应急网络之中，也包含个体作为行动者参与到社区的应急管理之中。对于村居而言，社区参与的需求在于应急管理的事后问责制度，确保自己无责任；对于个体而言，社区参与的需求在于通过自己的行动尽快走出危机状态，在减少个人损失的同时获得精神满足或其他方面的资源补偿，而这种精神的满足和资源的补偿也是缓解集体行动困境"搭便车"行为的有效方式。

二是理顺应急管理中的社区参与机制。市场经济的发展使得"金钱关系"和"分工关系"成为了城市运作的底层逻辑，而突发事件往往导致已有的关系式微或者失效，应急管理需要建立的是一种"休戚与共"的共存关系，并通过打造集中又开放的参与机制，以最大程度地建立应急管理的社区利益共同体，这种集中体现为指挥系统的集权高效，开放则体现为任何主体都可以参与。

三是提升应急管理中的社区参与能力。由想法到行动离不开资源和能力的支持，应急管理中的社区参与能力提升包括两个层面：一方面是各个参与主体自身专业能力的提升，比如应急管理的专业知识、工作技巧、沟通能力等；另一方面是各个参与主体调度和应用各种应急资源的能力，比如如何将社区外部资源引入社区、如何将社区资源进行有效配置等。

四是强化应急管理中社区参与的激励。这种激励既包括负向问责激励，又包括正向补偿激励。对于村居干部、业委会、物业公司等组织化主体，激励主要是事后的问责激励为主，表彰提拔激励为辅；对于志愿者和积极分子等个体而言，激励主要是参与中和参与后的精神激励和资源补偿激励为主、事故问责激励为辅。基于"需求—机制—能力—激励"的四维行动框架有助于构建起应急管理社区参与的完整闭环。

第四节　重申应急管理社区参与底层逻辑

一、社区治理参与的时代议题

人民城市人民建，人民城市为人民。作为中国共产党领导的社会主义国家，我国的城市发展和建设一直坚持以人民为中心的基本理念不动摇，在城市面貌、城市经济、城市生活等方面极大地提升了人民群众的获得感、满意度和安全感。但与此同时我们也要看到，在城市工作中，尤其是在应急管理的社区参与中，民众参与的广度和深度还不够，基层社区干部习惯了指令式和包揽式的工作方式而不善于参与式的治理方式。这种工作模式在常态化的情况下还能得以应对，但在危机情境下，面对千头万绪需要处理的工作，社区参与的模式难以为继。[①] 尤其是在当下自上而下的应急管理体系中，村居社区作为其中的最底层执行机构，在很大程度上没能挖掘出其更大的潜力。

虽然近年来一系列的研究不断呼吁建立具有中国特色的应急管理模式，包括呼吁完善"中国式社区为本灾难管理模式"等，但在肯定上述研究取得丰硕成果的同时，也必须指出，现有研究仍然存在多中心治理理论缺乏现实基础、改革建议过于碎片化等问题。最重要的是，现有研究从应然层面提出的制度设计有些过于理想化，缺乏基于组织和个体需要的微观层面动力机制分析，我国的应急管理社区参与亟须建立新的工作模式。

---

① 唐有财：《公共危机背景下居委会提升社区志愿服务能力的有效路径》，载人民网，2022 年 4 月 17 日。

二、在社区治理中理解社区参与

完善应急管理的社区参与机制需要将社区参与置于城市基层治理创新的总体框架之下，充分认识到社区治理是实实在在的模式打造和机制完善。这里，强化应急管理的社区参与要明确社区治理的两种状态，即应急管理状态和社区治理常态。

在应急管理状态下，社区的应急管理需要把握两重属性，一是事务属性，即围绕有效控制危机而开展的各项工作；二是社会属性，即围绕人的需要和回应人的需要而开展的工作。对于事务性工作而言，其更多地需要依靠政府的公权力去运作并实现，有效的方法是在法律法规和政策的框架下实现权力和资源的集中，并将社区的工作需要融入城市整体的应急管理体系。通过党组织的整合作用发挥，突破已有治理体系的条块分割困境，将能用的资源、需要的资源全部整合在一起，由权力集中的统一指挥中心调度使用，以此实现应急事务管理统一、高效、有序。对于社会性工作而言，其更多地需要志愿者和社会公众的参与，即通过打造开放式的参与系统，以社区治理的"党支部—居委会—业委会—物业公司"四架马车为骨架，以社区党员、社区骨干和志愿者为社区工作的有力补充，在"需求—机制—能力—激励"的总体制度设计下构建的应急管理参与机制，一方面补充政府已有应急管理资源和能力的不足，另一方面也有助于挖掘社区的友善之光，从而实现价值的凝聚。

三、在常态运行中理解公众参与

应急管理毕竟是非常态的情况，城市和社区的运作更多的还是处于常态化的状况。因此，我们努力的关键不是将应急管理状态下的社区参与变为常态，而是要建立起能够由常态迅速转向非常态的简约高效的运作体系。其中有三点工作值得关注：一是进一步完善社区融入城市应急管理的制度体系，并以"市—区—街镇—社区"四级体系为抓手，思考社区参与应急管理的人员如何保障、信息如何保障、资源如何保障等问题。二是进一步完善社区治理的骨干体系，在社区治理的实践中挖掘并维持一批有热情、有能力、有情怀的社区骨干，并同骨干一起开展定期的常态化工作，强化村居社区与居民之间的互动磨合，确保社区应急管理初期就有抓手，避免应急管理的临时抱佛脚。三是进一步转变社区工作思路，变"为人民服务"为"与人民一起"，既要鼓励骨干的参与，也不拒绝居民的"搭便车"行为，因为只要不是"开倒车"，"搭便车"也是一种态度和新的参与形式。

需要指出的是，按照"人民城市人民建、人民城市为人民"的制度安排，超大城市治理共同体的构建离不开基层民众的参与，参与是城市治理公共政策形成闭环、提升效能的关键。本章在城市治理共同体宏观制度、中观机制分析的基础上，以应急管理的社区参与为切入点，进一步分析了微观个体对于城市治理绩效的关键影响因素。从一定意义上说，不论是近年来新兴起的行为公共管理研究，还是被学界关注的城市治理中的情感因素，以至于所谓的"能人治理"等，其无一不把组成城市的个体放在关键位置。也正因为此，我将功能型治理的出发点和落脚点放在个体身上，并倡导围绕人民生活所需，构建起功能型治理新叙事。

如前章所述，虽然应急状态治理与常态化治理遵循着不同的逻辑，但共同点在于都是由个体形成的集体行动。由于日常社区参与的复杂性不便于我们观察个体参与的动机选择，本章以应急管理的社区参与为切入点展开论述，可以帮助我们更好地理解社区参与的核心要义。

第八章　功能型城市治理共同体建设的
干部队伍建设

在中国式现代化道路探索的过程中，党的坚强领导和高素质干部队伍的能动性与使命感发挥了重要作用。在城市基层治理实践中，社区居村干部作为上传下达的关键枢纽，具有十分重要的作用，用准一个人会激活一大片，用错一个人则会挫伤一大批。在社区干部中，居民区党支部书记又是关键中的关键。以上海为例，2015 年上海基层社会治理体制改革实施以来，通过整体施策、多渠道选拔干部、全流程培育干部、科学化管理干部，上海的居民区党组织书记队伍建设成效显著。聚焦构建超大城市治理共同体，形成面向人民生活的功能型治理新叙事的新要求。本章运用人才画像方法，勾画包含基本条件、能力行为、关键技能和工作动力四个方面的上海居民区党组织书记干部脸谱。对标干部脸谱和新时代的新要求，上海居民区党组织书记队伍建设需要实施形象亮化工程、干部选育工程、能力提升工程和激励保障工程。

习近平总书记强调："社区是基层基础，只有基础坚固，国家大厦才能稳固"。基层社区治理的实践更是一再证明：一名优秀的党支部书记是发挥好社区党支部战斗堡垒作用的关键，也是有效应对危机、保持社会稳定的关键。当前，我国城市已经进入发展的新阶段，城市里的社区作为党和政府联系和服务居民群众的"最后一公里"，在国家治理体系中的地位越发重要。截至 2021 年建党百年之际，我国共有 113268 个城市社区（居委会）党组织，^① 更好发挥城市社区党组织的作用，就要提升作为社区治理班子的"班长"和各项工作"排头兵"的居民区党支部书记队伍的能力，以此进一步加强党的基层组织建设，提升党的执政能力，将我国的制度优势转化为治理效能。

第一节　新时代对城市居民区党组织书记的新要求

一、社区党支部的战斗堡垒作用在新时代更加凸显

发挥基层社区党支部的战斗堡垒作用是新时代强化党的政治建设的新要求。党的十八大以来，以习近平同志为核心的党中央高度重视党的组织基层建设问题。2017 年党的十九大修订的《中国共产党章程》第三十四条增加了党支部的内容，规定党支部是党的基础组织，担负直接教育党员、管理党员、监督党员和组织群众、宣传群众、凝聚群众、服务群众的职责。2018 年颁布的《中国共产党支部工作条例（试行）》也明确规定：党支部是党的基础组织，是党组织开展工作的基本单元，是党在社会基层组织中的战斗堡垒，是党的全部工作和战斗力的基础。在城市，居民区党支部是党设置在社区基层单位的党组织，发挥好党支部在城市社区治理中的引领作用是加强党的建设、完善城市治理闭环的应有之义。

---

① 《最新统计数据显示：中国共产党党员 9514.8 万名　基层党组织 486.4 万个》，载中华人民共和国中央人民政府网，2021 年 6 月 30 日。

二、居民区党组织书记要在治理现代化中引领社区治理

居民区党组织书记是国家治理体系和治理能力现代化的践行者。党支部书记是党的基层组织的主要负责人，在支部委员会的集体领导下，按照党员大会和支部委员会的决议，全面负责党的日常工作。《中国共产党支部工作条例（试行）》规定：党支部书记主持党支部全面工作，督促党支部其他委员履行职责、发挥作用，抓好党支部委员会自身建设，向党支部委员会、党员大会和上级党组织报告工作。具体而言，党支部书记的主要职责包含五个方面：一是负责召集支委会或党员大会，以完成党的任务和本单位工作；二是做好经常性思想政治工作，发现并及时解决问题；三是组织检查党支部工作计划和决议的执行情况；四是负责与党支部委员和同级行政负责人交流沟通，调动各方面积极性；五是抓好党支部领导班子自身建设，充分发挥领导班子的集体领导作用。[①] 在构建超大城市治理共同体的过程中，创新基层社区治理，一方面要求居民区党组织书记要以身作则，带头"做起来"，带头组织学习好党章党规，尤其是学习习近平新时代中国特色社会主义思想，立足本职、奉献岗位；另一方面也要强化引领意识和服务意识，在功能型城市治理闭环构建中发挥好上传下达的连接者作用，当好社区治理的倡导者、践行者和引领者。

三、上海城市治理效能提升需居民区党组织书记持续发力

社会主义现代化大都市建设需要持续提升城市治理效能，这也要求

[①] 张荣臣：《党支部书记实用手册》，红旗出版社 2019 年版，第 4—5 页。

居民区党支部在社区治理和社区服务创新中持续发力。20 世纪 90 年代以来，上海高度重视社区治理问题，并遵循"上层抓合力，基层抓活力"的原则，逐步形成"两级政府、三级管理、四级网络"和"条块结合、以块为主"的城市管理体制，社区党建和社区治理成效显著。新时代，为加快社会主义现代化国际大都市建设，上海于 2015 年再次强化基层社会治理改革。在新的治理体制下，街道基本职能向"公共管理、公共服务、公共安全"转移，按照"6+2"的总体架构，街道机构设置从"向上对口"转变为"向下对应"，强化了街道抓党建、抓治理、抓服务的核心职能。与此相对应，在服务和管理力量下沉的过程中，随着城市网格的不断完善以及城市大脑的不断强化，城市社区在城市社会治理中的作用更加凸显出来。居民区党组织书记处在城市治理的最前沿阵地，要持续发力，带领社区的"三驾马车"，实现为上级解忧、为百姓谋福，为上海改革与发展积蓄力量。

第二节　上海居民区党组织书记队伍建设的总体成效

一、注重制度建设，居民区党组织书记支撑政策健全

早在 2014 年，为适应新时期基层社会治理需要，上海就制定和实施《上海市社区工作者管理办法（试行）》，致力于建设一支结构合理、素质优良、能力突出、群众满意的职业化、专业化、规范化社区工作者队伍。从 2015 年起，上海推行社区工作者岗位"三岗十八级"的制度建设，各个岗位按照社区工作者的工作年限、受教育程度设置了 1 级至 18 级的相

应等级，有正职副职。如在黄浦等区，满足一定工作年限的社区工作者如果年度考核连续两次评优，工资待遇可提升一级；持有社工资格证的社工，每月可获得按照资格证的初 / 中 / 高级别给予分档的补贴。2022 年，上海印发《关于进一步加强党建引领基层治理的若干措施》，要求进一步壮大基层治理骨干力量，各基层充实居民区"两委"班子成员中的专职人员和在居民区从事党建、治理服务工作的全日制专职工作人员，配置标准为每万城镇常住人口不少于 18 人。2022 年以来，上海大力推进基层减负增能工作，推出《关于进一步为居村组织减负的若干措施》《上海市居村组织事务准入管理办法（试行）》《上海市居村组织依法履行职责事项清单》《上海市居村委员会依法协助事项清单》，在全国率先制定规范居村委会协助行政事务参考清单和印章使用清单，通过地方性法规明确建立居村委会协助事务和开具证明准入机制，取得了良好成效。[①]

二、拓展选拔渠道，居民区党组织书记选聘机制优化

上海基层社区治理体制改革实施以来，上海更加重视社区干部的配备，通过多个渠道选拔干部，居民区党组织书记队伍的选拔机制得到优化。一是使用中磨炼干部。打破条块分割，建立轮岗交流的磨炼机制。把条线部门的优秀干部充实到居民区，经过带教培养后担任副书记、书记；将部分年轻的居民区书记选拔到条线部门、中心担任负责人职务，在街镇进行锻炼磨砺后，再安排至合适的居民区担任书记。2021 年 11 月，上海

---

① 俞祖成：《在〈关于加强社区工作者队伍建设的意见〉中，上海哪些做法经验得到采纳》，载上观新闻，2024 年 4 月 27 日。

推出新规，要求所有选调生必须到村居任职 2 年，负责协助村居党组织书记或村居委会主任开展工作。二是注重对外选拔。从国有大中型企业中选拔优秀干部充实到居民区担任副书记、书记，从社区居民中挖掘乐于开展群众工作、协调沟通能力强的同志，鼓励其报考居民区社工，补充新鲜血液。三是坚持老中青结合。完善社区后备干部的选拔带教机制，以老书记带教年轻副书记、老副书记辅佐年轻书记为模式，全面开展"传帮带"，将年轻书记"扶上马"，实现选拔、任用与培育的结合。

三、强化培训培育，居民区党组织书记能力提升显著

上海基层社会治理体制改革实施以来，各区结合本区工作实际，建立了全流程的社区干部培育体系，居民区党组织书记能力得到显著提升。

一是注重青年干部源头培养。加强居民区青年干部培训，实行自我提升计划，围绕思想觉悟、业务技能和工作成效三个方面，采取年初定目标、年中回头看、年底开展总结的形式，针对性提升个人能力。通过居民区一线干部内部选拔，好中选优，将"想干事、能干事、干成事"优秀干部从条线干部提拔为副主任、主任，成长为副书记和书记，让年轻干部乐于从事居民区工作，优化队伍年龄结构，形成正向选人用人导向。

二是注重党员工作能力培养。重视在年轻社工中培育入党积极分子，将有潜力的社工安排到信访前线、五违四必、经济普查等重点专项工作进行培养锻炼，在大仗硬仗中磨炼干部，将工作中的优秀人才逐渐培养成共产党员和社区骨干，为选拔书记后备人选提供更多优质的内部来源。

三是建立科学完善的培训机制。每年开展班长工程专题培训，通过政策讲解、社区调研、心理培训、参观学习等基本课程，采用线上和线下学

习相结合、实训操作和综合考核相结合、"请进来"与"走出去"相结合的方式，着重打牢书记党建实务和综合能力根基，不断提升书记带头带队带班能力。

四是强化对居村干部的激励关怀。上海在 2022 年下发《关于进一步加强居村干部队伍建设和激励关怀的若干措施》，要求针对社区工作者加大事业编制保障力度、加大等级晋升力度、拓宽进入公务员队伍渠道、加强相关待遇保障、强化表彰奖励以及完善教育培训体系。按照文件，上海明确了"参照乡镇换届有关做法，常态化选拔特别优秀的居村委书记进入街道（乡镇）班子"。以此为指引，浦东新区快速作出反应，推出优秀居村党组织书记享受五六级待遇、破格晋升进编、打通交流通道等突破性措施，对 14 名居民区党组织书记破格晋升、41 名居民区党组织书记择优进编。[①]

四、创新管理方式，居民区党组织书记作为动力提升

上海基层社会治理体制改革实施以来，各区不断完善社区干部管理细则，居民区党组织书记想作为、敢作为、能作为的动力得到提升。一方面，注重动态管理，强化对班子队伍的动态追踪。对综合能力不强、素质不高、方式方法有待改进的班子成员，及时进行个别谈心谈话，提出针对性整改要求，并限期整改。对于整改不到位的，进行轮岗换岗。通过动态管理，将适合的人选逐步推到居民区党组织书记的一线。

另一方面，强化工作业绩考核，建立形式多样的激励机制。综合群众

---

① 俞祖成：《在〈关于加强社区工作者队伍建设的意见〉中，上海哪些做法经验得到采纳》，载上观新闻，2024 年 4 月 27 日。

口碑、绩效考核、工作实绩和任职年限等情况，对优秀的事业编制书记进行选拔提任。对于业绩突出的居民区党组织书记，通过年底考核评优、申报个人先进、提供市区培训机会等多种方式，进行正向激励。不少街镇还专门制定《社区工作者年度考核等次的规定》，统筹分配居民区党组织书记年底绩效考核奖金，以此打破"大锅饭"困局，激发整个队伍比学赶超的工作动力。

此外，上海着力强化扎根基层、奉献基层的选人用人导向，持续推进居民区党组织书记"进编享编"、职务职级"双线晋升"，推动最高职员等级从事业七级突破至事业五级。以浦东新区为例，该区在 2022 年出台《关于深入实施"班长工程"进一步加强居村党组织带头人激励关怀的若干举措》，明确有重点、有针对性地加大对居民区党组织书记使用事业编制的保障力度，营造事业留人、感情留人、待遇留人的浓厚氛围。浦东新区还打通进编居民区党组织书记与街镇其他事业单位人员的交流通道，连通国有企业、事业单位选派到居村任职干部调任街镇机关的交流通道，让居民区党组织书记在丰富的经历阅历中快速成长。[①]

第三节　能力素质视角下居民区党组织书记干部脸谱勾画

城市居民区党组织书记是城市社区治理体系的重要组成部分，这一社区治理"班长"素质的高低、能力的强弱，在很大程度上关系到社区治理的实际成效。面向人民生活的功能型治理新要求，可以通过人才画像方法

[①]《新时代上海组织工作十年成就·基层党建篇》，《组织人事报》2023 年 8 月 16 日。

明确未来党支部书记队伍建设的目标。

一、新时代居民区党支部书记的素质要求

充分发挥党支部的战斗堡垒作用，关键因素之一是要有一个合格的党支部书记。结合新的党章和新的支部工作条例，在新的时代背景下，基层党支部书记应当具备"六种素质"。

一是理论素质。理论素质是指马克思主义理论功底和理论水平，其具体表现是树立辩证唯物主义和历史唯物主义观。对于党支部书记而言，提升思想素质就是要认真学习和深刻理解习近平新时代中国特色社会主义思想。党的十九大、十九届六中全会提出的"十个明确""十四个坚持""十三个方面成就"概括了习近平新时代中国特色社会主义思想的主要内容。党的二十大提出"六个必须坚持"，概括阐述了习近平新时代中国特色社会主义思想的世界观、方法论和贯穿其中的立场观点方法。

二是政治素质。政治素质是党支部书记必备素质的核心，包括政治方向、政治立场、政治观点、政治纪律、政治鉴别力和政治敏锐性。具体而言，提高党支部书记的政治素质要求做到以下三点：一是坚定共产主义理想信念；二是高举中国特色社会主义伟大旗帜；三是严格遵守党的政治纪律和政治规矩。

三是道德素质。道德素质是党支部书记必备素质中的重要组成部分。包括政治品德、职业道德、社会公德、家庭美德等，其基本要求是具有强烈事业心和责任感，有为党、为国家、为人民建功立业的雄心壮志，热爱本职工作，始终保持饱满的工作热情，艰苦奋斗，勤奋敬业。正确运用自己手中的权力，秉公办事，廉洁自律，拒腐防变，自觉同腐败现象作斗

争。谦虚谨慎、团结同志一道工作。严于律己，遵纪守法，勇于同违法违纪现象作斗争。

四是科学素质。科学素质是党支部书记必备素质的基础。包括科学文化知识、哲学、政治、经济、法治、信息等方面的知识；与党的干部的身份和地位相联系的科学思维、科学领导等方面的知识；与党的干部所领导的业务工作相关的业务知识等。党支部书记科技文化和知识素质的具体体现，就是知识领域要宽、专业知识水平要高，也就是要努力使自己成为集自然科学知识和社会科学知识于一身的复合型人才。

五是身心素质。身体及心理素质是党支部书记必备素质的重要素质。健康的身体素质就是身体的各个器官健康，功能健全，能抵抗一般的疾病，能从体力上适应不断加快的工作频率的需要。健康的心理素质，主要包括良好的性格、饱满的情绪、坚强的意志、良好的兴趣和很好的气质。其基本要求包括：不马虎、不灰心；不骄傲，不气馁；不嫉妒，不蔑视；不攀比，不讥笑；不专断、不结派；等等。

六是领导素质。领导素质是基层党支部提升战斗力的必备条件。党支部书记领导素质主要包含"五种能力"，具体包括：形势判断能力、领导发展能力、维护稳定能力、依法办事能力、统筹兼顾能力。这五种能力是提升党的执政能力的具体体现。

由于社区工作的特殊性，党支部书记的"六种素质"在社区治理中可以归纳并具体为"四强"。一是大局意识强。认真学习贯彻习近平新时代中国特色社会主义思想，在政治立场、政治方向、政治原则和政治道路上同党中央保持高度一致，认真执行党的路线方针政策。二是群众观念强。热心居民区事务和公益事业，为人正派，办事公道，甘于奉献，善于做群众工作，乐于服务群众，在居民中威信高、口碑好。三是创先争优强。善于学习，能够根据居民实际创新性地开展工作，勇于开拓，积极直面工作中的矛盾和困难，积极处理各类急、难、险、重任务中，争创一流、勇攀高峰。四是带头示范强。带头严格遵守廉洁自律准则，带头严格遵守中央八项规定精神，严格遵守国家法律法规，以身示范，带好居民区干部群众。

二、居民区党组织书记干部脸谱勾画过程

干部脸谱勾画源于人力资源管理中的人才画像和用户画像。用户画像的概念最早由交互设计之父阿兰·库珀提出，是指基于真实用户，以真实数据为基础，根据需求方的目标、行为及观点的差异所构建的目标用户模型。人力资源管理人员将该模型区分为不同的类型，每种类型抽取出典型、共性的特征，赋予名字、图像以及人口统计学的要素、场景等加以描述，由此产生人物原型。[1]用户画像应用到人才选拔领域即是人才画像，主要指在人才开发的过程中，人才管理者使用相关的软件系统，依据某个岗位上某类人才某些可量化的特征在表现过程中所携带的证据信息，用抽象化的简易图像或标签来定义人才所属的类型。[2]也就是说，我们既可以根据某个岗位过往优秀人才的理想化表现提前预设一个标准的人才画像，也可以根据岗位上的员工当下的实际特征描绘出员工的现实画像。

借助人才画像方法，本节对上海的党支部书记特征进行了干部画像。

---

① 茶利强、余添李、施菡等：《用户画像在企业人才标准构建中的应用》，《管理观察》2019年第6期。

② 王鹏、姜润彬、袁书杰：《基于用户画像的我国城市主要领导干部成长路径研究》，《领导科学》2019年第6期。

具体步骤包括：第一步，依据人才画像的基本方法，在党支部书记素质要求的基础上，结合实地采访，初步梳理了居民区党组织书记的"四项基本条件"。第二步，对"四项基本条件"进行专家征询，经过第一轮5位专家的意见征询后，形成《上海市居民区党组织书记队伍特征要素集》(见表8-1）。第三步，在调研街镇过程中，分别请街镇主管社区工作的实务领导、居民区党组织书记和研究社区治理的专家填写问卷。本章节共发放问卷50份，其中回收有效问卷48份，问卷有效率为96%。第四步，对问卷数据进行统计分析，在每个二级指标中选取排名前5的选项形成《上海市居民区党组织书记脸谱要素集》(见表8-2）。第五步，依据《上海市居民区党组织书记脸谱要素集》，绘制上海市居民区党组织书记脸谱。

表 8-1 上海市居民区党组织书记队伍特征要素集

一级指标	二级指标
基本条件	年龄超过40岁，党龄超过5年，有5年以上工作经验，有党群工作经验，身体健康
能力行为	信念坚定、政治正确，事业心强、责任感足，顽强进取、毅力坚韧，作风民主、服务众人，以身作则、为人表率，大公无私、情操高尚，清正廉洁、遵纪守法，秉公办事、谦让容人
关键技能	文笔写作能力，组织协调能力，高效决策能力，专业技术能力，分析判断能力，宣传表达能力，获取知识能力，时间管理能力，知人善任能力，开拓创新能力，应急管理能力
工作动力	职业晋升的路径，组织领导的安排，奖金收入的提升，个人理想的实现，为民服务的信念，获得尊重的渴望，积累人脉的方式

表 8-2 上海市居民区党组织书记脸谱要素集

一级指标	二级指标	统计分数
基本条件	身体健康	405
	党龄超过5年	397
	年龄超过40岁	392

（续表）

一级指标	二级指标	统计分数
基本条件	有 5 年以上工作经验	391
	有党群工作经验	382
能力行为	信念坚定、政治正确	446
	清正廉洁、遵纪守法	437
	以身作则、为人表率	436
	大公无私、情操高尚	421
	秉公办事、谦让容人	419
关键技能	应急管理能力	405
	分析判断能力	398
	开拓创新能力	396
	组织协调能力	386
	宣传表达能力	383
工作动力	为民服务的信念	399
	职业晋升的路径	392
	个人理想的实现	387
	获得尊重的渴望	385
	奖金收入的提升	382

三、居民区党组织书记干部脸谱展示

依据《上海市居民区党组织书记脸谱要素集》，本节绘制了包含基本条件、能力行为、关键技能、工作动力四个部分组成的上海市居民区党组织书记脸谱。居民区党组织书记干部脸谱描述了当下专家、学者和实务工作者认为居民区党组织书记最应该具备的条件、素质、能力和相应的激励机制。

在实际应用方面，居民区党组织书记脸谱为完善上海市居民区党组织书记的选拔、培育和激励机制设计提供了实证依据。也即组织部门和基层街镇在选拔和培育居民区党组织书记的过程中，可以以此脸谱为参考坐标，将合适的人安排在居民区党组织书记的岗位上，并按照相应的工作动力指标设计相关的激励机制。

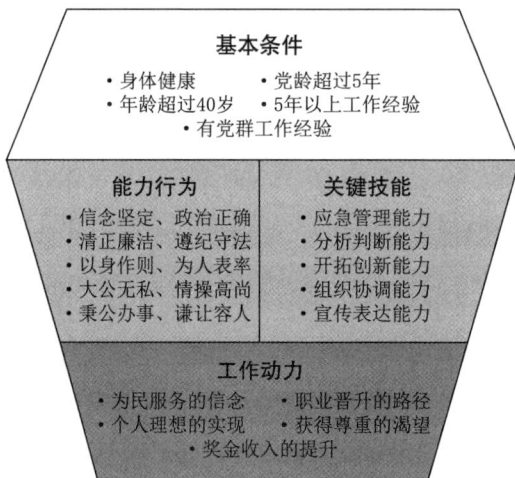

基本条件
- 身体健康
- 党龄超过5年
- 年龄超过40岁
- 5年以上工作经验
- 有党群工作经验

能力行为
- 信念坚定、政治正确
- 清正廉洁、遵纪守法
- 以身作则、为人表率
- 大公无私、情操高尚
- 秉公办事、谦让容人

关键技能
- 应急管理能力
- 分析判断能力
- 开拓创新能力
- 组织协调能力
- 宣传表达能力

工作动力
- 为民服务的信念
- 职业晋升的路径
- 个人理想的实现
- 获得尊重的渴望
- 奖金收入的提升

上海市居民区党组织书记脸谱

第四节　能力建设视域下居民区党组织书记队伍建设的对策建议

九层之台，起于累土。社区党组织是党的基础组织，是党在社会基层组织中的战斗堡垒，是党的全部工作和战斗力的基础。强化城市居民区党组织书记队伍建设要站在政党治理、国家治理和社会治理的高度，立足于建设社会主义现代化大都市、提升城市治理效能的现实背景，进一步强化党的基层队伍建设，重点实施"四个工程"。

一、居民区党组织书记队伍建设形象亮化工程

居民区党组织书记队伍建设形象亮化应抓住社区治理的核心要义，一是有序推行书记和主任"一肩挑"。调查研究中发现，实践中的"一肩挑"有利有弊，虽然在大多数时候，政府政策的贯彻者和社区自治的组织者是身份重合的，"一肩挑"能够增强社区治理的合力；但当社区矛盾复杂一时难以调和之时，"一肩挑"也导致少数基层群众将社区治理的各种矛盾直接指向党组织。二是明确居民区党组织书记干部身份。明确社区党支部书记作为党在基层末端延伸的干部身份地位，居民区党组织书记是代表党和政府，领导社区居委会、业委会、物业公司和社区社会组织实现社区共治的"基层干部"，听取居民意见，参与社区治理是其干部职责。三是明确社区治理的两个抓手。一手抓社区服务站建设，社区服务站作为社区治理的重要工作平台和抓手，要在居民区党组织书记的带领下优先完成政府各职能部门的工作任务；一手抓社区居委会建设，通过社区服务站与居委会的分工，将居委会从应对政府事务性工作中解放出来，使得居委会能够在居民区党组织书记的带领下专心做好群众自治工作。

实施居民区党组织书记队伍亮化工程就是紧扣社区治理的核心要义，在明确谁来干、干什么、怎么干的过程中，进一步明确居民区党组织书记的定位，将党支部书记这一社区治理创新班长的牌子举起并擦亮。一是明

确"谁来干"。结合上海市居民区党组织书记脸谱，从身体素质、党龄、年龄、工作经验、党群经验等指标出发，选出基本条件适宜、愿做事、敢做事、能做事的干部。二是明确"干什么"。相关部门可以出台更加细化的政策法规，一方面通过抓好抓实基层减负工作，严格落实减证明、减系统、减挂牌、减考核"四减"任务；另一方面则在明确上海社区党支部和居委会的职责定位的基础之上，制订社区党支部和居委会的工作细则，为居民区党组织书记作为提供政策支撑。三是明确"怎么干"。社区治理创新一方面要减少事务性、程序性工作，为居民区党组织书记队伍减负；另一方面也要通过功能型党组织建设，创新社区治理党建引领的方式方法。相关部门可以委托专业机构，对上海基层社区功能型党建活动进行梳理，总结相关经验并在全市范围内推广。

二、居民区党组织书记队伍建设干部选育工程

强化居民区党组织书记队伍培育，确保社区治理事务当下有效、后继有人，需要创新培育的方式和方法，切实提升培育实效。一是强化适合居民区党组织书记岗位人才的甄选和识别。着眼于已有社区社工队伍、国企分流队伍和大学生村官队伍，依据上海居民区党组织书记脸谱中的能力行为要求，选拔那些信念坚定、政治正确，清正廉洁、遵纪守法，以身作则、为人表率，大公无私、情操高尚，秉公办事、谦让容人的优秀人才进入居民区党组织书记干部梯队。二是坚持在任务中培养干部，在任务中选拔干部。社区事务千头万绪，既需要有基本的行为能力，同时还需要有高超的工作技能和高超的与人沟通能力。选用居民区党组织书记队伍，需要将已经甄别出来的优秀人才放入诸如垃圾分类、社区更新、业委会换届、

信访维稳等前沿，在重点专项工作中培养锻炼干部，进一步优化在打大仗硬仗中磨炼干部，在服务和管理一线选拔干部的运作机制，逐步建立起居民区党组织书记能上能下的体制机制。

选育优秀干部到基层社区还要坚持"迎进来"与"走出去"的结合，对居民区党组织书记实行动态管理。一方面，相关部门可以进一步制订并完善专门的干部交流计划，并将居民区党组织书记队伍纳入交流队伍。建立党支部书记到职能部门借调，以及职能部门青年人才到社区党支部挂职的双向交流制度，为居民区党组织书记从更高层面上理解社区治理以及职能部门干部更加了解社区治理的实际情况建立双向通道。另一方面，在街镇内部进行社区党支部和居委会领导班子的动态管理。通过居民区党组织书记与街镇各中心和各科室的交流和轮岗，及时了解并发现适应社区工作的街镇干部并将其放在基层加快成长；同时也对综合能力不强、素质不高、方式方法有待提高的社区干部及时进行个别谈心谈话，提出针对性整改要求并限期整改，对于整改不到位的，进行轮岗换岗。

三、居民区党组织书记队伍建设能力提升工程

社区治理是国家治理体系和治理能力现代化的重要组成部分，尤其是进入新时代以来，随着我国社会主要矛盾的转化，社区在国家治理体系中的地位愈发重要。强化社区治理中的党支部书记队伍能力建设，需要从明确干部教育培训内容和创新干部培训方式两个方面着手。

强化教育培训、建设学习型政党是中国共产党能够始终引领时代发展的关键秘诀。从总体要求上讲，对于居民区党组织书记队伍的培训要抓住四个关键方面。一是政治理论学习。主要包括马克思主义的理论思想与理

论方法，习近平新时代中国特色社会主义思想等，以此提升居民区党组织书记的形势研判能力和问题分析能力。二是角色定位学习。主要包括我国当下的社会治理体系和社区治理体系，厘清社区治理运作的内部机理，并在此基础之上明确社区党支部和居民区党组织书记在社区治理中的职能和角色。三是核心业务学习。主要是围绕社区治理中的组织建设、队伍建设、党员管理、党员服务、纪律监察、自治活动组织等日常工作，提升居民区党组织书记的工作规范性。四是常用方法学习。主要包括统筹兼顾、抓住重点，依靠群众、当好主导，求真务实、搞好调研，正确用权、不搞专断，发扬传统、勇于创新，检查总结、推广经验等。居民区党组织书记培训的目标是实现上海市居民区党组织书记脸谱中关于居民区党组织书记关键技能的提升，具体包括：应急管理能力、分析判断能力、开拓创新能力、组织协调能力、宣传表达能力等。

强化对于居民区党组织书记的培训还要创新培训的方式方法。一是按照"请进来"和"走出去"相结合的总体思路。既邀请学界理论专家、业界实务专家到基层讲学，同时也组织本辖区内的居民区党组织书记到先进地区等参观学习，以此提升干部的直观感知。二是创新培训形式，制订居民区党组织书记队伍培训规划。将系统培训和专题培训，集中培训和分散培训结合起来；尤其是可以根据不同社区分类治理的实践需要，采用选课制的方式让居民区党组织书记自我选择培训内容，以此提升干部培训的系统性和时效性。三是强化新技术在干部培训中的应用。借助各类干部教育培训平台和终端，发挥社区治理微课堂在培训中的作用，相关部门可以考虑委托专业智库等机构收集社区治理创新的实用方法，并将其制作成微课程，以此推动全市社区治理再上新台阶。四是创新干部培训考核。对于居民区党组织书记的业务培训不做硬性强制，不搞一票否决，以管用、能用、好用为标准，综合考核社区治理的总体成效，避免培训成为社区干部的"新负担"。

四、居民区党组织书记队伍建设激励保障工程

居民区党组织书记队伍建设要以提升书记队伍的能动性为核心，对标"为民服务的信念、职业晋升的路径、个人理想的实现、获得尊重的渴望、奖金收入的提升"这五项上海居民区党组织书记脸谱，不断完善相应的激励保障机制。

强化对于居民区党组织书记队伍的日常关怀。一是强化心理健康教育。将居民区党组织书记的心理健康教育纳入专门的培训计划中。在培训过程中设置专业的心理实训室对他们进行模拟情景教学，也可选派具有心理咨询资质的教师和人员，在尊重他们隐私的前提下，为他们释虑解惑、放松心情。二是注重体现人文关怀。建立完善街道办领导同居民区党组织书记的谈心制度，多与他们交心谈心，对政策性、体制性的安排与做法做好解释工作，对他们的心理压力进行疏导，了解他们的所思所想，帮助他们解决实际困难。主管部门也可为他们建立个人心理健康档案，了解他们的心理健康状况，把可能出现的心理问题扼杀在萌芽状态。三是试行强制休假制度。工作时间"白加黑，五加二"已经成为当下不少居民区党组织书记工作的真实写照和常态。对居民区党组织书记实行强制休假制度既有利于心理压力的释放，有利于身心的健康，更有利人才的可持续发展。

完善居民区党组织书记的激励机制。一是明确居民区党组织书记的事业编制身份。对于居民区党组织书记一把手的事业编制身份，不设名额限制，对于已经进入事业编制的居民区党组织书记，明确按照事业单位工资

进行逐级提升。二是强化对于居民区党组织书记队伍的公务员定向招考。为吸引并留住一批优秀青年人才，可以考虑扩大居民区党组织书记队伍的公务员定向招考规模，建立绿色通道，对于在社区工作满一定年限后，成绩考核优秀者予以优先录用或直接聘用。三是强化对居民区党组织书记推优评优。在扩大定向招考的基础上，对于那些愿意留在社区工作，能够长期留在社区工作的党支部书记队伍，强化推优评优，给基层书记足够的精神激励。四是继续提升居民区党组织书记队伍薪资。在已有事业单位工资的基础上，扩大街道对于加班津贴、岗位津贴的分配自主权，使得居民区党组织书记在收入上成为一个受人尊重的职业。

第三篇

国外城市治理实践的经验借鉴

中国式现代化道路，既不是照搬西方现代化模式，也不是其他现代化模式的翻版，而是在吸收借鉴人类现代化文明成果基础上"走自己的路"。由于现代城市治理的需求源自工业革命后对于城市巨量要素资源的管理需要，这也意味着已经实现工业化的国家，其在长期的治理实践中积累了丰富的经验，尤其是在应对人口密集、资源紧张、环境压力等复杂问题时，形成了多样化的解决方案。本部分从城市治理的总体思路，即后工业化时代城市治理的努力方向；城市治理的信任建立，即城市治理共同体达成的情感基础；城市治理的社区参与，即城市工作之所以有效的关键抓手三个方面，介绍国外城市治理的新实践和新探索，可以为我国的城市治理实践提供借鉴。

第九章　欧洲城市治理实践与启示

城市是人类文明的重要载体与集中体现，城市治理的效能关乎人类文明福祉，处于治理模式转型关键时期的中国城市也需要关注一些国外经验。欧洲城市具有悠久的发展历史，对新型城市治理模式的探索开始较早，正在开展以"后增长主义"理念为指导的城市治理模式转型。在理论上，"后增长主义"治理模式既是对"增长主义"反思与批判的结果，又是应对全球生态环境恶化的产物，并具有追求公正价值、促进公民团结、增进居民幸福感的积极主张。在实践上，"后增长主义"已在阿姆斯特丹、巴塞罗那等欧洲城市的治理中取得成效。科学的制度规范、强有力的城市领导、专业的科研机构是推动欧洲城市治理模式转型的政策工具集合。坚持以人为本的价值理念、构建多元参与与成果共享的城市治理体系、提升城市居民素质是推进我国城市治理模式转型可参考的经验。

城市是人类文明的重要载体与集中体现，城市治理的效能关乎人类文明福祉。进入 20 世纪 90 年代以后，中国城市发展的主要特征为"高速增长"。与此同时，城市治理产生大量新问题。城市理论的关注重点亟须从增长与扩张转向经济、安全、法治、生态、文化等领域的综合协调发展。

欧洲作为世界上最早的城市化地区，有着数百年的城市发展史，积累了较为丰富的城市治理经验。由于城市化起步早，在中国城市以"增长主义"快速成长之时，一些欧洲城市已进入到"后增长"阶段，开始了对这一新阶段的城市治理模式的实践与理论探索。本章试对"后增长时代"视域下的欧洲城市治理理论与实践作简要总结与分析，以供我国实践进行参考。

第一节　"后增长主义"的城市治理主张

一、重新认识经济增长

"后增长主义"作为一种新的城市治理主张而提出，其命名不是来源于其内容，而是以既有"增长主义"为锚点，加上"后"字以示区别，这本身就体现了后增长主义内涵的一大特征，即对增长主义的反思。需要特别指出的是，这种反思不是城市"增量发展"阶段结束，进入慢增长周期后的适应性应对，而是对"增长"本身主动地进行重新认识，并对其作出新的价值定位。

产生这一转向的最直接原因来自对生态恶化威胁人类生存的忧虑。因为，促进经济增长的生产活动带来了大量的碳排放，并导致全球变暖，以及由此而来的洪水、干旱、森林火灾等自然灾害，严重威胁人类的生存。有研究认为，2023 年是有记录以来最热的一年，如果不采取减排行动，全球平均温度依然有上升的趋势。到 2100 年，全球平均气温将上升超过 3 摄氏度，欧洲科学家预测，这将使英国干旱的可能性增加 2.5 倍，20% 的家庭面临洪水的危险。[1] 同时，自然灾害还将带来一系列连锁反应，并引发粮食危机、水资源短缺等次生灾害。而城市是造成全球变暖的主要原

---

[1]《3℃社区｜拥抱"甜甜圈经济"：在 3℃气候危机中重塑城市社区》，载搜狐网，2024 年 11 月 12 日。

因之一，因为人类经济活动的四分之三发生在城市。据联合国人居署的统计，城市以其占地球表面不到 2% 的面积，消耗了全世界 78% 的能源，温室气体排放量超过了全球总排放量的 60%。可见，为实现全球节能减排、应对人类的生存挑战，城市必须承担起应有的责任。[①]

　　在确立了"节能减排"的城市任务之后，后增长主义在对待"减排"与"经济增长"的关系上持有"非此即彼"的排他性观点，并针对不同城市的发展程度采取具体可行的"减排"方案。一方面，后增长主义者对于"兼顾减排的经济增长"持有悲观态度。他们认为，没有证据证明 GDP 增长能够同生态破坏相分离，同时，人类的科技能力距离实现一种所谓的不造成环境污染、没有碳排放的"绿色技术"更是遥远。然而，生态恶化给人类带来的生存挑战则是现实的、紧迫的。因此，城市目标应当将人类福祉置于经济增长之上，在"经济增长"与"节能减排"的二选一问题中果断选择后者。另一方面，后增长主义者也考虑到区域发展程度的差异性与不平衡。他们认为，对于不发达与发展中的地区，由于其物质生活处在较低水平，理应享有经济发展的权利，继续实行经济增长。而相对发达的欧洲城市，其在历史上是温室气体排放的"大户"，并曾以殖民的方式向全球输出了剥夺性经济增长模式，所以应当在全球减排中承担起主要责任，首先抑制经济增长，再逐渐向后发地区过渡。然而，仅将后增长主义看作欧洲城市为了未来生存的"不得已而为之"，有将其简单化之嫌，后增长主义还有着更丰富的文化内涵作为支持。

---

　　①《气候案例｜4000 万、400 万、40 万人口城市的零碳排放方案》，载澎湃新闻，2024 年 5 月 30 日。

二、建设"公正城市"

在对增长主义作出批判之后，后增长主义还需进一步回应"何为好的城市"这一重要问题，从而提出其新的城市治理理念。如果说以往城市治理理念重点关注经济增长，那么后增长主义则将重心放在"人本身"，致力于城市居民的公共利益与幸福生活。物质水平只是幸福城市生活的条件之一，居民幸福感的实现还应保障其公民权利与尊严。因此，"公正城市"的建设就成为后增长主义视域下城市治理的重点内容。其具体可表现为三个维度。

第一，城市内居民对于公民权利的平等享有。后增长主义的支持者关注到欧洲城市中依然存在着显性或隐性的不平等现象，这主要表现为种族不平等与性别不平等。他们认为，好的城市治理应该通过法律保障每一个公民都能够真实地在教育、就业等领域享有平等的机会，而不论其种族、性别。在强调机会平等的同时，后增长主义也主张促进每个公民在实质上享有使用平等机会的条件，并认为应该采用再分配制度、提供保障性住房等方式，促进分配公平。

第二，城市内公共事务治理的民主化过程。后增长主义认为，城市治理的民主不仅反映在周期性的立法机构、行政人员选举以及重大事项的公投，还应该在城市治理的日常中得到体现。一方面，城市政治机构应缩小与市民之间的差距，从而更好地在日常中接受公众的监督，并能够了解到更真实的城市情况与市民需要，更好促进城市公共利益的实现。另一方面，城市的日常治理应向市民开放，吸引市民加入公共事务的决策、执行等环节，这既是对城市治理效能的提升，也是公民作为城市"主人"地位的体现。

第三，不同发展阶段城市之间的公正合作。即欧洲城市与"全球南方"城市公正关系的建立。从后增长主义追求的全球生态保护这一目标来看，其实现需要全世界的共同努力，这就在客观上要求欧洲城市处理好与"全球南方"城市的关系，并承担起协助落后地区开展生态保护的责任。此外，"公正城市"的主张若仅停留在对内的"公正"，其所主张的"公正"则可能是虚伪的、建立在不公正之上的。因此，一个真正公正的城市也应当以公正的准则来对待其他城市。在历史上，许多欧洲城市的繁荣和财富建立在对其他地区的殖民掠夺之上，后增长主义认为，欧洲城市应当正视、反思其历史上的殖民主义，并采取对落后地区赔偿、投资亚非拉地区可持续发展事业等补偿性方案。

三、构建城市共同体

人是社会性动物，这不仅意味着人不能够依靠自己单独生存，也意味着人的自我价值和幸福感要在公共生活中实现与获取。后增长主义从人的社会属性出发，认为城市在以往"增长逻辑"的驱动下，片面追求效率、推行优绩主义、过度社会竞争，导致市民之间的疏离以及陷入"原子化"，对公共事务也变得冷漠。整个城市变成了一个巨大的生产机器，每个人则感觉自己只是机器上可被替代的"零件"，失去了意义感。对此，后增长主义认为，城市治理在致力于城市公正的同时还应建设城市共同体，通过增进公民互动与团结，提高城市居民幸福感。总体来说，其城市共同体的建设主张大致可分为提升城市凝聚力与促进市民互助两个部分。

关于提高城市凝聚力，后增长主义认为，只有获得市民认同感的城市才真正具有生命力。一方面，后增长主义主张"所有政治都是本地的"，呼吁提高城市治理的本地化程度，赋予城市更多的自治权，让城市居民有权管理其切身相关的本地事务，以政治效能感的提升促进市民对城市的关心。另一方面，充分发掘城市的历史文化资源，利用老市政厅、城市档案馆等文化符号，激发市民对城市的认同感。同时，复兴欧洲城市悠久且完善的公民文化，回归公民积极参与城市事务的传统。

关于促进公民互助，后增长主义对市民互助的推崇不仅在于其能够切实解决市民的问题，对福利系统形成有利补充。更重要的是，市民在互助实践中，可以建立起不同于经济关系的合作关系，从而加强公民联结的纽带。帮助者与互助者通过面对面的互动，都能够感受到人与人之间的温情，助力形成共享、关怀的社会氛围，建设一个温暖的城市共同体。

第二节　后增长主义在欧洲城市的实践

一、阿姆斯特丹的"甜甜圈经济"模式

作为世界上第一个正式采用"甜甜圈经济学"模式的城市，阿姆斯特丹的实践为后增长主义的应用提供了生动案例。该模式由经济学家凯特·拉沃斯提出，旨在寻找一个平衡点，既能够满足人们过上美好生活所需的社会基础，同时又不超出地球生态系统所能承受的生态上限。阿姆斯特丹市政府于2020年宣布采取这一发展模式，以引导该市从新冠疫情中复苏。在这一战略下，阿姆斯特丹实施了一系列关于绿色经济与循环利用的举措，例如为所有市属建筑制定严格的可持续性标准，只有建筑材料通过相关标准检验，工地才能开工建设，从而促进材料循环使用以减少

碳排放。此外，阿姆斯特丹还参与了"真实价格倡议"，鼓励参与该倡议的商店在价格中加入商品的碳足迹、可耕地的肥力损失和部分工人收入等因素，以确保经济活动的公平分配。这些措施体现了阿姆斯特丹在后增长主义指导下，如何通过具体的政策和项目实践促进城市的生态保护和社会公正。

二、巴塞罗那的"去增长"模式

巴塞罗那虽然还未明确提出后增长的概念，但其城市规划和政策体现了"去增长"的理念。巴塞罗那的"Superblock"计划是一个典型的例子，该计划旨在提高城市的宜居性、活力和竞争力，通过重新利用现有空间，创造一系列拥有安静、舒适、绿色空间和服务设施配套的社区。在这一计划下，街区内以步行和自行车为主，将频繁的机动车流置于街区外，为街区内创造更多的公共空间和绿色环境。例如，对角线大道旁的"利亚"项目修复了城市中间地区一处被遗弃的地块，采取了综合城市功能策略，将商场、公共服务、酒店和商务办公区整合，另外提供了一处公园、两所学校以及其他城市配套设施，从而在周边的数座社区之间创造出一个新的"中心"。这些措施展示了巴塞罗那如何在城市规划中融入后增长主义的治理理念，通过提升城市空间的质量和居民的生活质量，而非单纯追求经济增长，实现城市的可持续发展。

三、斯德哥尔摩的哈马碧生态城项目

斯德哥尔摩的城市治理在后增长主义实践中尤为瞩目。世界卫生组织预计，到 2040 年斯德哥尔摩将成为世界上第一个没有化石燃料的城市和气候智慧型城市，在 2045 年实现"碳中和"。这一宏伟目标的实现，是基于一系列务实的碳中和政策，这些政策在保持城市物质水平的同时，兼顾环境保护和生活质量的提升。后增长模式在斯德哥尔摩实践的一个缩影就是哈马碧生态城项目。这里的生活垃圾已实现 100% 回收利用，通过创新能源解决方案，例如修建产能式住宅，开发地热能、回收废水中的多余热量等举措，哈马碧生态城成了能源净生产者。

四、拉赫蒂的"CitiCAP"项目

作为 2021 年的"欧洲绿色之都"，芬兰拉赫蒂在城市可持续发展方面成绩斐然。在空气质量、垃圾处理、绿色成长和生态创新等方面表现突出。在拉赫蒂，城市中的垃圾回收率高达 96%，其中 50% 被循环使用，46% 转化为能源。[①] 拉赫蒂把在 2040 年前建成碳平衡、零排放、控制过度消耗的绿色城市作为其发展目标。拉赫蒂的后增长模式实践，体现在其对环境的长期投资和对循环经济的承诺。拉赫蒂从 2019 年 4 月起停止使用煤炭，并投资 1.8 亿欧元新建了一座生物能源工厂，目标是在 2025 年之前实现碳中和，并成为芬兰第一座实现这一目标的城市。此外，拉赫蒂正在进行的 CitiCAP 项目——全世界第一个个人碳交易计划——也引起了绿色都市奖评审委员会的关注。在 CitiCAP 项目中，参与者会收到每周规定的碳排放限额，并有移动应用程序来识别参与者的出行方式，以计算其碳排放量。如果用户每周的实际出行排放量低于限额，他们可以将未使用

---

① 《超越"欧洲绿色之都"的绿色之国——芬兰》，载搜狐网，2019 年 9 月 18 日。

的排放额度以虚拟欧元的形式卖给系统，如果超出限额，则需要用虚拟欧元购买额外的排放额度。该项目尝试通过个人碳交易鼓励人们采用可持续的城市出行方式。

第三节　欧洲城市向后增长主义治理模式转型的政策工具

一、制度规范为新模式应用提供良好的环境保障

后增长主义通过一系列制度规范为城市治理营造有利的内外部环境，并推动多元治理网络的构建。在对待央地关系上，后增长主义主张在制度上确立和保障城市享有较高程度自治权。后增长主义认为，从治理效能的角度看，城市行政部门较更高层级的中央政府至少有两大优势。第一，城市的行政部门因其本身就处于城市第一线的独特位置，能更加及时、准确地了解城市的现实情况。第二，城市内行政部门因其层级、部门相对较少，能够快速、灵活地跨部门协作与执行政策。后增长主义的支持者认为，当今世界频繁发生生态环境危机、公共卫生危机，这尤其需要赋予城市充分的自治权，以便对突发情况作出快速反应与有效应对。目前，欧盟逐步将更多的财政权下放到城市，例如在"气候中和与智慧城市使命"项目中，欧盟将绕过中央政府，直接为 100 个城市提供资金。

城市自治程度提高能够促进治理效能，也可能导致"地方主义"的负面影响，因此，后增长主义旨在通过"包容性创新经济"更好处理地区间关系以及城乡关系。当前，欧洲城市与乡村之间存在较大的对立，这也是民粹主义在欧洲兴起的重要原因。"包容性创新经济"即是针对这一问题

的解决所作出的尝试，它试图通过再分配、提供就业岗位等方式，使更多群体能够共享城市创新发展成果。在瑞士，城市出台政策鼓励促进城市创新的应用型大学与更多的中小型企业合作，并对收入较低的群体进行再培训，帮助其获得实验室技术员等工作从而获得可观收入，而大学也因得到一批受过良好培训的实验室技术员在这一过程中获益。

而在城市内部，后增长主义主张建立合作治理网络，实现城市公共事务的多元治理。在雅典，该城市正在建立一个吸纳更多公民参与本地公共事务、缩小政治机构与城市差距的治理网络。合作治理网络的构建意味着城市治理的参与主体不仅有官方，还包括了公民、企业、公共团体等；不仅有行政部门权力的行使，还有社会公众的权利保障。特别的是，这多方的治理主体及其治理行为不是彼此独立的，而是形成了一个互相配合、共同合作的治理网络。这既是治理效能的提升，也是民主、公正价值的实行。

二、强有力的城市领导者推进新模式的实践落地

在欧洲城市向后增长主义治理模式的转型过程中，城市领导者扮演着至关重要的角色。他们不仅是政策创新的引领者，也是应对紧急挑战的决策者，更是治理模式长期转换过程中的推动者。例如，面对新冠疫情等紧急情况，拉脱维亚首都里加市市长展示了迅速反应的能力，通过数据驱动的方法优先解决难民管理问题，有效地为数万人提供服务及帮助。在推动治理模式长期转换方面，比利时鲁汶市长在接受采访时表示，他有信心长期坚持基于任务驱动、协作和包容创新的新治理模式的实践。

城市领导者还积极促进公众参与和社区治理，通过市民委员会和公共

参与过程，确保政策制定更加民主和包容。在资源配置和资金筹集方面，他们确保城市有足够的财政资源来支持后增长政策的实施，如英国格拉斯哥在早期教育方面的投资，用以对抗根深蒂固的不平等现象，同时提升社会福利。此外，城市领导者通过国际合作和网络建设，学习其他城市的成功经验，并为城市争取更多的国际支持和资源，这在比利时布鲁塞尔制定后增长融资标准中表现得尤为明显，该标准保护经济转型的改革不受政治摇摆的影响。

作为文化引领者，城市领导者通过传播后增长主义的治理观念，如关怀经济、社区资产建设等，来引导社会文化转型。他们负责监督政策的实施效果，并进行评估，确保政策目标的实现，并根据评估结果进行必要的调整。城市领导者还通过参与全球性的社区和网络，如彭博城市中心，来提升其行政能力，应对全球性的挑战。

三、大学智库等机构为新模式应用提供智力支持

大学通过对城市行政人员进行行政能力培训，促进新治理在政府执行过程中的成功应用。在彭博城市中心，来自 22 个欧洲城市的行政人员参与了能力培训，提高了战略性思考、数据运用、非营利部门合作方法等处理城市公共事务的能力。事实证明，这些技能在城市治理中确实发挥了重要作用。同时，不可忽略的是，培训带来的不仅是行政能力的提高，还有对行政人员观念的影响。后增长主义的理念在培训过程中被学习者潜移默化地接受，这无疑将提升他们对新治理模式的信心与认同度，在治理实践中将其更主动地践行。

研究机构努力弥合学术研究与城市治理实践的鸿沟，立足城市现实以

提供更有效的政策建议。伴随着科研机构与城市管理者的合作越发广泛和深入，科研机构的政策建议在后增长主义治理模式中的重要性不断凸显，这同时也对科研机构如何更好处理理论与实践之间的张力提出了更高要求。以往政策建议的提出主要存在两种局限性，一方面，科研人员对城市现实情况的了解有限，对建议的科学有效性产生影响。另一方面，科研人员的关注重点为政策的产生，而对政策可行性关注有限。对此，研究机构在保持其原有"建议者"角色的同时，也做城市治理的学习者。通过与城市管理部门长期、广泛的交流与学习，增进研究机构对城市现实与政策执行过程的了解。目前，伦敦政治经济学院城市活力研究团队就采取这一方案，以更好提高政策建议的质量。

同时，大学作为教育机构，通过其人才培养职能，丰富了未来城市治理的人才储备。后增长主义追求的是人类未来的美好生活，这一目标的实现需要数代人的持续努力。因此，培养城市治理的优秀人才以保证未来城市治理的效能也就显得格外重要。

第四节　欧洲城市治理模式转型对我国的启示

一、坚持以人为本的价值理念

理念是行动的先导，城市治理向更高水平的迈进需要观念先行。欧洲城市在治理模式转型的过程中，充分发挥了后增长主义治理观的先导性作用。后增长主义的治理纲领内容丰富，但其核心观念十分明确，即将市民的福祉置于城市治理的中心位置。这一观念促使欧洲城市首先在治理认知上进行了更新，不再片面追求经济增长，而是将满足市民需要、提升公众幸福感作为治理的首要任务，使得新型治理模式的实践应用能够沿着促进民生福祉的轨道落地生根、稳步前进。

当前，中国已进入高质量发展阶段，社会主要矛盾已经转化为人民日益增长的美好生活需要和不平衡不充分的发展之间的矛盾。这就意味着，简单地采用"增长主义"视角已不能科学准确地理解和解决中国在城市治理领域所遇到的新问题、新挑战。面对人民不断提高的美好生活需要，城市治理的加强和完善应当牢固树立以人为本的价值理念。

一方面，推进"五个文明"协调发展。人类社会文明是一个由经济文明、政治文明、文化文明、社会文明、生态文明等多种要素组成的严密有机整体，推动城市治理效能提高首先要在观念上认识到"五个文明"对于人民美好生活的实现均具有重要意义，不可偏执或忽视其中一个，从而将"五个文明"建设统一到治理实践中，建设宜业、宜居、宜乐、宜游的高质量城市。另一方面，牢固树立人民城市理念。要把增进人民福祉作为城市治理的首要任务，在城市建设中坚持依靠人民、为了人民，做到切实保障人民的基本权利，加强城市居民团结与社会关怀，使城市发展成果更多更公平惠及全体人民，从而打造共建共治共享的城市治理格局，让城市治理有高度、更有温度。

二、构建多元参与的治理体系

先进的治理理念追求会达成更高的治理成效，而理念的践行与成效的实现有赖于科学的治理体系提供支持与保障。欧洲城市治理之所以能在后增长主义的指导下取得良好成效，其重要原因在于构建起了一个吸引多元参与、尊重各方利益的城市治理体系。一方面，城市通过提高自治权利、构建合作治理网络等措施，使城市治理向公民开放，吸引多元主体共同参与城市治理。另一方面，城市采用补偿性投资、包容性创新经济等政策，处理好发达地区与落后地区、城市与农村、富裕阶层与低收入阶层之间的关系，促使城市治理尊重与考虑各方利益。

于我国而言，城市治理体系的完善同样应做到吸引多方参与、兼顾各方利益。第一，构建城市多元治理网络。多元治理网络既关系到城市治理的参与主体，也是城市治理的有效方法。在治理主体上，提高治理过程的开放程度，吸引社会组织、公民等也参与城市治理，为各方利益诉求的表达提供畅通渠道，促使城市治理的民主水平不断提高。在治理方法上，各治理主体在党的领导下相互配合、共同合作，组建起治理网络。发挥社会多元主体力量，调动和整合各方治理资源，从而更好解决人民需求多样、治理资源分散的难题。第二，完善城市基层自治。在城市治理体系的构建中，城市基层自治是关键一环。要加强党建引领，发挥党组织群团带动作用，推动基层党建在开放中加强，从而促进社区与其他治理主体的互联互动。同时，坚持精准赋权、规范定责，确保基层治理的民主性和科学性，提高居民满意度。第三，推进城乡融合发展。城市治理体系应处理好城乡关系，兼顾农村利益，实现发展成果共享。通过制度创新和政策引导，促进城乡要素的双向流动和合理配置，以实现城乡共同繁荣。

三、培育当家作主的市民意识

现代化的本质是人的现代化，推进城市治理现代化是为了增进人的幸福，而城市治理现代化的实现又依靠人的智慧和奋斗。从欧洲城市的经验可以看到，公民素质尤其是其当家作主的市民意识在城市向新型治理模式转型的过程中起到了重要作用，具备优秀行政能力的公务人员、拥有较高公德意识的公民、具有丰富理论知识的科研工作者等群体，相互协作、形成合力，共同推动后增长主义治理模式的成功应用。

中国的城市治理实践要重视公民意识的养成。首先，行政人员作为城市治理的执行者，需要提升工作能力并学习先进的治理理念，以增强工作执行力、公共责任感以及对群众的服务意识。其次，广大市民作为城市治理的主体，其素质水平直接关系到城市治理的成效和城市文明的程度。要通过教育引导、实践养成提高市民的权利意识、公德意识。同时为市民素质的提升提供制度保障，通过健全完善的市民文明守则、公平合理的公民道德奖励制度，以制度的"硬约束"促进文明"软实力"的提升。最后，各类专家学者等政策企业家应提高公共关怀，坚持理论与实践相结合。通过跨领域合作和网络化治理等，为城市治理提供人才培养和理论支持。

第十章　后疫情时代城市信任重建

信任是社会契约的黏合剂，是城市治理共同体得以构建的行为动机基础，城市信任可以促进居民与居民、居民与城市领导者之间的互动。积极的居民参与会显著增强城市的活力与生产力，从而提升居民的生活质量，形成互惠互利的循环，因此，信任是推动城市可持续发展的重要力量，是帮助城市实现其价值主张的重要助推器。本章通过探讨城市信任的含义及其意义，指出建立城市信任的基础要素是能力、公平和透明，三者共同发展、相互依赖，并用案例说明促进城市信任的路径以及如何系统化地设计城市信任。

小到一个社区，大到一座城市、一个国家，生活在其中的居民都是基于信任而达成社会契约，从而规范居民的言行，助推地区和国家的发展。已有经验表明，能够成功构筑信任的城市会朝着可持续发展的未来迈进。爱德曼信任晴雨表也显示，在 2020 年 5 月至 2021 年 1 月新冠肺炎疫情的高峰时期，11 个国家的政府信任度有所下降，比如美国许多大城市飙升的犯罪率动摇了居民的安全感。但与此同时，部分国家和地区也有值得赞扬的表现，采取的一些建立社会信任的措施起到了显著的效果，让世界上许多不堪重负、士气低落的城市看到了希望。

信任是构建健全的经济体系与社会制度的基础。随着全球城市化进程的加速，预计到 2050 年，城市人口将占全球总人口的 68%，重建城市的社会信任是维护城市稳定的关键之举。只有居民对城市有足够的信任，愿意将他们的未来与城市的未来联系起来，才会维护和倡导城市的可持续发展。因此，信任是推动城市可持续发展的重要力量，也是积累社会资本的情感基础。一个城市的政府需要构筑其与居民之间的信任，以此维护城市的安定，也只有构筑了信任，才能更好履行政府对市民的承诺。

第一节　城市信任与城市治理

一、城市信任的治理价值

信任是在互动中某人对其他的人或组织能够兑现承诺或行为符合预期的信心。在商业交易中信任可以使卖方相信买方的资金供应，使买方相信卖方的产品或服务将按预期交付，促进双方接受销售条件，从而使得双方的交易更快达成。而对于一座城市而言，信任既是城市治理者实现其价值主张的催化剂，也是价值主张落地的结果。

一座城市的价值主张，指城市对市民的各种承诺的结合体，城市利用市民赋予的权利，兢兢业业地遵守承诺以实现其宣传的福利，比如充足的工作机会、良好的经济前景、优质的教育体系、安定的城市环境、安全的财产与数据、发达的公共交通、完善的基础设施、清洁宜居的城市环境与健康富足的文化环境等。

城市信任可以衡量一座城市在实现它的价值主张时的表现，开放与透明是信任产生的重要前提。一个明智的城市领导者在做决策时，应当构筑信任的基石并持续维护和提升城市信任，而一位秘密工作、脱离城市居民的领导者，永远不会成为一位伟大的领导者。

二、城市信任促进城市治理的逻辑

1. 城市信任促进经济发展

城市信任可以减少信息不对称，加强企业间合作。一方面，在信任程度高的城市，人们更愿意分享信息，信息流通更加顺畅，交易双方能够更准确地了解彼此的情况，从而减少信息不对称；另一方面，信任是企业之间合作的基础，能够降低企业之间的合作风险，促进企业之间的资源共享、技术交流和协同创新。波士顿咨询公司与俄罗斯的领头投资公司在 2020 年度进行了一次联合调查，结果显示，缺少城市信任将会极大地阻碍经济发展，特别是当利益相关者（如新兴的或正在发展的企业、资本家或开发商）一开始就受到抑制的时候。在缺乏互信的情况下，人们很难达成交易也不愿意寻找增长机遇，双方合作的项目也容易被评估为高风险，从而导致更高的资金成本，进一步制约了潜在投资者所能接受的项目数量。

2. 城市信任降低交易费用

城市信任能够降低监督成本，提升城市运行效率。一方面，当城市中存在较高的信任时，人们在社会交往和经济活动中更倾向于遵守合同、契约等约定，减少了纠纷和矛盾的发生。这使得法律在实施过程中不需要过多的强制手段和监督成本，司法机关可以更加高效地处理各类案件，提高法律的执行效率，推动法治建设的顺利进行。另一方面，较高的信任水平可以减少合同违约、欺诈等行为的发生，从而降低监督成本，企业可以更加放心地与合作伙伴进行交易，而不需要花费大量精力去监督对方的履约情况，这有利于提高经济运行的效率。

3. 城市信任减少不确定性

城市信任可以增强各主体预期，减少不确定性。对社会和经济的影响十分深远，是维系各团体间关系中不可或缺的一部分。根据波士顿咨询公司的调查《城市选择：全球城市排名》(2021年6月)，提高居民的满意度和市民倡议的不仅仅是民众需要的满足。亨德森智库调查了全球69个城市的25000名居民。根据他们对五个问题的回答进行排名，得出城市倡导指数。波士顿咨询公司还从经济机会、生活质量、社会资本和居民与政府的互动四大方面衡量和比较了城市在满足居民需求方面的表现，得出69个城市的总分，算作城市的基本面得分。

然而调查的结果却是，是否满足居民需要并不能解释一些城市获得的高倡导指数，许多城市在满足需要方面做得更好，但在市民倡议方面却低于中位数。这一发现告诉我们，软性因素常常发挥重要作用，比如信任。波士顿咨询公司测算了居民满意度得分，将其与城市基本面得分进行比较，并量化差异，计算出"满意溢价"，得出混合信任分数来源于市民对邻居的信任以及对法院、警察等地方当局的信任。满意度和信任之间的高度相关性表明了一个潜在的解释，即信任是一种关键的无形资产，可以通过两种方式为一座城市创造价值：一种是通过提高居民满意度的直接方式，另一种是通过市民倡议。调查表明，信任很可能是在城市价值主张中发挥增量价值的因素，相信邻居、相信市政府，或者两者都相信的人会更加幸福，也更加乐观地看待自己的未来。

4. 城市信任促进社会互动

信任有助于心理契约的形成，形成公众参与的激励。当城市中存在较高的信任氛围时，居民会更愿意参与公共事务。他们相信自己的意见和建议能够得到重视，相信与其他居民的合作能够带来积极的改变。这种信任激励着居民积极参与社区治理等公共决策过程，通过各种渠道表达自己的诉求和想法，从而推动社会互动的深入开展。波士顿咨询公司的一份研究显示，人们信任的帮助照顾孩子的邻居数量与人们对社区的归属感之间存在很强的相关性。如果人们相信自己的邻居，那么他们在家里就会觉得很有安全感，并且知道有必要的时候可以寻求依靠。邻里间的互信激励着人们对公众空间保有足够的尊重，遵循大家共同认可的行为准则，维护当前安全环境和优质生活。另外，有调查显示，相信邻里之间的安全可以帮助提升居民的健康程度。

5. 城市信任能够自我增强

城市信任可以提升群体认同和共同体意识形成。信任使城市从实现其价值主张的努力中受益，并确保居民将这些努力的成果视为承诺的兑现，从而进一步增强信任。如果失去信任，市民不仅不会把政府的工作视作是为了维护民众利益，甚至会质疑政府工作的程序正当性，结果就是，城市将无法实现市民倡议、良好的资金配置和城市人口增长。举例来说，一项成功的街面改造工程可以基本地体现城市的价值主张，然而，当人们觉得这与贪污挂钩，或是因为其制造的噪声而怨声载道时，工程就会引起怨恨，导致居民在情感层面无法支持该价值主张。

6. 城市信任推动法治建设

城市信任可以促进规则的认同与遵守和法治社会建设。在信任程度较高的城市，市民之间以及市民与政府之间相互信任，这种信任能够使人们更容易认同和遵守法律规则。因为人们相信这些规则是为了维护共同的利益和社会秩序而制定的，从而自觉遵守法律准则，减少违法行为的发生。这也意味着，当有信任的基础时，人们会觉得他们的利益和政府的利益是一致的，从而使得居民与企业自觉遵守城市的法规与条例，由此产生的合作可以显著提高城市项目和政策的效率。

三、强化城市信任的基础要素分析

城市信任由三个基础要素组成：能力、公平和透明，三者共同发展、相互依赖。能力可以保障被信赖的一方履行其所作的诺言。从一定意义上讲，这样的保障来自一种信念：即居民相信自身的财产和数据将受到保护，并相信授予政府的任何权力都会被良好地执行。公平可以保证城市管理者与市民都感觉得到公平的待遇。两者之间的互动会产生双赢的效果，即便城市占据权力的优势一端，它仍然可以通过伸张正义和执行法律显示出公正。互动会激起人们对公正的渴望，与几天或几周不与邻居见面的居民相比，每天互动的公寓大楼的居民更有可能公平地对待他们的邻居。如果市民意识到自己与政府有共同的利益，就会乐意相信政府能够公正地处理问题。透明是指被信赖的一方会提供真实、清楚和可靠的信息。这使得市民可以在短期和长期内对其城市政府的能力和公平性作出明智的判断。

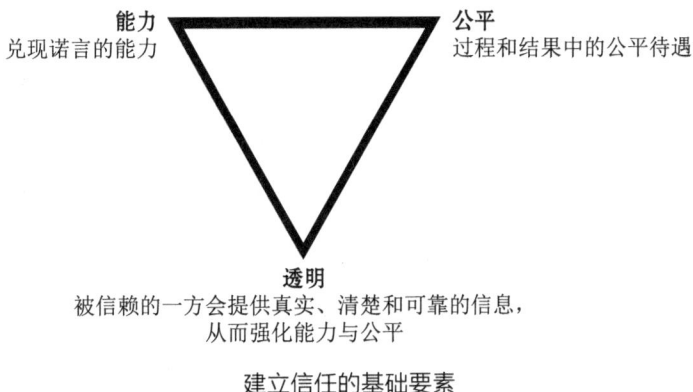

建立信任的基础要素

第二节　促进城市信任的两条路径

城市建立信任的路径分直接与间接两种，既可以通过模仿社区的运作方式直接建立信任，也可以巧妙设计而间接建立信任。我们可以将直接的路径称作"城市规模人性化"，这需要建立在市民对城市的直接体验之上，需要确保社区层面发生积极改变，鼓励居民主动地参与决策。间接路径要求城市领导者在决策中考虑信任，系统地解决其关键驱动因素，以衡量他们在多大程度上兑现了城市对利益相关者的承诺或价值主张。

一、关注城市规模与市民信任感

搭建城市信任，无论是市民与市民之间还是市民与政府之间，都需要足够的参与，但居民参与的最大阻碍之一就是城市规模。现代都市的巨大规模使得市民很难发现自身需求与城市变化之间的关联。

信任往往产生在小规模的群体之中，群体的领导者与民众互动频繁，民众能够直观地看到领导者如何为大众的利益服务。但是，如今城市的规模之巨，动辄数百万乃至数千万人，很少存在这种小规模培养信任的条件。为确保居民参与，建议城市在更大范围内复制小型社区在邻近性、互动性和透明度方面的优势：一是通过推广更小、更强大的社区，让居民能够参与决策，并可以立即观察、评估这些决策的后果，使城市更加人性化。二是运用订立契约、设置激励、搭建沟通平台等手段设立起能够改善市政府与居民、居民与居民之间互动的机制。三是运用先进的数字技术促进信息公开，提升城市的信息透明度，增加民主决策的机会，并提高政府的公平性和治理能力。

许多城市在上述方面采取了可圈可点的举措，约 125000 人口的英国剑桥市不再采用传统的公共听证会来获得建筑批准，而是通过向居民邮寄其建设计划并在期限内回复评论的方式来提高民主参与。巴西的阿雷格里港市（130 万人口）在 30 多年前提出了参与式预算，市民可对城市的建设项目提出建议并投票表决，例如学校、公园、图书馆、住房和道路的修建，这一举措如今已被全世界 11000 多个城市采纳，其中仅巴西就有 50 多个。在韩国首尔（1000 万人口），自 2012 年起，所有市民都可以对属于该市参与式预算的计划决策进行在线投票。

城市规模人性化能让城市在与居民的现有联系基础上影响他们的行为。2012 年，英国的一个调查小组对大约 150000 名纳税人进行了一项调查，结果表明，如果在给当地居民的有关欠税的信函中提到邻居的欠税情况，将会提高 30% 的答复率，从而节约 3000 万英镑的税收。2015 年，美国肯塔基州路易斯维尔市（120 万人口）也曾就未付停车费和罚款现象做过同样的试验，这项方案提高了超过 10% 的缴费率。该思路适用于超大规模的城市，有利于实现居民和政府之间的利益一致。虽然城市里的大型工程，比如交通、学校、卫生与污水治理等，并不能仅由社区来决定，但是大部分的决策都应遵循参与原则。

即使采用参与性的方式在某些情境下过于不现实，也至少要保证政府的透明。举例来说，剑桥市对住户征收的税款是按照一定的比率来划分到每个家庭的，比如，市民可以清晰地看到，在 120 欧元的税收中，32 欧元是为市政卫生服务，11 欧元用于治安管理，8 欧元用于街道清洁，诸如此类。注明各项预算的费用，可以让民众更多地投入决策中。

二、重构城市信任的工具方法

建立信任的间接方法是将信任纳入与城市系统相关决策和政策措施中。正如前文提到的，城市对于市民而言既是协调者也是对手，两个角色难以融合。作为制定和实施规范的实体，政府具备权力优势。在城市中，领导者不当操纵系统就会损害居民的利益，例如向供应商签发不投标合同以换取个人利益。由于存在这样的可能，作为协调者的城市必须谨慎使用权力，从而获得市民的信赖。

要让人们相信公正，就必须要有足够的透明。作为一个协调者，城市管理者应当通过在全市范围内的各项工程与项目来构建城市信任。实现城市的价值主张可能既昂贵又耗时，当项目出现问题或摇摆不定时，给市民一个表达意见的渠道或许可以避免继续付出更高昂的成本，包括金钱和信任。

基于波士顿咨询公司商业生态系统的研究，有七种工具可以帮助城市建立起信任——渠道、契约、激励、控制、透明、中介和缓和。

一是渠道。提供渠道可以使决策具备充分的代表性并最大限度地减少民主参与的障碍，波兰格但斯克市（50万人口）利用抽签系统从随机样本中挑选出几十位市民，请他们在周末与当地的政府人员讨论政策。无独有偶，雅典的数字化公民参与平台让这个城市可以自动发布消息来处理和解决数以万计的公民请求，减轻了电话服务的工作负担，节约了政府工作人员的时间，工作效率提升了24%。二是契约。即通过具有约束力的协议安排确保互惠互利的互动。迪拜使用了一种以区块链为基础的智能契约，具备确认诸如财产转移和出租注册等功能。三是激励。激励能够为有益行为提供有形和无形的诱因。美国华盛顿州的雷德蒙德市（5万人口）为

帮助城市建立信任的七种工具

市民提供图画奖励和免费交通通行证，以鼓励居民通过拼车减少交通拥堵。四是控制。控制是指通过自动化工具引导市民的行为。纽约市通过发送手机短信将法院传票减少36%，而免去了过去每年下达的10万份搜查令。芝加哥在大型体育赛事中通过手机短信发送信息，减少了17%的流量负担。这些简单的数字工具使城市能够轻松地吸引居民并促进行为，从而最大限度地为居民和整个城市带来利益。五是透明。政府越透明，市民就越能评估政府的行为和结果。在英国伦敦，居民可以通过访问London Datastore这个免费且开放的数据共享门户，查看700多个定期更新的数据库，了解该市在就业和经济、交通、住房和社区安全方面的努力和成果。六是中介。通过创建一个中间机构来促进居民参与，比如宣讲团或各种社区推广团体。美国加利福尼亚长滩镇（60万人口）依赖于少数族裔社区的代表网络来收集反馈并促进少数族裔人群与城市领导人的接触。七是缓和。缓和有助于在不利情况下实现成功互动。西雅图（60万人口）提供了一个专门处理该市无家可归问题的网站。

尽管这些工具在城市决策中的应用还处在起步的初期，大多数城市仅在小规模或试验性基础上使用它们。但是，各种工具与技术设备已经开始运行，并且在不同程度上取得了成功。需要指出的是，在城市中，政府与居民之间以及居民之间，信任的双重性会使信任的建立具有挑战性，波士顿咨询公司的研究表明，政府与居民之间的信任程度相当高的城市通常难以在居民之间建立信任，反之亦然。与"核心群体"，例如土生土长的市民或主要族裔的成员，建立信任的城市，很难与移民和少数族裔社区以及较贫穷的居民建立信任。迄今为止，还没有哪个城市所建立的城市信任能够达到其设计的预期效果。尽管如此，上述案例表明，渠道、契约、激励、控制、透明、中介和缓和这七种工具都可以成功嵌入并增强信任。

第三节　城市信任的系统化设计

即便是在最佳的条件下，城市也不可能不经干预地建立起信任。信任降低了交易成本，充当了社会经济系统的润滑剂，领导者必须帮助它扎根和深化，下面的五个问题有助于识别、理解和解决信任问题，对城市信任进行系统化设计。

一、尽最大努力建立信任

首先分析城市对居民和企业的承诺，然后按风险程度对它们进行优先级排序，针对居民和企业的调研可以帮助领导者找出问题所在。

两个容易出问题的领域是公共财产和基础设施维护，其中信息不对称现象会加强居民的不合作行为。解决这两个领域的信任问题可以为城市带来巨大的利益，并最终为纳税人带来巨大的利益，与之相反，"公地悲剧"则会导致公共资源的荒废，如水资源浪费、城市绿地的破坏等。

领导者还需要审视各方之间互动较少的领域，例如房地产交易等。博弈理论表明，在双方互动较少的领域，更可能面临信用问题。例如住房买卖，销售员的卖房行为对于单一消费者而言是一次性的，所以销售者很可能隐瞒重要的结构缺陷。类似地，一位警察很少多次经办某个普通市民的业务，因此在没有规则管束的情况下可能不会有很强的动机去避免对市民的恐吓。其他需要监督的领域包括那些以交易量巨大但主要以一次性消费为特征的领域，例如古玩市场或旅游景区。

二、分析信任的真实问题

对于某一具体问题，也许有比缺乏信任更简单的解释以及更简单的解决方案，也许是城市需要履行逾期的承诺或提供资源，对于这种情况，增强信任未必会解决这个问题。有的问题是稍纵即逝的，随着更多信息的出现或随着领导者经验的增加，这类问题很可能会迎刃而解。

三、精心设计解决的方案

城市领导者应该追查问题的源头，捋清利益相关方的性质、相互关系以及合作的障碍。是否缺乏建立信任所需的公平、能力或透明度？互动与交易是否有利于一方而不是另一方？每个参与者将从互动中获得什么？

城市应该探索许多可用的建立信任的工具，并开发一个针对特定问题的工具包。信任的建立和增长最为顺畅的情况恰恰是当它是现有流程的有机组成部分时，因此，根据城市的法律、基础设施和治理能力因地制宜地调整所选工具非常重要。

比如，在房屋出售交易中，合同条款与法律手段相配合能够较大程度上保护消费者的利益，从而抑制销售员提供虚假信息的动机。实现这种保障不需要设立新的法律法规，现有的各种渠道如市政府网站，就有助于宣传推广市民可用的工具，而向居民开放跟踪建筑工程的数据库就可以有效防止销售员隐瞒信息。

四、准确评价工作的成果

领导者可以利用信息反馈机制来监测城市信任。一般情况下可以通过使用房地产开发趋势或投资交易活动、投诉率、文书工作量和诉讼的相对频率等指标来评估建立信任的成果，间接方法会产生更好的结果。

第四节　重建城市信任对我国城市治理的启示

一座城市能否实现可持续发展，取决于市民是否有意愿将自己的未来和城市的未来联系在一起，信任则是这份意愿的源头。城市信任不会自发产生，面临信任危机的城市需要通过直接或间接的方式不断重建信任，西方城市的实践给我国城市治理提供一些启示。

一是城市发展需注意能力、公平与透明。能力在中国语境中或可理解为治理能力与治理体系现代化，提升城市治理能力，完善治理体系，用实干兑现政府对民众的诺言。"不患寡而患不均"，城市相对于居民天然地占据权力的优势一端，需要通过财富再分配、扶贫、公正执法等手段展现公正，在这一过程中也需要增加互动，让居民参与重要决策，看到自身与城市的共同利益，才能提升对城市的信心。透明是能力与公平的助推器，政府越透明，居民就越能评估政府的行为和结果，一方面倒逼政府更加注重提升能力与公平，一方面让居民看到政府工作服务于自己的切身利益，从而促进城市信任的增长。

二是灵活运用直接与间接两种路径促进城市信任。直接的路径即复制小型社区在邻近性、互动性和透明度方面的优势，让城市在社区层面发生积极改变，增加居民参与，加强城市与居民的互动，从而促进信任。间接的路径要求城市领导者在各项决策中充分考虑信任，设计关键驱动因素来促进信任，简而言之，方方面面的政策进步都可以考虑到居民对城市的信任，以人民为中心。城市领导者可以借鉴商业领域的经验，灵活创新促进信任的工具来嵌入各项政策并增强城市信任。

三是注重审视与反思。从新冠肺炎疫情高峰时期多国政府信任度下降的报告就可以看出，城市信任的滑坡并不罕见，冰冻三尺非一日之寒，重建城市信任不是一朝一夕的事情。城市领导者应当警惕可能诱发城市信任滑坡的危机，领导者不仅要及时通过城市信息反馈来检测政府工作成果，也要系统化地审视危机，深刻地甄别、理解和解决信任问题，这种观察和反思应当是动态的和全过程的。

第十一章　数字时代城市治理中的社区参与

公众参与被视为西方民主社会的基本制度安排，城市社区参与则是城市治理的重要实践领域。悉尼的社区参与实施框架包括参与设计、参与过程、参与结果和参与评估等完整流程。其社区参与路径包括公民听证会参与、审议式参与、数字化参与、调查、社区协作和请愿书等。悉尼城市治理社区参与对我国的启示包括，注重依托项目的参与、注重咨询组织的功能、注重不同群体的调和、注重数字方法的应用。

悉尼作为澳大利亚新南威尔士州的首府，也是澳大利亚面积最大的城市，在经过 2016 年的悉尼大都会区地方政府整合改革后，共拥有 30 个市和郡，超过 500 万的人口，是澳大利亚最大，也是整个大洋洲人口密度最大的城市。在推进《可持续悉尼 2030—2050 持续愿景》的过程中，悉尼的社区参与行动得到广泛关注，并于 2020 年被国际公众参与协会评为国际公认的三大项目之一。了解悉尼的社区参与计划与制度安排，可以为我国的城市治理社区参与提供借鉴。

第一节　社区参与及类型划分

一、社区参与的理论预设

社区参与常被视为西方社会民主自治的基本形式，因而在一定程度上也被赋予特殊的价值内涵。自19世纪30年代托克维尔《论美国的民主》肯定美国的公众参与对民主的积极影响以来，学界针对公众参与的关注和争论持续至今，并主要形成三个理论流派。一是以科尔曼和帕特南为代表的社会资本理论学派，认为公民关心公共事务并形成互惠合作的网络可以推动民主政治取得更好的绩效。如帕特南的《使民主运转起来》一书，就运用社会资本理论解释了意大利民主政府的制度绩效。帕特南认为，由于志愿性社会组织的差异，意大利各地区的政府效率也不一样，在那些具有深厚社会资本的地区，人们遵循互惠规范，建立了活跃的公民参与网络，促进信任与合作，从而具有良好的制度绩效。[①]几年后，帕特南创作的《独自打保龄：美国社区的衰落与复兴》一书又指出了20世纪60年代以来由于社会信任下降和社会关系的解体，美国公民参与下降的问题。二是以菲奥里纳为代表的理性选择理论学派，认为公众参与并不具有普遍的代表性且其结果通常也不会实现最优的社会产出。菲奥里纳认为，并不是公民参与越多，社会福利就越优，原因在于尽管普通美国人参与政治的机会增多了但利用增多的机会参与政治的人在总人口中并不具有代表性。也就是说，参与政治活动的积极分子并不能代表普通人的心声，他们关心的问题与普通人不一样，多数情况下他们都是极端的声音。[②]公民参与实质上是一种"美好的浪漫主义"。三是以斯科克波为代表的制度主义理论学派，认为公众参与是为了维持历史上社会群体与国家权威斗争的力量平衡。在

---

①［美］罗伯特·D.帕特南：《使民主运转起来》，王列、赖海榕译，江西人民出版社2001年版，第12页。

② Skocpol. Extreme Voices: A Dark Side of Civic Engagement, Theda and Morris P. Fiorina (eds.). Civic Engagement in American Democracy. New York: Russell Sage Foundation, 1999.

斯科克波看来，通过选举、政党活动、社会运动和志愿组织的参与行动，普通公民既向政府施加压力，又向政府提供激励，以此来对国家权力进行制衡，引导其关注民众的需求与利益。因此，志愿组织的重要作用在于充当大众施加影响的来源，而不仅仅是个人参与和普遍化社会信任的推进器。[1]

关于公众参与的理论争论，其事实上存在着两个基本论点。一方面，在一个成熟的公民社会，公民都具有参与公共事务的能力和兴趣，而这种参与对于社会秩序的形成以及民主制度的运转至关重要，即公众的参与自主性对于整个民族和国家具有重要意义。另一方面，公民的参与并不能自发形成和运转，其也需要诸多的制度支持，政府的制度设计与公众参与具有双向的影响作用，有时候不是公众对政治参与失去了兴趣，而是公众被制度排除在了参与之外。事实上，从全球各国情况来看，公众参与的下降已经是不争的事实，而其中最主要的原因即是国家作为一个巨大的"想象共同体"，当自己的投票和参与既不能直接决定政策的走向或给自己带来直接福利，同时也不清楚公众参与的受益者与自己的相对关系之时，公众参与的"动人故事"也就难以为继。因此，从更小的维度，尤其是聚焦于社区这个更易被理解的治理单元推动公众参与，成了 21 世纪以来理论和实务界的主要追求。

二、悉尼的社区类型

悉尼作为新南威尔士州的首府和全球城市，每天有超过 100 万人的居

---

[1] 杨敏：《公民参与、群众参与与社区参与》，《社会》2005 年第 5 期。

民、工人、学生、企业和游客在这里生活，且文化机构、教育机构、国际旅游、企业总部、高峰组织、宣传团体和政府部门云集。再加上非居民拥有和使用的各种大小物业产权类型，悉尼的社区非常多种多样。这些依靠悉尼居住、工作、学习、经商、获取服务的人常常与全球其他地区的人紧密联系。悉尼市政府认识到，悉尼由不同人组成的社区聚合而成，政府的责任是通过自己的社区与其他地方社区的联系，以此促进城市的发展。总体而言，悉尼的社区主要包含以下几个类别。

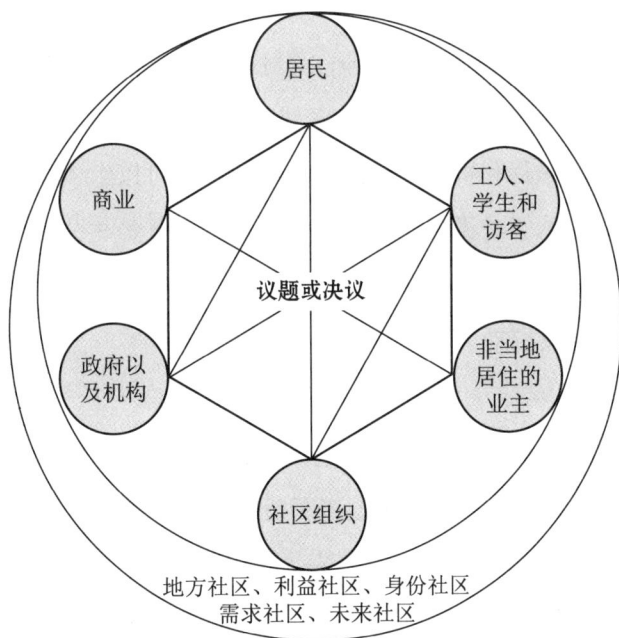

悉尼的社区类型

1. 地方社区

悉尼的许多公共服务项目都旨在改善地方社区。通常情况下，围绕这些项目生活或工作的社区受影响最大。例如，就社区公园改善进行建议征询，其目标就应该是接触当地的居民、业主、学校 / 托育机构以及附近的企业。除此之外，地方社区还包括由于某些历史或文化因素而与某个地方有着共同特殊联系的人群，如原住民和托雷斯海峡岛民社区、生活在唐人街的中国人商业社区等。还有一些因活动而集聚起来的社区，如体育活动，社区花园或文化团体等；以及一些不太正式的社区，如滑板公园的滑冰者以及地方图书馆或社区中心的使用者等组成的社区。

2. 利益社区

这是围绕某个问题或活动组织起来的社区，可能包括如下类型：不同的商业部门，如科技创业公司或酒店；大型公司或本地小型企业主；专业技术人员，如建筑师或城市规划师；高峰机构、宣传和行业团体，如新南威尔士州社会服务委员会、澳大利亚残疾人士委员会、悉尼地产委员会；具有共同目的的非营利组织等。共同利益的社区可以组成商会、居民行动组织和机构联合体等游说集团或网络，并借助于此参与公共决策，也可以围绕体育或娱乐俱乐部、丛林护理和园艺打理、文化和创意、遛狗等非正式的事务共同采取行动。

3. 身份社区

一般情况下这些社区有自己的定义，例如主要是原住民的社区、文化和语言多样性社区等。除此之外，身份社区还可以按照年龄分为年轻人社区或老年人社区，按照共同的经历分为住在特定社区的社会租户或业主等。需要指出的是，在这些社区内部，还会有一些更小的、更加多样性的群体，如跨性别和性别多样性社区等。在身份社区里，还有一些因文化和宗教信仰而聚集起来的社区，他们也有着强烈的身份认同感。

4. 未来社区

这是在政府决策中最应该考虑的社区，但往往也是最难的，因为他们的观点和关切不容易被把握。总体来说，城市决策者可以用两种方式更多地将未来社区的关注点纳入决策过程中。一是询问儿童和年轻人，在我们的决策影响之下谁生活时间将会最长，即谁是最主要的利益相关者；二是在咨询的过程中，请受访者考虑未来将与他们生活在一起的人的需要和观点，即纳入未来利益相关者。面向未来的社区关乎未来城市的发展，青少年的参与至关重要。正如一名青年高峰会的参加者坦言，"我们现在选择的事情就是我们未来必须经历的事情"。

第二节　社区参与的框架

社区参与或公众参与是让人们参与到影响他们生活的决策的过程。通过社区参与可以加强城市规划和服务项目供给，以此帮助人们创造愿景和新的思维方式，了解社区的需要和愿望，检验我们关于社区的假设，检视我们所做的事情是否正确，完善和实施项目、计划与服务，赋予社区行动能力等。社区参与可以通过促进责任共担的决策，使得公开决策和善治成为可能，并以此推动在社区内部建立信任，管理风险。

一、社区参与的框架设计

理性来讲，没有完美的社区参与方法。对于悉尼而言，其采用了不同的战略、项目、计划和服务，以此满足不同的参与需求。更重要的是，社区参与的模式设计需要与其过程和目标相匹配。

悉尼市采用了"影响—语境—范围"的参与设计范式。在做一个项目、战略、计划或服务的参与设计时，首先要考虑的因素是影响，其决定了参与的利益相关者，具体问题包括"谁将会受到这一决定的影响，有多少人会受到这一决定的影响，对这些人的影响是什么？"其次要考虑的因素是语境，因为不同的语境和背景会极大地影响参与的过程和结果，具体问题包括"我们为什么要做这个项目，这个项目的历史背景是什么，是否有其他问题可能影响该社区，我们有什么其他的限制条件吗？"最后要考虑的因素是范围，其决定了参与的幅度，具体问题包括"社区参与会对结果产生多大影响，谈判和非谈判参与的差别是什么，项目的规模有多大，预算是多少？"

根据"影响—语境—范围"的框架，社区参与可以从简单到复杂，也可以告诉我们何时需要采取什么样的参与形式，如到底是深度参与还是通知即可。对于这些问题的深入思考也有助于我们采用正确的参与模式，或者说是使用适合的参与组合来推进社区参与。

二、社区参与的组织过程

社区参与并非单一的形式或行为，而是包含多种形式和连续过程。对社区参与的理解可以通过从"通知"到"授权"的连续统一体来思考。具体来说主要包括以下方式。

1. 通知

当决策者已经作出决定需要采取行动的时候，就需要通知，以此确保受到这一决策影响的人能够了解情况。通常，通知会及时发出，以让利益相关者及时了解相关信息。

2. 咨询

咨询一般会在一个项目或决定作出之前，通过吸收一些建议或反馈，从而使项目推进更为顺利。这种方式是获取利益相关者想法和建议的常用方式。

3. 参与

当决策者与社区合作开发替代方案并确定首选方案之时，就需要社区的参与。社区参与可以帮助决策者对这个问题进行不同角度的、全方位的思考。

4. 协同

当我们与利益相关者或社区团体进行合作确定需要做什么并制定相关实施方案之时，就需要社区参与协同。在这一过程中，社区行动者的领导力和专业知识将会对问题的解决产生积极影响。

5. 授权

当最终的决策被提交到公众手中准备付诸实践的时候，授权就成为参与必不可少的选项。只有有效的授权才能确保决策得到执行。

总体而言，所有参与过程都需要提供信息，并进行一定程度不同形式的咨询，有些项目的实施还需要社区的参与及合作。从实践情况看，在少数情况下，悉尼市政府会将一个项目的全部或部分决策委托给社区成员，以此调动他们的积极性并更多地依靠他们的专业知识。

三、社区参与的结果运用

反馈是社区参与闭环的一节。通过社区参与收集到的信息和建议将有助于组织者完善方案并作出决定，与此同样重要的是社区公众也可以很容易地获知参与的结果，以此实现对行动的激励。

悉尼的社区参与报告主要包含以下内容。进行的咨询活动，促进参与咨询的行动（例如投寄信件等），参与的人员、机构的数量以及与此相关的人口或机构统计资料，来自本社区的参与反馈（如调查结果或研讨会结果等），提出的关键问题和主要议题的摘要以及决策者打算如何应对这些问题和议题的思路，在线参与活动的相关情况，如访客数量、文档下载、视频观看和评论以及社交媒体统计数据等。

悉尼社区参与的结果作为城市委员会的文件，可以在悉尼市网站的咨询页面上找到。与此同时，当社区参与的结果文件完成的时候，参与活动并提供联系方式的人会收到相关通知。需要指出的是，近年来数字技术的发展也增加了报告社区参与结果的渠道和工具。

四、社区参与的效能评估

通常情况下，悉尼会根据社区参与的指导原则和参与过程的复杂性来评估社区参与，并通过社区参与评估的结果和相关内容来改进参与实践。具体而言，通过使用社区反馈、项目团队建议、网站信息以及在此过程中收集到的人口统计信息来评估参与活动与我们的指导原则相比还有什么不足。社区参与评估主要包括以下内容。

表 11-1　悉尼社区参与评估要素

价值	目　标	措　施
信任	1. 项目的范围和目标都很明确。 2. 项目设计和实施得很好。 3. 社区得到了信息。	1. 通过参与收集上来的信息是相关且有用的。 2. 根据受影响的社区制定参与计划。 3. 项目被公布，资料被查看。
包容性	1. 从不同人那里获得一系列观点。 2. 获得参与经验。	1. 反馈是从参与计划各种各样的人中间获得的。 2. 活动对不同类型的社区都是适合且方便的。

（续表）

价值	目　标	措　施
对话	1. 为人们交换意见创造空间。 2. 倾听人们的声音。	1. 技术促进双向对话，为人们提供相互倾听的机会。 2. 人们反馈自己被倾听了。
影响	人们可以看到并理解他们参与的影响。	发布参与报告，详细介绍社区参与反馈，解释参与如何影响决策。

第三节　社区参与的路径

社区参与内涵丰富，实践形式也较为多样。但以社区治理的功能为导向，尊重公民意见表达与建议采纳，注重参与结果的反馈是较为普遍的做法。从悉尼的实践来看，公民听证会、审议式参与、数字化参与、调查与社会协作是社区参与的主要路径。

一、公民听证会

作为社区战略咨询计划的一部分，悉尼市建立了一个公民听证会。听证会由 43 名随机选择并具有人口代表性的社区成员组成，于 2019 年底召集成立。听证会就 2050 年悉尼实现社区建设目标提出 8 个变革性的概念，其中伙伴式治理涉及社区参与决策。

伙伴式治理的"WWH"框架：What，即我们想要一种全新的治理模式，真正让公民参与各种决策，并提升响应性和适应性。Why，即目前的政府权力结构是集中式的，由代理人为公民做出决定，而不是由公民自己掌握权力；我们想要的是一个接受不同观点、需求和要求影响的城市，以此纠正不平衡和不公平的现象。How，即我们可以通过参与式预算编制、规模庞大的公民代表小组、革新性的更优投票系统、理事会执掌数据并将经济收益回馈社区，以此实现伙伴式治理。

公民听证会的建议已于 2019 年 12 月提交给城市议会，这 8 个方面的变革性建议为可持续悉尼 2030—2050 年项目的理念和原则改善提供信息，延展社区战略计划的愿景和成果。悉尼当局也承认，这些变革概念的目标能够升华并扩大政府与社区在决策方面的合作，从而有助于 2050 年目标的实现。

二、审议式参与

审议是有广度和深度的参与方法。悉尼的许多参与活动尽可能地吸引不同的人群来参与，但在某些情况下，在涉及两极分化非常严重的、复杂的、重大的事件决策时，由一小群社区成员就这个问题进行深入讨论可以有助于决策者作出正确的选择。

审议式参与的方式通常包含三种形式：辩论，通过争论来改变一个人的立场；对话，通过建设性和尊重式的交流寻求相互理解；审议，寻求共同点和共识。具体来说，审议过程的辩论是指专家提出他们的立场并就此进行对话，参与者也可以提出彼此的观点进行谈论，审议的过程旨在达成小组的协商一致；审议过程的对话是鼓励参与者建设性的交流和积极的倾听，通过批判性思维和挑战无意识的偏见，小组成员最终需要作出集体决策；审议的过程要求与会者充分了解这一主题，并考虑不同观点，以便对"我们能做什么"以及哪些行动是可以被接受的作出公开判断。

　　审议参与的过程包括随机选择、时间、资料、职权等要素。（1）随机选择，指选择一组社区成员（人数通常在12—50之间），群体的选择要与社区的人口统计特征相匹配，他们组成一个小的"模拟社区"。有些公共活动的倡议者或专家可能不会被选中，因为这些人可以通过辩论来表明自己的立场，供参与者参考。（2）时间，指小组有充分的时间考虑、研究、学习、交换意见，并就提出的问题达成一致的答复，这与时间有限的参与过程不同。悉尼已经开展的审议性参与过程，有的已经持续几个星期，有的甚至审议了几个月。（3）资料，指被选中的审议组将获得关于这一问题的广泛资料，并鼓励自己寻找与此相关的资料来源。公民审议团允许审议成员找寻专家为自己的主张服务。（4）职权，指审议团小组有明确的职权进行审议，城市理事会也明确表示，将会根据小组的建议采取行动。

　　审议式参与方式需要基础条件的支持。社区成员通常愿意投入时间和精力参与审议过程，是因为他们关心社区发展，且对这个过程比较信任，也能看到他们的努力所产生的结果和影响。像公民听证会一样，审议的过程也需要组织的大量投资，其需要专家的协助和机构工作人员提供专门的信息和知识。此外，决策机构的委员们不仅需要倾听，还需要放弃他们的一些权力，而遵从审议小组的建议。尽管如此复杂，但审议的方法和原则仍然应用广泛，如随机选择，不限时间地进行问题的讨论也可以用于一些简单的项目。

三、数字化参与

　　社区参与也经历了数字化转型，从信件、研讨会、市政厅会议和电子邮件更多地转变为使用数字工具收集大多数反馈的参与模式。为了回应这一变化，悉尼开发了在线研讨会等社区参与的数字工具包。智慧城市战略框架则描述了悉尼如何通过智能、规范且安全的数字技术支持社区建设的路径，具体来说，数字技术的发展被用来增加包容性和强化悉尼的社会包容，为社区提供彼此联系的途径，提供更加个性化的体验，并改进咨询结果的报告。在具体实践中，虽然面对面的活动将继续是参与的关键部分，但数字技术的发展也意味着面对面的方式可以被更有针对性地应用。数字参与也通过共享数据显著提升社区成员之间的"共情"，悉尼也越来越多地使用数据地图和数据故事作为交互式的机制来支持参与。

在实践过程中，数字技术通过两种方式拓展了悉尼的社区参与。一是锁定目标社区，通过特定的网络、论坛和参与活动，以及有针对性的营销数据库，进而了解目标社区。数字营销也可以帮助我们提升对特定受众的接触，例如有针对性的社交媒体营销就被用来增加30岁以下人群对悉尼2050计划的调查。二是收集参与人群的人口统计信息，当我们进行调查的时候，会询问被调查者的人口统计信息，这些信息可以帮助我们分析社区内部不同年龄、性别、居住地等因素对于其观点的影响，并进而优化社区政策。

悉尼通过一系列工具和技术，如快速投票、调查、协商和交互式地图等方式，来进一步发展数字参与体验，加强通过数字渠道听取社区意见的能力，使得社区不同成员之间的交流更加便捷高效。此外，电子签到流程的实施、询问参与人员的一些基本人口统计信息，将帮助了解不同人的不同观点。值得一提的是，数字技术更加个性化的体验使用户还可以通过技术方式看到项目在他们周边的进展情况，并实现及时跟进。

四、调查与社区协作

调查是社区参与的一个基本工具，并且随着数字技术的发展而不断增加，大多数的咨询包含在线调查。此外，悉尼市还定期进行相关的调查，如每四年一次的地区所有居民的福祉调查、每年一次的服务需求调查、每四年一次的社区满意度调查、连续开展的用户服务反馈等。这些调查为了解社区需求，衡量社区战略的进展，评估社区服务水平提供了必要的数据支持。一般情况下，悉尼市使用的调查方法主要包含三种类型。一是在线调查，这种调查任何人都可以做，并为悉尼提供很多参与者的信息。通过大样本的数据收集，悉尼可以了解不同的参与人群。此外，社交媒体营销方式可以解决代表性不足的群体参与的问题。二是随机电话，这些调查通常由社会咨询公司进行，他们与人口统计信息相匹配，可以为悉尼理解人口群体之间的不同观点提供帮助。电话访谈可以克服在线调查的自我选择偏见，在社区面临两极分化的观点时，能够确保得到的信息是完整的。三是随机调查，这种调查通常是为了了解那些在特定地点使用某项服务或参加某项活动的人的观点，这类调查也提供了一个谁重视这个地方、事件或服务的样本群体数据。

社区协作关系提供一种通过参与进行变革的管理方法，主要用于城市重建项目和社区项目。在这些街区，升级当地街道，建设新的社区基础设施，以及规划变更和开发应用等，这些决策会使得社区受到多个项目的影响，而如何降低这种影响或者如何进行改造，这就需要社区协作关系。悉尼通过开发专门的网页和发展地图、定期的通知和沟通，以及涵盖不同行动主体的建设联络小组会议等方式，从而建立起协作的社区关系来支持这些社区。

第四节　国外社区参与对我国的启示

社区参与是提升城市治理效能的主要路径。在全过程人民民主方法的指引下，我国的社区参与具有典型的"顶层设计"特征，且具有更加强烈的民生问题导向特征。而国外的社区参与技术路线对我国的社区参与具有借鉴意义。

一、注重咨询组织的功能

有效的咨询和审议是悉尼城市社区参与的重要特征之一。因为城市和社区治理的复杂性决定了没有任何单一的主体能够解决所有的问题，而通过设立不同类型的咨询小组不仅可以使社区的参与更加多元，也有助于将不同的利益关切纳入政策议程之中。对于我国的城市治理，咨询组织的建立不仅包括传统意义上的专家团队和社区活跃分子，也包括社区普通居民，以及社区周边的商业机构和公共部门，他们在城市社区治理中发挥不同的功能。如专家团队和社区积极分子作为推动社区参与公共行动的发起者和协调人，可以为社区项目的实施提供更多专业的知识和信息，这是确保城市治理社区参与质量的重要保障；社区中的普通居民通常是城市治理中被有意无意忽略掉的群体，他们的沉默经常被认为是"没有意见"或"没有兴趣参与"，而事实上"想不想参与"和"能不能参与"是两码事，我们在城市治理中可以逐步建立起以抽签或报名为主要形式的普通居民参与机制；社区周边的商业和公共部门经常也是社区项目的利益相关者，注重社区周边的商业和公共部门作用的发挥可以为社区的公共项目和参与提供专业的建议以及物质支持。

二、注重不同群体的调和

关注社区中的重要群体并为多样化的群体提供参与渠道是悉尼有效社区参与的重要影响因素。这些群体既包括当地土著居民，还包括儿童和青少年、脆弱人群、工商业代表等，不同群体参与的制度设计是确保悉尼社区和谐的关键要素。对于我国的城市治理而言，至 2022 年底，我国的常住人口城市化率已经达到 65.2%，"十四五"规划提出的"常住人口城镇化率提高到 65%"的目标提前实现，城市化进程已经进入高质量发展的"下半场"。[①] 第一，城市化率的变化意味着我国的城市治理工作的重心是在盘活和优化存量的基础之上创造增量，而在这一过程中，本地的原住居民的参与和意见极为重要。第二，如何给青少年更好的发展环境，建设青年发展型城市，在城市治理中更多地关照青少年的需求，吸引他们参与，让城市成为诸多青年心向往之的理想之地，也是城市治理需要考虑的问题。第三，在经济和社会转型期间，城市作为一个人口集聚之地，不可避免地会产生诸多脆弱人群，他们在经济上处于弱势地位，可能需要我们特殊的关怀和意见表达，这是城市治理也需要关注的问题。第四，工商业者作为城市可持续发展的"增长机器"，他们融入城市发展和社区参与，对于城市长期发展战略意义重大。

[①]《中国常住人口城镇化率突破 65%　城镇化进入"下半场"》,《人民日报》(海外版) 2023 年 3 月 29 日。

三、注重数字方法的应用

注重数字技术的发掘和使用是悉尼城市治理社区参与的亮点之一。我国城市治理参与的数字化转型也需要关注社区这一重点领域。一是推动传统社区参与方式的数字化转型。通过将传统的社区参与方式进行数字化升级，创建在线论坛或社交媒体组织，开发社区网站或应用程序，组织虚拟活动或线上会议等，以此提升社区参与的便捷度和体验感，这是城市治理数字化转型的基础性工作。二是善用数字化人机交互技术推动互动式社区建设。数字化人机交互的互动性和智能化为提升社区参与度带来了新机遇，具体而言，通过数字人机交互，居民可以更加方便地获取社区信息、与社区管理者进行实时互动，并参与社区活动。此外，数字人机交互技术还可以通过提供个性化的服务和内容，向居民推荐适合的社区活动和资源，增加居民的参与度。三是关注不同利益群体的虚拟数字社区建设。数字社区是指主要通过数字渠道和平台相互联系和交往的线上共同体，与传统的以地理位置为限制的物理社区不同，数字社区的存在超越了物理的边界，并以兴趣、文化、共同关切为标准组合在一起，这些社区的存在为个人在偌大的城市里提供了与志趣相投的人联系、寻求建议、寻找资源，以及分享他们的热情或关注点的机会。

第四篇

超大城市治理共同体构建的上海实践

上海是我国城区人口规模最大的超大城市，也承担着代表国家参与全球竞争的重要使命。一直以来，上海都将基层作为城市治理工作的重中之重，并从制度设计、法治保障、政策支持等方面进行有益探索，为满足人民群众对美好生活向往，构建超大城市治理共同体贡献了上海智慧。也可以认为，超大城市治理共同体构建的亮点在基层、活力在基层、成效也在基层，基层的创新实践构成超大城市治理的坚实底座。

第十二章　上海城市基层治理的总体概况

超大城市治理共同体构建的着力点在基层，落脚点也在基层。对于上海这样一个超大城市，城市功能虽然复杂且宏大，但城市为了更好生活的功能底色不变。上海的城市基层治理起步较早，创新实践较多，当下仍不断有新的探索。总体来说，上海的基层治理围绕着"街镇—居村"两个主体展开，区级政府则发挥着增能或增压的作用。聚焦于如何更好服务人民群众、提升管理效率，上海的基层治理在体制、工具、队伍等方面也存在短板，需要在未来的改革中进一步突破。需要强调的是，超大城市基层治理遇到的不少问题，在现实中都能找到相应的制度化或非制度化的解决办法，但受治理创新首发效应的影响，治理创新的扩散一直是基层治理面临的一大障碍，此外，各地区、各领域的差异巨大，很难从整体上对全市的情况做一个客观而又全面的描述。也正因为此，本章的论述仅是作者调查研究中的一些理解，不能代表上海基层治理的全部图景。

第一节　上海基层治理体制改革沿革和现有体制框架

一、上海基层治理体制改革沿革

20世纪90年代，上海在"单位人"向"社会人"转变的社会转型背景下启动社会治理体制改革，上海于 1995 年启动"加强社区管理和基层政权建设"调研，并于 1996 年的上海市城区工作会议提出了"两级政府、三级管理"的体制构想。1996 年，市委、市政府关于加强街道、居委会建设和社区管理的政策意见出台，给街道居委会界定新功能，初步形成社区管理建设新体制。

2014 年，上海启动"创新社会治理、加强基层建设"一号课题调研，并于 2014 年底出台"创新社会治理，加强基层建设"的"1+6"文件（"1"是指市委、市政府《关于进一步创新社会治理加强基层建设的意见》，这是总纲；"6"是指六个配套文件，主要围绕深化街道体制改革、完善居民区治理体系加强基层建设、完善村级治理体系加强基层建设、组织引导社会力量参与社区治理、深化拓展网格化管理提升城市综合管理效能、社区工作者管理办法六个方面）。文件明确提出基层治理"重心下移""权力下沉""权责一致""赋权到位"。经过这次改革，上海确立以街道党工委为领导的一整套区域化党建体制；街道取消招商引资，回归公共服务、公共管理、公共安全的主责主业；理顺条块，明确上下级责权关系；建设以"六中心"为代表的服务平台窗口；加强社区队伍建设，让基层更加有职有权有物有人。

"1+6"政策文件实施后，上海的基层城市治理体制以创新社会治理、加强基层建设、提升城市综合管理效能为目标，以街镇为实施重点，并形成"6+2"的街镇社会治理基本框架。"6+2"模式设置，即统一设置党政办公室、社区党建办公室、社区管理办公室、社区服务办公室、社区平安办公室、社区自治办公室，同时可根据街道实际需要，增设 2 个工作机构。根据《关于进一步创新社会治理加强基层建设的意见》，上海的目标是，经过 3—5 年努力，进一步完善基层社会治理体系，进一步提高基层社会治理能力，使基层社会在深刻变革中既充满活力又和谐有序，为城市治理体系和治理能力现代化奠定坚实基础。总体来看，"1+6"文件从总体布局出发，着力健全上海"四级联动"体系，构建党建引领下多方参与的现代社会治理格局，初步搭建超大城市的整体性治理的框架。但是，纵向治理体系与横向多元治理的有效结合是现代社会治理创新中极为复杂的问题，"1+6"文件政策体系虽从整体上构建这种制度框架，但在运行机制和保障体系等方面还面临许多需深入完善的地方。

2022年9月，上海市深化推进基层治理体系和治理能力现代化建设会议召开，全市各区、街镇、居村共1.3万余人参加。会后，上海推动出台《关于进一步加强党建引领基层治理的若干措施》《关于进一步加强居村干部队伍建设和激励关怀的若干措施》，进一步明确上海以"践行人民城市理念，创造中国式现代化进程中超大城市基层治理新经验"为主攻方向，以网格工程、连心工程、家园工程、强基工程、动员工程、赋能工程等"六大工程"作为党建引领基层治理的重要抓手。其中，"网格工程"旨在织密建强居村一线组织体系，其中一项重要举措就是划小做实管理单元，明确新建居委会管辖范围一般在1500户左右，稳步推进3000户以上的居委会拆分、500户以下的居委会合并，按照300至500户的标准划分微网格，确保管理服务无遗漏、无死角。"连心工程"旨在开展常态化联系服务、及时响应居民诉求、落实重点群体服务管理、完善党群服务阵地体系功能等纳入制度安排，着力提升基层干部面对群众时的"共情能力、引领能力、专业能力、协商能力"。"家园工程"旨在夯实党建引领物业治理基础，健全党建引领协同共治机制，建立区、街镇、居村三级党建引领物业治理联席会议制度，加强房管、城管、绿化市容等部门协调联动。"强基工程"旨在补齐短板弱项，加快实施重点区域治理攻坚。"动员工程"旨在健全党员干部下派、报到机制，完善多方力量参与机制，强化应急快速响应机制，着力提升基层常态治理能力和应急管理能力。"赋能工程"旨在推动更多资源下沉社区，让离市民群众最近、感知最灵敏、反应最迅速、处置最快捷的基层"有人、有权、有物"。

2024 年 12 月，上海市委常委会议审议通过《关于坚持党建引领推进"多格合一"不断探索超大城市基层治理新路的意见》，通过完善网格划分标准，将城运网格、警务网格、综治网格、党建网格等多种网格进行"合一"，全面整合街镇现有管理力量，推进条条协同、条块联动和政社互动，夯实联勤联动力量，形成城市基层治理合力。"多格合一"的要求包括：聚焦多个网格整合，搭建一个多元系统合作治理平台；注重多种功能融合，提升公共管理、公共服务和公共安全等全过程运行效能；动员多元主体参与，形成基层共建共治共享的治理共同体；强化多种机制的综合应用，为基层高效治理提供有力支撑；加强多元手段融合，为优化基层治理绩效提供科学路径。党建引领下的"多格合一"通过基层治理模式创新，对政府各部门、各层级、各领域的主体进行有效整合，强化政府与社会之间的协同，打破各部门、各主体之间碎片化的治理形式，实现治理力量和资源更好地整合和融合，形成基层治理合力，解决不同部门在处置基层事务时，职能交叉或容易留下空白的重点难点问题，对人民群众的诉求进行有效识别和回应，从而实现敏捷型治理的目标。①

---

① 董幼鸿：《推进"多格合一"治理创新》，《解放日报》2025 年 2 月 25 日。

二、上海基层治理体制总体框架

1. 三级政府、四级网络的治理结构

三级政府、四级网络是指在社会治理体系中，构建起"市—区—街（镇）"三级政府管理机构和"市—区—街（镇）—村居"四级执行网络。在具体分工层面，市委、市政府主要负责根据国家的宏观政策，制定符合上海工作实际的社会治理政策，并对全市社会治理工作进行统筹管理，协调各区在社会治理领域之间的关系。区负责根据市委、市政府的决策，对辖区范围内的社会治理工作进行决策管理和统筹协调，尤其是协调区属范围内各条线之间的关系。街镇负责对辖区内社会治理工作的全面领导，行使强化综合管理、监督专业管理、指导基层群众自治职能。村居主要负责开展村民、居民自治活动，协助政府开展相关工作。

在这一分工体系中，街镇是核心，将街镇作为基层治理的末端，而不是将所有的公共事务都压到居委会身上，可以使居委会回归基层群众性自治组织的根本属性。目前，上海在街镇层面普遍建立了社会治理工作平台。具体包括街镇社会治安综合治理工作中心、社区党群服务中心、社区事务受理服务中心等，部分区还在街镇层面建立了城市综合管理与应急处置联动分中心等。

2. 多格合一、多方共治的治理模式

党建引领下的"多格合一"。通过建立综合网格和合作机制，将原来公安、城管、市场监管、党建、房管、民政等各个网格系统力量进行系统整合，搭建多格系统集成平台。"多格合一"后的新网格不是一个行政层级或领导层次，而是落实以网格党群服务中心为基本阵地的城乡综合服务设施的平台，平台除了党建、管理，还有服务、安全治理等综合功能。

它整合各职能部门资源，统筹推进社区嵌入式服务、社区基本公共服务、"15 分钟社区生活圈"等综合设施，最终形成党建引领下多元系统协同治理和共同服务的综合网格治理平台。

人人参与的城市治理共同体。在全市层面，建成 5700 多个"家站点"和 36 个基层立法联系点，覆盖市、区、镇三级。例如，黄浦区"万有引力"联络站聚焦新就业群体权益保障，推动"数字社区"建设；静安区恒隆广场联络站通过立法意见征询优化营商环境，部分建议被市人大采纳。在片区层面，区域化党建推动街道社区党建、驻区单位党建、非公有制经济组织和社会组织党建不断融合，不仅扩大党在城市的组织覆盖和工作覆盖，增强基层党组织的政治功能和服务功能，也在提升党领导城市工作水平等方面，发挥了重要作用。在街镇层面，发端于黄浦区五里桥街道的以"听证会、协调会、评议会"为核心内容的"三会"制度，是居民区党组织领导下，居委会召集并组织居民群众开展民主协商、解决身边难题的会议形式。经过不断地深化拓展，形成事前"议题征询—听证—公示结果"、事中"民主恳谈—协调—落实责任"、事后"监督合议—评议—作出承诺"的 4.0 版本。

3. 力量下沉、数字赋能的治理机制

围绕提升基层治理能力，推动管理和服务力量下沉，基层逐步形成以有效实施公共服务为着力点的"条块"协同新格局，城管中队、市容所、房办已经下沉到街镇，这些改革举措在实质上突破了以往基层条块协同的约束条件，有效提升了基层治理水平。坚持减负与赋能相结合，依法全面实施下沉街镇、居村事务准入机制，制定和落实区级职能部门、乡镇政府（街道办事处）在社区治理方面的权责清单，规范基层治理事务。

"两张网"数字赋能城市治理。抓住牵引治理体系和治理能力现代化的"牛鼻子"，上海在全国首创推出"两张网"——政务服务"一网通办"和城市运行"一网统管"。截至 2024 年 7 月，"一网统管"已打造 28 个"高效处置一件事"标杆场景，包含应急、消防、交通等诸多方面的城市安全保障工作，基本实现城市各类风险和突发事件的"四早五最"，即早发现、早预警、早研判、早处置，并在最低层级、用最短时间、花相对最小的成本、解决最大的关键问题、争取综合效益最佳。"一网通办"已接入事项 3668 项，累计办件超 4 亿件，打造出 41 个"高效办成一件事"标杆场景。①

4. 专职为主、专群结合的工作队伍

2014 年，为适应新时期基层社会治理需要，上海制定和实施《上海市社区工作者管理办法（试行）》，致力于建设一支结构合理、素质优良、能力突出、群众满意的职业化、专业化、规范化社区工作者队伍。从 2015 年起，上海推行社区工作者岗位"三岗十八级"的制度建设，各个岗位按照社区工作者的工作年限、受教育程度设置 1 级至 18 级的相应等级，有正职副职。2022 年，上海印发《关于进一步加强党建引领基层治理的若干措施》，要求进一步壮大基层治理骨干力量，各基层充实居民区"两委"班子成员中的专职人员和在居民区从事党建、治理服务工作的全日制专职工作人员，配置标准为每万城镇常住人口不少于 18 人；管辖户数在 500 户至 2000 户的居委会，原则上安排 4 名至 11 名社区工作者；因特殊原因无法拆分的居委会，管辖户数每增加 200 户应增配 1 名社区工作者；辖区内工作任务较重的居委会，可结合实际设置附加额度。

---

① 《追求善治　彰显城市的人民属性　上海基层工作重心转向公共服务和社会治理　现代化治理案例不断涌现》，《解放日报》2024 年 7 月 18 日。

上海参与社会治理的工作队伍主要有党政部门及其所属事业单位的专职人员队伍、居委会和村委会工作人员队伍、社区工作队伍、社会治理协管队伍、志愿者队伍等五大类队伍，形成以党政专职力量为主、社会专业化力量支持、社会志愿者协助参与的社会治理工作队伍体系。全市大部分街镇实现了村居干部由社会工作人员专职化承担，街镇自主招录社会工作人员和城市管理辅助人员。此外，各区还深入实施"班长工程"，相关激励措施也相继出台。浦东新区推出优秀居村党组织书记享受五六级待遇、破格晋升进编、打通交流通道等 15 条突破性措施，对 14 名居民区党组织书记破格晋升、41 名居民区党组织书记择优进编。

三、上海基层治理的关键议程

作为人民城市理念的首提地，上海通过"管理"与"服务"的并重，将基层治理落到实处，不仅凸显上海城市精细化治理的特色，也在不断探索人民城市建设的上海样本，更在探索超大城市治理共同体构建的上海方案。

1. 精细管理让城市更显整洁秩序

经济和科技发展的新趋势使得大城市尤其是超大城市在经济社会发展中的地位更加重要。要素集聚、规模巨大、结构错综、系统联动，这些超大城市的独有特征决定超大城市治理必须聚焦于基层人民对美好生活的向往，探索新路径，在超大规模中锤炼绣花功夫。

在推进宜居安居工程方面，上海全力推进"两旧一村"改造，升级美丽家园建设，推动居民住宅二次加压调蓄供水设施移交接管，并强化物业服务行业监管，实现物业投诉治理"削峰斩尾强基"。同时，上海不断提升公共空间和交通服务品质，加快乡村品质升级，开展"马路拉链"和道路修复整治，推进无障碍环境建设，努力打造城市管理精细化优秀实践区。

在推进绿色低碳发展方面，上海加快生态城市建设，强化建筑垃圾治理，完善全过程闭环管理体系，提升垃圾消纳和处置能力，并通过数据赋能强化全链条监管。上海规模化推行新建公共建筑执行超低能耗标准，完成既有建筑节能改造，提升河湖品质，实施河道整治，促进水系、湿地与林地融合发展。同时，上海加快公园城市建设，深入实施"千座公园"计划，深化海绵城市建设，提升城市适应环境变化的能力。

在开展重点隐患整治方面，上海集中力量对城乡接合区域、"九小场所"等安全隐患突出区域进行综合整治，推进燃气安全专项整治，改造地下老旧市政燃气管道，更新老旧居民住宅燃气立管，完成瓶装液化石油气替代改造。上海持续开展房屋安全隐患排查整治，加快城市基础设施生命线工程建设，加强对供排水、供气、供电等城市基础设施的风险评估和实时监测，优化交通安全管理，强化施工工地安全管理与地下空间安全使用管理，深化电动自行车全链条安全监管。

在完善应急管理处置方面，上海强化综合监测预警，完善分类监测、分级预警、信息报送等机制，加强灾害监测预警信息互联互通。上海优化应急预案体系，提高应急预案的实用性和响应流程的效率，加强应急保障体系的建设，强化防汛抢险、能源保障等领域的专业救援队伍能力，升级防灾减灾救灾装备。

在夯实数字治理基础方面，上海深入推进"一网统管"平台建设，建立健全覆盖全市的管理网络，加强应用场景建设，围绕城市运行中企业和市民面临的高频急难问题，开发智能化应用场景。上海建设完善城市感知设施，推动智慧杆塔发展，建设综合杆和智能快件箱，增加物联网数据卡用户数，实现城市设施泛在智能化。

2. 精细服务让城市更有精度温度

城市的魅力源自伴随多样性而来的无限可能，但多样性同样又给治理带来新挑战。不同文化背景、不同理想需求、不同行为习惯、不同禀赋特长的人为了美好生活，从全国、全球各地集聚上海，他们是城市建设发展的奉献者，也是城市公共服务的需求者。要组织如此多样化要素实现供需匹配、功能平衡，不断提高公共服务质量，更好匹配群众需要，精细化的服务必不可少。

在制度建设方面，上海充分发挥党的组织领导优势，通过强化党建引领整合服务资源的制度优势，积极探索超大城市基层党建新路。在这一过程中，上海推进区域化党建高质量发展，逐步形成"区—街镇—居村"三级联动，"专委会、街镇分会"纵横结合的区域化党建组织架构，实现党建引领的纵向全链条，横向全领域覆盖，搭建城市治理现代化的制度框架。

在为民服务方面，上海抓住"15分钟社区生活圈"建设，着力推动公共服务的精细、适配、可达，让市民在步行可达的范围内享受到便捷优质的公共服务。上海已建成1600个"15分钟社区生活圈"基本单元，不仅涵盖社区食堂、社区卫生中心、文体活动室、托老托幼等基本服务，还通过划分行政服务、体育设施、文化设施、医疗看护、教育基地、商业设施等不同功能，将社区打造成一个广场、一个客厅、一个花园，全面提升居民的生活质量和城市的魅力。

在街区治理方面，上海着力夯实街区网格治理格局，深化街区微网格党小组建设，持续织密党的基层组织体系，全面推动基层党建全覆盖与网格治理更好结合，推进"多格合一"，做好综合网格，通过细化网格巡查事项清单，明确工作标准，形成街区治理事项横向到边全覆盖。此外，上海还鼓励街区做实结对共建，拓宽智慧街区"朋友圈"，推动各类志愿力量、社会群团组织、服务资源汇聚下沉，有效提升街区治理水平。

在美丽家园建设方面，上海坚持党建引领住宅小区综合治理，重点聚焦与居民利益密切相关的领域，以精细化的理念、手段，持续补齐民生短板，努力破解小区治理难题。小区微更新、加装电梯、楼道雪亮等民生小事的解决，持续推动各住宅小区运行更加安全、环境更加宜居、服务更加便捷、治理更加高效。住宅小区综合治理社会化、法治化、智能化、专业化水平显著提升，新时代宜居安居的"美丽家园"建设登上新的台阶。

在市民群众参与方面，上海积极推动全过程人民民主融入人民城市建设，通过搭建人民建议征集平台、12345市民服务热线、基层立法联系点、人大代表之家、人大代表联络站、政协委员联络组（站）等方式，将"触角"延伸到离人民群众最近的地方，人民的声音被及时听到和反馈。上海通过主动扩宽市民热线与市民建议征集平台等群众参与路径，强化市民服务热线功能，打造"12345"市民服务热线总客服，推动"有诉必应、接诉即办"，人民群众在城市治理中的获得感和满意度不断提升。

3. 精细化治理探索人民城市建设新路

人民城市重要理念深刻阐明中国特色社会主义城市治理的价值取向、治理主体、目标导向、战略格局和方法路径，是加快推进城市治理现代化的最高行为准则。落实市委全会"更大力度推进人民城市建设，深化全过程人民民主，增强文化软实力，努力构建人人参与、人人负责、人人奉献、人人共享的城市治理共同体"的新任务，需要强化"管理"和"服务"两手抓，探索以精细化治理为特色的人民城市新路，将"以人民为中心"发展理念放在心上、落到实处、暖在民心。

聚焦城市精细化管理，一方面要强化自上而下的政策安排，围绕超大城市高水平安全体系建设和总体形象提升，进一步不断完善"市—区—街镇"三级精细化管理标准，不断开发智能化工具和应用场景，不断创新城市综合执法管理模式，让城市管理成为保障上海高质量发展的最坚实底数。另一方面也要强化自下而上的实践探索，鼓励区、街镇、社区、居村、小区不同层面的管理单元，针对自身特色情况探索差异化的管理方法，在和谐有序的差异中彰显城市整体秩序，让人民群众更多地感受到城市的安全。

聚焦城市精细化服务，要围绕"增进民生福祉"这一城市工作的出发点和落脚点，在城市公共服务供给中一方面积极回应人民群众对于美好生活的向往需求，持续扩大优质基本公共服务的均衡化供给；另一方面通过智能化技术方法支撑、协商式的制度机制建设，精准识别人民群众的差异化公共服务诉求。更重要的是，要深化全过程人民民主在基层治理创新中的应用，通过完善人人参与机制唤醒群众人人负责的使命感，通过人人负责的主动性发挥构建人人共享的城市治理新格局。

第二节　近年来上海基层治理的短板

一、基层街镇应急管理制度体系尚有不足

应急管理能力是基层治理体系和治理能力现代化的重要方面，但从近年来上海的实践以及新冠肺炎疫情防控情况来看，上海一些街镇的应急管理在制度体系上还存在一些短板和不足等问题。一是基层街镇应急管理主

体缺位。上海的应急管理制度设计主要是"市—区—街镇"三级，但在实践中，应急管理在街镇层面缺少行动抓手。而街镇恰恰是应急管理的最前线，临时组建的应急管理领导小组表现出缺少组织依托的困难。二是街镇应急管理机构职能发挥受限。部分设立了应急办的街镇，职能主要由城运中心代为行使，或与平安办合署办公。城运中心作为事业单位，在应急管理中面临着部门协调难度大、社会动员能力弱、可支配资源有限等现实困境；平安办的主要职能是管治安、搞联防，与应急管理的快速反应处置和全面统筹协调存在运作逻辑的差异，也很难协调医疗、救灾等专业机构。三是村居应急管理协同闭环不严。物业公司作为基层应急管理的重要主体，疫情防控、火灾预防、台风预防等都需要物业的配合。但现实中，各区物业存在较大差异，"没有物业、物业能力弱、物业配合不好"等直接制约了基层应急管理政策的最终有效落地。

二、村居重管理而轻自治，群众参与不充分

受到社会管理观念的影响，上海当下的基层治理总体表现出管理有余而自治不足的困难，村居治理的主要工作是完成上级布置的任务，规定工作多，自选动作少。一是在基层实践中，资源配置体系与基层治理要求不匹配。上海绝大多数村居社区不具备公共财政的能力，整个社区运行所需的经费、人员薪资等各种资金都严重依赖政府公共财政投入，这就导致村居更加注重完成上级任务而不是自主创新。二是群众参与社会治理的过程尚缺乏制度规范、参与机制不健全。群众对社会治理的权利和义务还缺乏了解，参与社会治理的程度有限，导致群众参与社区事务的积极性不够高。虽然虹口、长宁等区部分街镇开展了全过程人民民主的实践，但还没

有形成一套可以全面复制推广的成熟模式。三是基层自治章程、村规民约（居民公约）缺乏足够的约束。不少居民公约文本的形成缺少广泛的认同基础，导致部分村民（居民）对于自治章程、村规民约（居民公约）不够了解，没有形成心理认同；同时，自治章程、村规民约（居民公约）软性约束多、硬性约束少。疫情防控过程中也发现，现有的村居公约缺乏约束力和认同感的问题较为突出。

三、村居一线干部队伍建设有待继续提升

村居干部是离人民群众最近的"政府代表"，抓基层建设关键是抓基层支部和干部队伍。上海的基层治理改革还存在以下短板。一是干部来源不足，青黄不接。老书记退休后没有合适接班人。2015年上海基层社会治理体制改革对居民区干部退休返聘进行了限制，但居民区党组织书记既要是党员，又要各种素质过硬，还要有居民区工作能力，高要求导致不少街镇一时难以找到合适人选。二是后备接班人工作能力还待历练。一些居民区两委干部缺乏居民区工作经验，年轻书记在带领队伍方面面临较大压力。特别是在面临突发情况、疑难杂症时，缺乏独立思考、分析和解决难题的能力，开展群众工作能力亟待提升。三是条线部门考核过多居民区难以应付。伴随着职能部门的业务下沉，各职能部门把本来属于自身职责的工作下放到街镇，并由执法和管理部门变成了考核部门，面对考核排名压力，街镇只能将担子压给村居，一层一层考核导致村居工作压力巨大。四是干部发展有限，激励不够。按照现有规定，目前享受事业编制的社工书记要做满两届即十年后才能成为事业编制干部。疫情防控中也发现，不少村居干部压力大，能力不足的问题极大地影响了基层治理体系在群众心中

的形象。

四、基层社区物业管理服务矛盾依然突出

由居民区党支部牵头，协同村（居）委员会、业主委员会和物业公司以及辖区内其他主体，实施多元参与的"共建共治共享"是上海已有城市基层治理的制度设计。但在具体的制度执行中，多元共治的物业管理短板依然突出。一是居委会时常越位充当"运动员"和"大总管"，甚至有时将超过三分之二的精力用在物业服务矛盾的协调和解决上，可以说是忙不到头、忙不到位，这与居委会的职责定位背道而驰。二是业委会作为一个纯民间且相对松散的居民自治组织，其规范化和专业化水平不足，对自身定位及与物业公司的关系认识不够，彼此间容易产生不一致、不协调等矛盾乃至冲突。三是物业公司作为提供物业服务的企业组织，较多关注经济利益，对其社会性和公益性的认识不足。四是社区居民遇到具体的物业服务问题时，对到底找物业公司、业委会还是居委会总是有点迷茫，对物业服务质量不理想、办事拖拉、推诿扯皮等问题反映强烈。此外，作为物业服务专业指导部门的房管办（物管中心）、作为自治组织的物业服务联盟以及作为指导业委会规范建设的第三方"新家园"事务所在整体协同性方面还略显不足。

第三节　党建引领基层治理短板的制度分析

党建引领基层治理事关党的执政基础，在国际局势不稳、全球经济发

展放缓的背景下尤为重要。近年来，全国各地都投入了大量的人力物力财力智力进行探索，有用管用好用的模式仍需不断创新。实践中我们应该正视党建引领基层治理制度设计的三个脱节，并在此基础之上探寻解决方法。

一、条线要求与实际情况脱节，基层治理功能不清

居村三个条线及对应工作机制少有整合，基层治理效果欠佳。上海居村至少存在三个条线及对应工作机制。一是组织部门的党建引领机制，要求居村党组织发挥引领作用，党员发挥模范带头作用，以此夯实党的工作基础，基本方法是居（村）委会党员要占到一定比例，辖区内党员要实现双报到，但具体的党组织和党员如何联系群众却没有说明。二是政法部门的维稳网格，要求将基层居村划分成不同的网格，通过设置网格长的形式实现对网格内群众的信息报送和服务，目前多数地方都在居村之下设置了至少两级网格，但在实际的工作中，网格更多的是一个管理单元，理想中的服务功能难以实现。三是民政部门的楼组长，要求将居村划分成不同的楼组／小组，由组长联系群众，发挥自治功能，但目前这一组织形态事实上没有完全发挥作用。综合来看，基层组织虽然复杂，但却没有一个能够发挥全面的功能。

二、空间幅度与实际操作脱节，基层治理单元不清

基层居村治理存在四套基本逻辑，且相互之间仅有少量交集，无法实现协同整合，这也导致基层治理的空间结构异常复杂。一是物权的逻辑，主要对象是居村下面小区里的业主，他们有房屋的所有权，但并不见得会

住在这个小区，且越大的城市这个问题越严重，这也导致小区业委会要么是经常无法获得足够业主的支持开展工作，要么会出于维护财产权的角度与物业公司、居委会产生矛盾。二是居住权的逻辑，主要对象是在这个小区里实际居住的居民，他们有公共服务的诉求，但哪些能被就地满足、哪些要去户籍地满足、到底要在多大程度上满足在地居民的服务诉求，这些都是实际工作中面临的问题。三是财权的逻辑，主要集中在发达地区或城郊的"村改居"社区，由于存在大量的集体资产，需要后续处理或者持续分配，因此"村"仍然是一个治理单元，东部地区或大城市周边甚至出现诸多只有村委会的村子（农民都已经上楼并归新的居委会管理），为的就是管理集体资产。四是户籍的逻辑，其主要对象是户籍在这个村居里的人，随着近年来旧区改造的推进，人户分离的问题越发严重，但作为基本的制度设计又在一定程度上与公共服务供给挂钩，户籍地地位虽然日趋弱化却仍要继续保留。综合来说，村居治理四套基本逻辑延伸出的复杂治理空间，导致基层治理难以实现"一招鲜"。

三、服务供给与居民需求脱节，基层治理抓手欠缺

不少基层居村的服务供给与居民的需求脱节。一方面，政府对于基层治理政策和资源的投入不足，使得居村难以作为或解决问题。另一方面，困扰居村的问题多集中在物业管理混乱、停车位不足、居民养宠不文明、飞线充电等有害行为，而这些问题往往超出居（村）委会作为自治组织的解决能力，基层治理的制度设计和服务供给无法精准满足居民服务诉求，这是基层治理抓手欠缺的主要因素。

第十三章　上海基层治理的典型经验与启示

作为社会公众与政府接触最多的"政策界面",基层治理是超大城市治理的重要领域,也是衡量超大城市治理水平的重要尺度。上海的基层治理一直走在全国前列,并且形成党建引领、各方协同,力量下沉、重心下移,分类施策、因地制宜,法治保障、机制先行,科技赋能、精准精细等经验,并在物业管理、群众自治、队伍建设、数字化转型方面形成典型做法,在一定程度上代表上海超大城市治理的基层探索。

第一节　上海基层治理的总体成效

一、党建引领、各方协同

城市基层党组织是当下城市全部工作和战斗力的基础,是领导城市基层治理创新的核心力量。通过党的领导把握正确方向,调节机制,可以形成基层治理的最大合力。

一是在制度设计上,通过强化党的领导,加强党的组织建设,提升党组织的政治号召力、思想引领力、群众组织力和社会号召力,从而进一步提升党领导人民城市建设和基层治理创新的整合能力。在横向维度,党领导的基层治理现代化总体方略的确定,通过对各部门、各条线的政治注意力进行有效整合，形成城市工作的共识与合力，确保"目标、政策、资源"的协同配套；在纵向维度，党的领导将基层治理现代化与"市、区、街镇、居村"串联起来，形成上下贯通的高效联动机制，确保"战略—政策—实施"的始终如一，并在此基础上至上而下地形成上下左右贯通的基层治理现代化政策网络。

二是在运作机制上，坚持从基层治理的难点和痛点入手，自觉从"国之大者"的高度认识和定位民生小事，以绣花功夫"为民办好小事"。通过突出城市基层党组织的主体责任功能和战斗堡垒作用，充分发挥楼宇党建、区域党建、社区党建的制度优势，聚焦于解决"一件件小事"，打造开放式治理平台，将基层党组织、党员、企业、社会组织、志愿者、群众等集聚起来，促进区域内资源的充分整合、有效利用，共同构建治理体系、共同实施治理活动、共同分享治理成果，在服务群众中凝聚治理共识，夯实治理根基，打造治理共同体。

二、力量下沉、重心下移

推动管理和服务力量向一线下沉是上海基层治理创新的重要举措。一是完善力量下沉的制度框架。在区级层面强化制度机制保障，发挥考核的指挥棒作用，督促各职能部门把资金配套投放基层、权责对称下沉基层、政策项目倾斜基层，建立区域化党建工作格局，在更大范围、更宽领域促进区域化单位和社区之间的资源、阵地、服务和信息共享，为基层治理注入宝贵的社会资源。二是推动执法管理力量下沉。围绕"职能整合—重心下沉—监管创新"的主线，推动城管、房管、水务、规土、安监执法管理权向街镇下沉，在街镇层面组建综合行政执法队，实现监管重心向街镇集中，向重点区域集中，向薄弱环节集中，解决"看得见的管不着，管得着的看不见"的城市治理难题，为配合数字化系统的快速反应处置奠定基础。三是推动综合执法向综合治理转变。在综合执法力量下沉的基础之上，推动市场监管、城市管理和治安管理三支队伍下沉到城运工作站，将原来的"七站八所"职能集中到一个平台上，形成"一网统管"的综合治理合力，由街道统一指挥、统一协调，推进基层综合执法向综合治理转变，将区级部门的行政处罚事项赋予街道乡镇直接行使，为基层治理能力提升提供有力武器。

三、分类施策、因地制宜

超大城市的复杂性和多元性决定了基层治理要根据不同类型，实现重难点突破，循类治理。在实践中，上海坚持聚焦重点难点，集中力量攻坚克难，根据不同类型居民区类别特征，结合实际，梳理出不同类型居民区的个性做法和工作侧重，努力拓宽居民参与社区治理的渠道，推动形成政府管理好、市场运作良、社会功能活的协同治理局面。一是售后公房类从困难、特殊、老年等群体的社区服务以及老旧设施的改善入手，以"将心比心"的真情，将改革发展的成果与更多群众共享，打造城市治理共同体。二是老洋房类从挖掘老洋房文化底蕴、化解公共空间矛盾入手，培育老洋房特色自治方法，让老洋房焕发新气象，让老上海充满现代气和烟火气。三是普通商品房类从深化居民区物业共建联建、吸引居民融入社区入手，探索现代居民区管理新模式，更加注重精细化服务，因地制宜，精准施策，努力形成可参考、可复制、可推广的治理模式，形成多元共治、协同参与的城市基层治理新格局。四是动迁安置房类从增强乡规民约作用、治理小区顽症入手，推进居民亲缘纽带式自治建设，重点抓住村规民约建设，形成城市基层治理的软约束。五是涉外商品房类通过引领中外居民共建共赢，形成"以融合为目标、以管理为基础、以服务为提升"的工作新模式，将上海打造成"近悦远来"的现代化国际大都市治理高地。

四、法治保障、机制先行

以深入实施中共上海市委《关于进一步创新社会治理 加强基层建设的意见》为抓手，将法治作为基层社会治理的基本方式，将基层治理的各个环节纳入法治的统一体中。一是在党和政府的领导下，以党建引领基层治理为抓手，明确将全方位加强基层法治化建设作为当前基层治理的工作重点。以街道社区党组织为核心，以党建引领基层治理为抓手，通过理顺区级职能部门与街道内设机构之间的权力关系，在法治化的基础上对街道的工作职责进行流程设计和功能再造，初步建构职能边界清晰、权限分工合理、责任落实到位、条块管控联动有效的综合性基层执法体系，努力强化党建引领下的法治、德治、自治、共治一体化的基层治理新格局，全面提升基层社会治理的法治化水平。二是持续推进"四张清单""三重一大"等制度从文本化到实体化的运作，提升基层政府依法行政的能力和水平。上海建立了以权力清单、责任清单、服务清单和效能清单等为内容的"四张清单"制度，重新修订了以重大行政决策、重要干部任免、重要项目安排、大额资金使用为内容的"三重一大"集体议事决策制度，在主题、内容、对象、程序和方式上实行全面的制度化和规范化。三是持续推进法律服务进社区等行动，探索基层治理法治化新路径。在区、街道和居民区建立公共法律服务的三层支撑体系，特别是在推进律师进社区、和居民区合作并参与社区治理方面，通过街道层面，组织部分律师事务所和律师与街道、居委会结对的形式，为社区单位和居民提供公益法律服务、打造基层公共法律服务体系，努力满足不断增长的社区依法治理和居民法律服务需求。

五、科技赋能、精准精细

以"两张网"建设为突破口，着力推动基层治理精细化、智能化、标准化。一是制度机制奠定基层治理数字化转型框架。专门成立直属于市委办公厅的大数据中心和城市运行管理中心，从自上而下的制度设计角度推动数据共享和部门联动，提升两张网的"整合力"，为基层治理数字化转型搭建制度框架。二是预防为先的理念变革。在"两张网"建设的基础上，充分利用大数据和智能技术，结合人的智慧和经验，不断探索、强化"观管防"中的"预防"能力，治城市于"未病"，在少折腾群众、不运动群众的前提下实现城市工作的预先防范和处理，做精彩纷呈城市生活的"幕后英雄"，通过技术赋能基础治理效能提升。三是推动以应用场景为中心的流程整合。将城市管理和服务的问题与需求转化为应用场景，推动治理前台与后台两个界面的整合，打造整体性的城市治理新模式。在前台基于"以用户为中心"的理念，将人民群众的公共服务诉求和城市管理中的难点堵点进行辨别处理，借助于数字化技术形成一个个服务和管理应用场景，并将场景进行整合形成城市管理和服务的界面，为基层城市管理和服务提供"一窗界面"，方便用户使用；在后台以问题的解决为线索，将数字技术赋能与体制机制变革结合起来，推动以场景为中心的治理数据整合、治理资源整合、治理流程整合，形成可复制可推广的基层治理问题解决方案和应用程序。

第二节 上海基层治理创新的典型做法

一、老旧小区物业不作为如何解决？

杨浦区延吉新村街道以 20 世纪 80 年代建成的售后公房为主，由于设施老化和制度没跟上等原因，居委会、业委会、物业公司职责错位、落实缺位等问题突出。街道 2019 年起探索建立"社区大管家"制度，以有效解决物业纠纷问题。

第一，成立社区大管家事务所（民非）。由事务所遴选有物业治理经验的"老法师"担任大管家，每名大管家负责 3—4 个居民区的小区物业事务；由事务所对大管家进行专业培训、法律法规咨询、操作规范指导，并配发工作手册。

第二，设立联合接待制度。每周固定时间，由大管家召集居委会、业委会、物业公司以及城管中队、法治专员等多方力量，在居民区专设的联合接待区共同接受群众业主诉求。

第三，实施"一门受理"。对于住宅小区物业管理问题，由大管家负责"一门受理"，然后再按照"谁家孩子谁家抱"的原则明确责任主体；对涉及多个主体的，由大管家上报居民区治理联席会议和片区协同机制进行协调处理，实现问题收集处置小区内部循环、闭环管理。

第四，实行专项咨询。利用大管家的专业化优势，梳理总结"多层加装电梯、垃圾分类"等方面的操作流程，为"三驾马车"和居民提供专项咨询服务，以简单易懂的方式，让居民区各主体快速、便捷、详细地了解有关操作流程。

第五，"一网统管"提质。将"社区大管家"纳入"一网统管"体系，在四个网格片区配备四个大管家，并赋予大管家"民意征询权、问题上报权、矛盾调处权、部门约请权、效能评价权"等"五权"，将大管家打造成为业委会的"执行秘书"，形成物业管理合力。

至 2023 年 4 月，大管家共收到居民反映的物业治理问题 2783 个，已解决 2558 个，问题解决率达到 91.9%。

二、城中村缺少物业管理如何破题？

浦东新区高桥镇陆凌村位于"城区"与中石化上海高桥公司之间，是典型的城中村、厂边村，由于没有物业管理，经过多年演变，形成"环境差—房租低—居住乱—环境更差"的恶性循环，2020 年，疫情防控需要使得陆凌村的物业管理改革计划提速。

第一，党组织发力。由党总支牵头，成立功能型党组织，发动党员，在 6 个队组、124 名在册党员、35 名双报到党员中形成解决村庄管理问题的共识，再由党员分头开展入户宣传，说服和发动更多的热心村民，并向他们讲明"即便是出租房屋出了问题房东也有可能承担责任"的道理。

第二，凝聚行动共识。依托"三会"机制，由党员带头引导大家思考"在拆迁不可能的情况下，我们的村子就一直这么脏乱差下去吗？""难道我们就不能让自己的村子好起来吗？""现在乱糟糟的情况美丽家园建设的硬件设施配套红利我们享受不了怎么办？"这些问题唤起大家的共同行动意识，并引导大家说出想法和顾虑。

第三，政策加持助力。为了让大家放心，镇里组织村民自己推选的代表到已经完成物业改造的城中村进行参观和交流，通过实地走访，进一步打消他们的顾虑；同时，镇里出台政策，对于一年内完成物业改造的村庄，硬件投入政府补贴 70%，每拖后一年减少 10%，倒逼政策落地；此外，对于每年通过镇级物业考核的村，可以得到合同价 25% 的物业费补贴（最高 50 万元）。

第四，疑虑全面回应。针对村民关心的"村集体资金会被乱用，之前打扫卫生的老人无法安置，害怕改造一阵风之后没人管"的问题，镇村两级联手，采用物业酬金制让村民看到效果再付费；邀请之前扫地的老人加入物业公司，只要能达到工作标准就继续聘用；镇里出台《物业运转模式指导意见》《农村房屋租赁指导意见》等文件，确保物业管理长效运作。最终，陆凌村的物业管理顺利入场。

在有了物业管理这个基础条件之后，镇里开始有计划地配套硬件设施，将之前自由进出的 17 个门改为有管理的 3 个，并增设各类公共设施。2020 年物业进驻当年度警情同比下降 86%，陆凌村的案例也获评 2022 年度平安浦东建设品牌项目。

三、商品房小区业委如何有效运作？

徐汇区斜土街道是中心城区典型的居住型社区，77 个自然小区有 67 个业委会，业委会小而无力是"三驾马车"中的突出短板。街道通过建立彤心业委会联合会，使得街道指导业委会的运转有了抓手。

第一，建立联合组织架构。根据街道物业管理不同特点划分 5 个片区，形成"1+5+67"的"社区—片区—小区"的彤心业委会联合会平台体系，组建由街道职能部门、专家学者组成的联合会服务工作组，挑选10名骨干业委会主任担任联合会理事，选举产生1名会长和秘书长；这样的架构使得任何一个业委会遇到问题，在联合会平台都能得到回应和解决，实现"振臂一呼、应者云集"。

第二，完善党的组织体系。实施"支部建在业委会上"，成立联合会临时党支部，5个片区配有党建工作指导员，通过党员"先想先议先行"，鼓励居民区"两委"班子成员与业委会"双向进入、交叉任职"，同时给居委书记赋予"结构建议权、资格审查权、一票否决权"，严把业委会人选关。

第三，健全制度保障体系。通过政府购买服务形式，探索专业"记账服务、法律服务、社会服务"进小区，以此挤压业委会谋私空间，推动矛盾纠纷化解在基层，指导业委会规范化运作；居民区党组织会同业委会联合会，督促业委会及时通报物业公司选聘、物业费调整、维修基金续筹、大额工程维修等重大事项，切实保障业主知情权、参与权。

第四，完善创建测评规范。健全"一册二簿三表"业委会规范化检查反馈制度，每年开展全覆盖测评，推进"星级业委会创建"创新项目；同时，向获得星级的业委会发放奖励金，用"小资金"这一杠杆来撬动社区的"大治理"。

第五，建立主任培养体系。通过思想聚人、感情留人、能力塑人，在思想上提升他们的认同度，在感性上为他们疏解压力、提供关爱，在能力上为他们开发"一课（课程体系）一册（工作手册）一单（问题清单）一集（案例集）一法（彤心业委会工作法）一包（工具包）"，打造有温度的"彤心业委会"。

斜土街道彤心业委会联合会不仅多次被评为市级优秀案例、获得央媒的关注和报道，同时也培养了韩东萌、吴志荣等一大批明星业委会主任。

四、基层社区群众性自治如何落地？

黄浦区打浦桥街道蒙西居民区是 20 世纪 80 年代建设的老公房，小区居住品质较差，居民主动参与小区治理的积极性低。2022 年，蒙西居委以疫情期间建立起来的 59 个微信群为突破口，将美丽家园建设与群众参与结合起来，凝聚群众性自治合力。

第一，商居相识与共识凝聚。通过编制蒙西社区生活手册，将周边商户信息及联系方式，以及商户优惠券印成手册发给居民，变简单的买卖关系为朋友关系，增加相互认同感。由商铺联盟推选代表担任"路长"，由"路长"积极挖掘动员小区周边商户、志愿者等参与社区活动，初步实现共建共享。

第二，策划活动与营造氛围。激活疫情期间建立的 59 个微信群，由居民区牵头，联合属地单位和条线部门，共同策划"中秋老幼·携手聚邻""童心绘蒙西""浦汇童心'益'起童行"周末集市等社区公益活动，并将方案和通知在微信群里发布，将通知群变成微治理空间，激活一部分热心志愿者逐步关心社区事务，并通过线下活动打造熟人社会。

第三，需求排摸与计划初拟。以美丽家园建设为契机，邀请第三方参与，在专家和媒体的支持下，通过问卷、访谈、座谈等方式开展调研，全方位了解居民需要；再结合社区人口信息，以及周边商户信息，聘请上海市政工程设计研究总院，深入调查小区各类活动场所的使用情况，初步制定"浦汇生活·烟火蒙西"邻里圈计划。

第四，意见征集与凝聚合力。在邻里活动和邻里圈计划（初稿）的基础上，推动居民代表、沿街商户、共建单位、社区工作者等组成的"楼组长""路长""社区区长""三长"联动，在需求清单和问题清单的基础上，搭建赋能团队、区各相关委办局代表、打浦桥街道代表、蒙西小区居民和商户代表等多元对话平台，共商共议社区治理的痛点、难点和堵点，并将其融入邻里圈计划。

第五，方案表决与共识达成。将美好社区邻里计划放在微信群中征求所有居民的意见和想法，为意见表达提供机会。微信群征求意见的关键是要让居民做选择题而不是问答题，比如，要问小区中心空地的用途改成"花园、车位、凉亭"，而不是"你觉得小区空地应该做什么用途？"意见征集激发了居民的主人翁意识，推动更多的人积极关心社区，投身社区。

在内外共识的基础上，居民区通过各种方式将诉求向街道和区里反映，争取将美丽家园建设与城市建设项目结合，推动更多市政项目落地辖区，居民区的宜居性获得较大提升。

五、居民区书记人才队伍如何培育？

为了破解基层治理领头人难题，普陀区曹杨新村街道立足于锻造一支"党员管得住、群众愿意跟、引领有章法、工作落地快"的居民区"头雁"队伍，探索了一条"选—育—带—用"相结合的工作模式。

第一，多渠道"选"。从基层选拔一批，就是从已有社工队伍中选择优秀的好苗子，按照1∶2比例安排成为居民区党组织副书记或书记助理，形成书记后备库；从社会选优一批，从国企转型分流职工、优秀高校毕业生、退役军人、社会组织中优选一批后备骨干，进入基层治理队伍；组织选派一批，选派一批热爱社区工作、群众口碑好的机关事业干部扎根社区一线，配强基层干部队伍。

第二，全方位"育"。聚焦于能力素质和担当意识两个方面，建立完善分层分类的居民区书记队伍培训体系；创新性地开展"一午一时"线上论坛，每月确定一个中午，抽出一小时时间，在街道党建办的引导下，就大家近期共同关心的问题进行线上问答研讨，分享经验；与此同时，通过落实市委组织部等部门《关于进一步加强居村干部队伍建设和激励关怀的若干措施》，理顺居民区书记队伍的职业发展通道，引导后备干部树立在社区干事创业实现人生成就的意识。

第三，有计划"带"。强化带教模式应用，于 2017 年率先成立民非组织曹杨薪火书记工作室，让带教工作有一个实体化运作平台，以此解决带教工作的经费和身份问题。同时，针对不同居民区的特点，分片区配备资深驻室（工作室）书记和带教秘书，对新任书记和书记后备人选开展专题带教、分类带教、重点带教。

第四，支撑式"用"。将合格的居民区党组织书记人选大胆地放在相应岗位上，通过干中学、学中干的方式不断提升能力。一方面是依托书记工作室，通过"线上＋线下"相结合的方式，设立书记履职"问诊室"，构建一个实时高效的互动平台；另一方面，由老书记组成基层治理督导团，在年中年末督导过程中，通过老书记老法师的"火眼金睛"，及时发现基层治理的亮点并在街道层面推广，同时也发现问题和不足并提出改进方案。

有了一套完整的工作机制，曹杨新村街道近年来涌现出陈健、杨磊、施云霞等明星居民区书记，其中，施云霞带队的源园居民区队伍更是获得

2022 年度全国巾帼文明岗称号。

六、社区治理数字化转型如何推进？

静安区临汾路街道是一个纯居住型人口导入区，老龄化率超过 46%，基层工作人员在联系服务群众的同时，还要面对报表、证明、文字等繁杂的事务性工作，精力被大量挤占，借助数字化工具减负是迫切需求。

第一，推进数据汇集。依托"社区云"平台，加强数据汇集，打通区级、街道级各数据子系统，以人、户、房为单元加强数据汇集，同时建立身份、服务、行为 3 大类超过 300 个标签，为社区家庭、社区居民多维度"画像"，实现数据分类治理、精准服务奠定基础。已汇集各类民生数据1000 万条，在街道 8 个办公室、5 大中心、20 个基层居委会之间实现数据共享互联。

第二，深化系统推进。成立数字化转型工作专班，系统性、整体性推进数字化转型工作，定期收集基层在工作中的痛点、难点问题，在第三方专业力量支撑下，快速转换成为数据应用，回应基层诉求，特别是专班中吸纳了部分具备数字素养的基层工作人员，保证一线需求能够被快速提取。

第三，构建工作平台。依托"社区云""全要素管理平台"等市区级数据系统，搭建面向全街道，集人口库、房屋库、智慧报表、不跑腿审批、数字吹哨、服务找人、平急转换等应用于一体的"一网协同工作台"，通过数字化加强社区工作流程优化与再造，实现"信息在一个平台上汇集、业务在一个平台上流转、流程在一个平台上闭环"，切实为居民区赋能。如"一网协同工作台"可以使基层报表从 24 种减少到 6 种，智慧报表可以实现 11 种高频表一键生成。

第四，创新数字吹哨。不断推动人工智能、算法、大模型等前沿科技助力社区治理，结合实际探索形成多个特色应用场景。如"数字吹哨"可以通过数据比对，以最低成本、最短时间发现"群租、独居老人安全"等问题，让基层工作人员能够更加主动、及时、准确地发现问题。

第五，实现 AI 添智。推动 AIGC（生成式人工智能）等科技赋能基层能力建设，率先推出政务领域对话机器人"临小助"，为社区工作人员提供 15 个部门 192 项面向群众事务政策查询，通过微信输入问题，马上就能得到"正确答案"，相当于把各部门多本纸质的"一本通"变成"一屏通"，助力基层干部化身"全岗通"。

临汾路街道作为全市基层治理数字化转型的标杆经常被央媒报道。

第三节 上海基层治理创新的启示

一、用综合执法的思路解决物业作为问题

物业管理的复杂之处在于历史原因导致的权责纠纷使得问题一时难以解决。特别是对于老公房小区，由于物业费极低（很多甚至是政府的托底物业），物业公司根本没有作为的动力；以及由于配套设施不完善甚至短缺（尤其是停车位），小区的物业矛盾更是频发；再加上不少老旧小区业委会成立困难，这就导致此类小区遇到物业问题时总是被"物业、业委会、居委会、条线部门"来回踢皮球，由此激化了基层矛盾。杨浦区延吉新村经验的启示意义在于将综合执法的思路用到物业管理，在专业机构的

辅导下联合受理、综合解决，由此解决"踢皮球"的问题，有助于解决物业不作为问题。

二、回应多样化诉求推动城中村物业落地

城中村推行物业管理的难点在于村民作为房东不但没有树立起消费购买服务的观念，也由于大多数房东并不住在那里，因此缺少对城中村混乱的直观感受，再加上受租金等经济利益驱动，根本没有改进城中村管理的愿望。浦东新区高桥镇经验的启示意义在于根据疫情防控的现实需要，跟大家讲明白道理：这么混乱出了问题对大家都不好；现在改造可以享受政府补贴福利；改造之后自己的利益并没有受损。在这一过程中，党员的模范带头作用和"三会"制度运作是有效的，其关键在于相关的政策设计要回应多元主体诉求，回答村民的不同担忧。

三、业委会组织起来为政府干预提供抓手

解决物业管理难题的关键是以组织化手段制约不当利益。物业公司作为一个经济组织，具有强烈的利益诉求和动机，而业主则是非均质的个体，且诉求各异，很难形成"集体的行动"。加上业委会作为一个兼职的自治组织，既没有能力也没有动机去制约物业公司，这就使得物业公司常常因侵占公共利益而导致物业矛盾，这些问题最终不得不由政府兜底。徐汇区斜土路街道经验的启示意义在于既然居民区没有能力干预业委会和物业公司，单个的业委会也没有能力监督物业公司，那么由街道出面将业委会组织起来，既可以在物业指导上形成合力，也可以让街道的积极干预和

作为有了抓手。

四、社区自治需"人、事、物"协同发力

社区自治的基本三要素包含"人、事、物",其中,"人"既包含自治活动的发起人,也离不开自治活动的热心人和志愿者;"事"就是有合适的公共议题,能够唤起大家共同参与的意愿,且这件事情具有可探讨的空间;"物"既包括物质方面的支持,也包含相应的工具手段。具体来说就是要通过党组织带动党员,党员带动热心人和志愿者,将自治实践融入与人民群众切身利益相关的事件中来,再借助于"三会"制度、微信群等工具手段,逐步达成行动的共识。黄浦区打浦桥街道经验的启示意义在于借助美丽家园建设这件事,由党组织发力带动党员和社区骨干,再发动社区周边力量,在社区内外形成改造共识的基础上,进一步向外部找资源找支持,最终使得自治成为实实在在的可落实的项目。

五、打造能干且愿意干的基层治理新尖兵

基层治理的良好运作在很大程度上依赖于有个好的居民区党组织书记。面对复杂的基层治理问题,虽然上海已经构建较为完整的居村干部队伍培训和晋升体系,但能不能干和愿不愿意干还是基层面临的主要问题。普陀区曹杨新村街道经验的启示意义在于既要培养能干的人,更好找到愿意干的人;能干可以通过组织的培训和带教来解决,愿意干则需要一方面选好人,同时也要完善相应的保障支撑体系,唤起他们的使命感,让居村干部树立在社区也能建功立业的信念,提升居村干部的职业形象。

六、数字化转型需打造有用有效应用场景

基层治理数字化转型是城市数字化转型的重要组成部分，但不管是从数据基础还是资金投入来看，数字化转型需要基层的多样化探索，更离不开市的层面、至少是区的层面的统筹布局和支持。调研发现，街镇层面的数字化转型项目前期投入依然很大，且受制于数字底座限制、技术条件限制、场景需求限制，能用管用好用的应用场景依然有限。静安区临汾路街道的启示意义在于其作为上海基层数字化转型的标杆，在市、区两级政府的支持下，其很多先试先行的探索可以尽快形成可复制可推广的经验，但数字化转型作为一项投入巨大的系统工程，需要辩证地对待。一方面是通过投入少、见效快的轻应用程序在数字化转型上进行探索，另一方面则在重要的硬件投入上融入城市整体的数字化转型布局，避免重复建设等资源浪费问题产生。

第四节　基层治理创新有效性思考

一、关注到基层治理问题的矛盾特征

基层治理确实面临诸多问题，尤其是面临着诸多的压力和负担，但也要认识到：为了给基层减负，不得不用自上而下"考核"的办法推行，这对基层来说也是一种负担；同时，为了解决基层面临的问题，将创新摆在了重要位置，而创新本身又会成为难题和压力。这也意味着，到底如何认识基层治理这件事本身，以及如何对其绩效进行衡量，这或许需要突破单

纯"自上而下"考核或"自下而上"测评的思路，探索一种更为综合且有效的方法体系。

二、民生兜底责任边界需要认真考虑

基层治理面临的种种问题，既同一些制度设计存在短板有关系，也与民生投入的不足分不开，因此，我们基层治理面临的很多问题，最终将不得不由政府来买单解决。但在不得不由政府买单这个问题上，其边界到底在哪里，还需要认真考虑。例如，加装电梯的问题，现在每户出钱修电梯权责相对明晰，但经过未来多年房屋交易、业主变更之后，电梯的使用规则、维保分摊将面临更多问题，这些虽然设计了一些机制，但未来问题的复杂程度未必能想到。

三、社区工作到底需要什么样的能人

基层治理的关键是有搞得定的能人，这是由于基层治理问题的复杂性往往超出正常的司法和调解范围，哪些有效的方法可以用，这也考验选人用人的智慧。

四、基层治理核心任务和工具是什么

对于基层治理的定位仍然较为模糊，基层治理功能大而全，工具方法纷繁复杂是当下基层治理的基本现状。一方面，基层治理的核心任务到底是什么，为了实现这些核心任务需要配套哪些制度和资源，还需要在变革的实践中不断探索。另一方面，调研也发现，无论是"三会"制度、"枫桥经验"，还是"自治、法治、德治、技治、共治"，其运作无疑都是有效的，但这些民主方式的过程的冗长与基层治理问题的紧迫性之间存在实际张力，该在多大程度上将这些"慢工具"推广到"快的运动式"治理实践中，这也是需要我们思考的问题。

第十四章　以分类治理推动基层治理创新的对策建议

超大城市的非均匀特质决定了其治理模式和工具要更加精准化，并通过分类治理以应对城市问题的复杂性。社区作为人民群众每天生活的空间，是市民美好生活需要实现的最基本单元，也是城市治理共同体构建、实现城市功能的最重要载体。基于房屋类型和居住形态差异、居民诉求多样、资源禀赋不同等因素，社区分类治理可以基于党建引领、服务融入、技术嵌入等路径推进，并通过相应的基层治理工程，提升解决问题的针对性。

第一节　社区分类治理的客观依据

社区是基层的最重要单元，基层治理的关键也必须落在城乡社区。但社区的综合性、多样性和复杂性决定了社区治理不仅任务繁杂，也难以形成统一的、放之四海而皆准的工作模式，通过精细分类的思路建立并完善针对不同类型社区的治理模式，这是提升基层治理效能的重要方式。

一、房屋类型和居住状态差异

房屋类型和居住形态的多样性决定了实施社区分类治理的必要性。一般认为，社区治理属性和社区物业状态是社区分类的两个关键影响要素。一是依据治理属性，城市社区可以划分为普通社区、单位社区、城中村和城乡接合部边缘社区四类；而随着城市空间与结构趋向稳定，在社会治理不断被强调的背景之下，根据社会空间特征社区又可以被划分为均质型社区、异质型社区、并制型社区与转制型社区等。二是依据物业状态，社区可以划分为老公房（售后房）为主的社区、以商品房为主的社区、混合型社区、农村宅基住房社区、农村集中安置社区、大型居住社区、别墅型社区等类型。不同的社区面临的治理任务差异巨大。一刀切的社区治理方式不可能解决不同社区面临的不同问题，需要采取更有针对性的社区治理方式，从粗放式治理模式向社区分类治理的精细化治理模式转变。

二、居民诉求多样性且统合难

居民诉求的多样化也要求社区采用分类治理模式。治理的本质是关乎人的问题，服务居民，让居民参与，以及如何针对不同的居民采取差异化的工作方式是治理的要义。不同类型的小区，居民需求不同，以及由此产生的认同感、归属感、权益感和责任感也有所不同。比如，老旧小区和农村动迁安置小区，人口以老年人、低收入人口、外来人口为主，居民的诉求主要是解决房屋建筑破损严重、基础设施陈旧老化等问题；而中高档商品房小区，人口以中青年、收入和社会阶层较高的居民为主，他们与社区的关系比较薄弱，居村干部甚至走不进门，他们很少或者基本不参与社区事务，但权利意识强，对社区服务的要求也非常高，而他们面临的主要问题是居民的不熟悉、社区动员难、参与动力弱以及物业利益复杂等挑战。这些不同社区的难以统合的多样化诉求要求在治理中分类采取更加精细的策略。

三、资源禀赋与创新切口差异

资源禀赋的差异也要求社区采用分类治理的模式。当前社区类型的多元化、社会诉求的多样化给社区带来了新的挑战，而通过党建引领，整合基层不同领域的资源，将社会资源引入社区并产生集聚效应，成了社区治理创新的重要方法。实践中，在区域内实行党建联建，以此撬动辖区各类资源进社区，或者推行"社区综合党委＋兼职委员"的组织设置形式，吸纳区域各类群团组织党组织、经济组织党组织等成员参与社区治理，这些横向和纵向上的联合为社区治理工作打开了局面。但在实践中，不同的社区由于区位因素拥有的资源也差异较大，如处在重要商圈的社区、处在政府事业单位集聚地的社区、处在周边都是居民区的社区，它们拥有的社会资源禀赋完全不同，治理创新的切入点也差异巨大，这就要求我们在实践中探索不同的治理模式。

第二节 社区分类治理的总体思路

分类治理是一个系统工程，社区分类治理一方面有赖于相应的制度建设，推动分层分类治理体系和治理机制的构建和完善，另一方面也需要开发更多有效的工具方法，推动分类治理的落地更加高效。

一、完善四级议事协商体系

建立并完善市、街道、社区、楼组（里弄）等四级协商议事体系，根据不同的议题分别在不同的层面协商讨论。比如在楼组层面形成收集居民意见诉求、形成楼组自治、搭建楼组协商议事的平台；在社区层面建立起居民区党组织牵头在社区建立"多方参与商讨、决议社区事项"的居民议事协商平台，打造多元主体参与的民主协商议事机制；在街道层面搭建党政群共商共治工作平台，建立"问政于民"的常态化议事平台；在市级层面主要面对一些共性的问题和棘手的难题，通过四级议事平台的建立，实现不同类型的问题在不同的平台解决。

二、优化社区需求回应制度

建立一套行之有效的问题收集分析和社区需求应对机制，分层分类予以回应。一是建立并完善问题回应等级制度。实践中，社区的问题和需求非常多样，不同的问题应对的措施、紧迫性和机制都不同。因此应该根据急迫程度、重要程度和可行程度，经过评估分析后，建立起针对不同社区问题的分层等级，形成社区的待办事项。二是建立并完善问题分类回应制度。依据待办事项等级清单，按照属地负责、条线配合的原则，依次提供问题的解决方案，一项接一项解决民生问题。三是完善项目回访调查，对已经完成的项目，通过电话抽查、短信发送调查问卷链接等形式，了解群众的满意度情况，并以此为依据不断优化社区项目服务。

三、强化社区治理技术保障

依托现代信息化手段，建立与社区治理相配套的分类治理保障机制。一是依托社会治理智能化工具，建立社区资源供给和社区需求的匹配机制，社区信息采集和分析研判机制，以及社区问题的处置机制。二是根据居民需要多层次、多样化的特点，健全服务机制、汇聚服务信息、拓展服务领域、整合服务资源、扩大服务范围，不断满足居民日益增长的服务需要。三是善用微信、支付宝、抖音等流量入口，开发更多轻应用，提升社区服务项目的可及性与便捷度，在减轻财政投入压力的同时提升程序稳定性。

第三节　社区分类治理的实施路径

一、党建引领社区治理

社区治理的问题出在社区里，解决的方法往往在社区外，这也意味着基层治理的资源整合是社区治理成败的关键，而这一过程中，基层党组织发挥了关键作用。一是优化党组织的空间布局。在强化纵向"市—乡镇（街道）—社区"统一领导制度的基础上，建立健全更多"组织结构完善、覆盖程度广泛、治理引领有力"的复合型党组织，尤其是注重发挥"纵横＋功能型"党组织的作用，以此促进社区党建资源的共建共治共享。二是完善基层社区的治理结构。治理秩序的形成离不开权威力量的组织和支撑，社区治理的现代化更需要提高党组织的政治能力和执政能力，围绕社区治理的核心问题开展党建工作，通过行政党组的垂直嵌入与横向联结，与不同党组织开展广泛合作，吸纳更多资源进入社区。三是构建基层社区治理共同体。基层党组织的组织协调和引导，以及在此基础之上搭建的合作治理平台，为基层社区治理的各利益相关主体交流沟通提供了保障，并可以在此基础之上促进社区共同体的建设。

二、服务融入社区治理

在建设服务型政府的总体导向下，公共服务供给能力和水平是衡量城市治理的重要标志，公共服务的便捷化、标准化、专业化也是重要方向。一是推动管理和服务力量下沉。将涉及城市管理、社区服务、治安管理的编制、队伍、经费、执法权限真正下沉到位，并对基层执法服务力量进行整合，让社区治理的管理和服务力量支撑更加明确且有力。二是强化社区公共服务标准化建设。因地制宜、合理布局，加快推进社区综合服务设施标准化建设，建立完善党群服务中心站点、社区综合服务设施等公共空间的综合利用机制，创新社区综合服务设施运营机制，提高服务质量和效率，健全服务规范，拓展服务功能，促进居民群众交往交融，增强居民群众归属感。三是提升社区服务专业化水平。完善政府购买服务政策措施，发展在线医疗、在线教育等新平台，推动公共卫生、公共文化、公共教育、公共法律等服务向居村延伸，加大供给力度，提升精准度和便利度，推动法官、检察官、律师、医护人员、专业社会工作者等进社区，提升专业服务水平。

三、技术嵌入社区治理

随着大数据时代的到来，人工智能、大数据等新的技术手段被越来越多地应用到社区治理的实践之中，为社区治理创新提供了工具支撑，打开了新的格局。一是强化顶层设计，明晰责任主体。在全新的社区治理模式下，"网络化"治理主体更多的是"人或组织＋数据流"的结合，改变了传统治理主体的物理属性。这就要求我们建立起新的主体责任清单，形成新的责任表、时间表和任务表，同时也要强化对责任主体的监管。二是锚定核心目标，推动主体间交流互动。数字技术可以促进城市社区的数据共享和交流，通过健全社区的信息传送机制，利用微信群、公众号等平台，建构起社区治理各主体的交流对话平台，进而培育居民的社区归属感、信任感以及认同感，并在此基础之上促成集体的行动。三是发掘技术潜能，推进有效协商共治。借助网上议事厅、在线会议等互联网协商平台，畅通社区多元主体的利益诉求表达渠道，形成多元主体间平等、合作、共治的共同体关系，促进社区协商共治方式的多样化，进一步激发社区居民的自治活力。[①]

第四节　实施社区分类治理"六大工程"

一、社区治理补短工程

上海紧扣党建引领这一核心抓手，打造了"百花齐放"式的基层治理模式，但基层治理中的短板依然存在。总体来看，停车问题、房屋维修问题、人员管理问题、电动车充电问题、物业管理问题、公共安全问题等依然在不同社区不同程度地存在。可用3—5年时间先进行一次社区治理"补短工程"，通过针对不同社区补足工作短板，以此进一步夯实基层治理

[①] 王炳文、李佐军：《数智技术赋能城市社区治理共同体大有可为》，《中国经济时报》2023年5月17日。

的基础。一是细化社区分类。按照不同社区分类的原则，对全市社区进行归类划分，如按照物业标准可以分为商品房小区、老旧小区、动迁安置小区、城中村小区、商业类小区、混合型小区等。二是细化治理幅度。对全市社区进行再检视，对于超大型社区进行拆分，以常住人口不超过5000人为基本标准，按照历史沿革、小区形态等因素，对社区治理幅度进行调整。三是细化分类对策。对社区治理单元进行再细分，以物业小区为单位，确定不同类型小区面临的突出问题，并针对问题提出相应的对策建议，提升对策建议的针对性。四是细化行动方案。制定3年或5年工作计划，按照每年解决1—2个突出短板的思路，着力解决不同类型社区治理工作的突出短板。

二、民生项目优送工程

上海在社区治理工作上投入不可谓不大，但部分社区的服务感知度并不是特别高，尤其是一些制约基层治理的"老大难"民生问题迟迟得不到解决，政府所送项目非群众所需项目，这在一定程度损害了群众对基层治理的感知和评价。建议由相关部门牵头，采用"块块街道点菜、条条委办局买单"的方式，进一步优化民生项目供给方式。一是建立工作框架。由领导牵头，组织部门负责，民政、人社、住建、资规、城管等部门参与，建立上海民生服务工作领导小组各部门协同发力解决不同类型民生问题。二是制定工作规划。从各部门抽调人手，或委托专业第三方团队，实施"民生项目你说了算"，通过一年一度的群众需求调查，深入了解不同社区的不同民生诉求。三是优化项目配送。在民生项目实施过程中，不搞"一刀切"，不搞"大检查"，以年底实效为最终依据，鼓励各社区根据自身实际情况，聘请专业团队进行指导，提升项目实施的精准性。四是强化考核奖励。针对不同类型社区的相同项目，在年底进行绩效测评，对优秀实施项目进行通报表扬并编制成册，供全市其他地方参考。

三、小区更新美化工程

上海不少社区的治理问题都跟社区硬件设施相关，硬件设施是社区的基础，硬件环境的改善直接关乎居民的居住获得感和社区的认同感。硬件环境的改善是回应民生需求，满足人民群众日益增长的美好生活需求的重要体现。建议在社区分类的基础上，制订《社区微更新三年行动计划》，着力补齐社区硬件短板，提升社区美化程度。一是摸清设施底数。对全市各社区的硬件设施情况进行一次全面排摸，结合全市"15分钟社区生活圈"推进计划，找出找准社区内外硬件设施短板和洼地。二是形成物业图览。对全市（或以城区为主）的所有建筑和设施进行普查，按照建筑设施的年份、完好程度、功能状态对物业情况进行评估，并按照"红黄蓝绿"四种颜色进行标注，最终汇集形成全市物业一张图，详细知晓社区微更新的重点区域。三是制订渐进方案。微更新不是一步就能到位，也不是一次性就能解决所有的问题，项目实施要按照"由外到内、由易到难"策略，先从大家都关心的公共部位着手，通过1.0、2.0的进阶式方法，一步步推进。四是关注农村住宅。结合建筑物业调查情况以及村民需求，对城中村房屋维修、重建需求进行综合评估，制定相应工作方案，用"疏而不是堵"的办法解决城中村房屋的安全问题和民生诉求。

四、治理达人培育工程

上海的社区治理以"网格"为基础制度安排，依靠网格长、楼组长、在职党员等群体，探索了一条"人—网"结合的城市基层治理路径。国内外的理论研究和实践都表明，高品质且有活力的基层治理需要更多地激发社区的自治内生力量，尤其是需要社区治理达人的带动发起。建议在已有社区治理工程的基础之上，委托或默许第三方组织，实施上海社区治理"社区达人"工程，以此激活社区治理的一江春水。一是确定方向。委托第三方组织，制订工作方案，结合社区治理项目，每年评选5—10个社区治理达人，达人可以是个人，也可以是志愿者组织或群众性组织。二是创投支持。设立专项"引导基金"，设立社区治理创新"创投项目"，鼓励社区治理达人积极申报社区创投项目，通过项目申报、专业评审、群众投票等方式，选出方案可行、群众支持的社区治理达人和项目5—10个，予以资金和资源支持。三是宣传推广。对培育出来的社区达人（团队）进行宣传推介，通过典型带动的形式，引导群众关心社区、关注社区治理，变社区治理的独奏曲为交响乐。

五、城市记忆塑造工程

共同体的呈现需要一定的空间载体和点位，上海可以数字化互动体验为抓手，着手筹建上海数字化人民城市记忆馆，打造能够集中展示人民城市、全过程人民民主最佳实践地、习近平文化思想最佳实践地、城市治理共同体建设成效的点位。一是"总—分"式组织架构。可以由市文旅部门建立总馆统筹协调项目执行，并为项目提供对外合作和数字基础设施支撑；鼓励各区和重点片区建立分馆，各分馆借助更加靠近市民的优势，可以成为项目在社区推进的重要节点。二是多元参与体系。鼓励城市记忆馆积极与博物馆、档案馆以及高校等社会记忆主体合作，不仅增强数字记忆构建的主体力量，也可以扩大项目影响范围；与此同时，鼓励城市记忆馆项目也与各类积极社会力量和专业委员会等专业组织合作，从而提升自身的资源调动能力。三是推出特色活动。注重特色子项目的开发，如可以与共青团组织和各类第三方组织合作开展社区口述历史文档项目，不仅让年轻群体深入社区生活以进一步了解社区历史，而且增强年轻人的社区记忆共识，提高社区黏性。推出"游客时间"，鼓励游客到城市记忆馆存储自己的记忆，吸引更多游客回流，提升上海城市的共情力。推出"新人记忆"，通过了解新上海人家庭孩子课余时间的安全、家庭互联网接入、素质素养等方面的问题，有针对性地帮助新上海人尽快融入社区生活，缩小数字鸿沟，弥合文化差异。

六、业委会规范化工程

社区治理事关城市稳定大局，但在社区治理"三驾马车"中，一些业委会面临着"成立难、履职难、换届难"的短板，并集中表现为：业委会成立难，只能以"物管会"代行业委会部分职能；合格候选人缺乏，业委会过了法定任职期限无法按时换届；业委会运作难，业委会存在成员构成与治理需求不匹配，无法有效履职等问题。总体来说，小区业委会成立和运作中的具体表现为人户分离导致业主大会召开难、业委会候选人缺乏导致换届难、业委会运转的"负激励"导致履职难这几个方面。建议以规范化为抓手，着力破解制约基层治理有效运作的业委会短板。一是出台政策文件，支持线上线下同步召开业主大会，以技术赋能解决人户分离下业主大会召开难问题。充分用好"随申办"App自主模块，通过开发推广手机小程序等线上方式，完成当前政策规定需要线下办理的"身份登记、通知确认和参与投票"程序，业主不必来现场也能参与业主大会。二是加强党建引领，建立发现物业治理积极分子的常态机制，形成候选人储备库。建立常态化的发现机制，发掘热心居民和能人并形成一个动态的业委会候选人储备库，也可以在60岁左右刚退休不久的机关和企事业单位人员中发掘业委会成员，他们有充分的时间精力，对法律法规和专业知识比较熟悉，且有丰富的行政管理经验，非常适合从事业委会工作。三是出台政策规范，建立业委会运转的多样化激励机制，从根本上消灭"负激励"的破坏效应。可以探索在业委会任期内进行居民线上打分评价机制，激活小区中"沉默的大多数"，通过业主扫码参与评价，让多数人满意的业委会能获得公正合理的评价，从而增强其履职的信心，同时通过开发小程序，实现业委会项目线上公示、线上表决，通过业主参与，杜绝极少数人利用信息不对称造谣生事，形成健康良好的基层治理氛围。

结语　关于超大城市治理创新再思考

　　在围绕推进中国式现代化进一步全面深化改革的新征程中，城市作为各种资源要素高度集聚的"容器"，资金流、技术流、政策流的交汇和融合，使得城市成为经济增长的主要龙头；与此同时，城市作为人民赖以生活家园的空间载体，人与人、人与物、人与各种"流量"交汇在城市，使得城市治理变得异常复杂。围绕着超大城市治理共同体构建，我们可以将思考的原点拨回到城市之所以产生的原因——人的需要上来。围绕"城市让人生活更美好"这一功能实现，在理念、制度、机制、工具等方面作进一步探索，而城市治理共同体构建则是新时代我们创新探索的新目标。

　　如前文所述，由于城市本身资源的有限性，抑或说即便是城市本身的资源是无限的，但各类主体的需求则是无限的，且主体的需求还会随着供给水平的提升而产生更高期待，这也意味着我们不可能同时满足所有人的各类需求。"人人参与、人人负责、人人奉献、人人共享"的城市治理共同体建构则是基于这一现状，通过强调多主体参与的长期"重复博弈"，在利益诉求满足方面短期实现不同主体之间的相互妥协与部分实现，长期实现不同主体之间的收益提升与利益共融；与此同时，作为一种共同体，长期"重复博弈"也意味着对于长期共存的博弈主体的信任，换言之即是对政府有期待、对其他合作主体有期待、对城市未来的公共事务有期待，这种心理认同也是城市之所以保持韧性的关键所在。

　　在满足不同主体差异化诉求的进程中，不同组织化主体的功能定位不一样，组成不同组织化主体的个体的诉求也有差异，再加上本地人与流动人口的诉求差异，城市短期利益与长期利益之间的差异等，这些都加剧了城市公共政策的复杂程度和执行难度。因此，我们不得不把关注点重新调整到城市的最重要主体——人的身上来，首先是围绕人民的美好生活实现，强化城市治理政策的为民服务功能；其次是聚焦与人民生活密切相关的城市基层，理顺基层治理不同行动主体的内在动力逻辑和运作机制；最后则是面向超大城市治理共同体构建这一总目标，强化不同制度、机制和政策的协调，以此实现不同主体之间利益诉求的长期增量和均衡。

后 记

　　本书并非一气呵成的成果，而是在笔者关于城市治理系列课题和研究基础上的一个综合整理。这中间也体现了一些思考转向，作为一个自认为是研究城市治理的科研人员，我经常被经济学、规划学、环境学等领域的朋友问道：什么是城市治理？有推荐的代表性著作吗？我有很长一段时间不知道怎么回答他们好。这也促使我一直在思考：到底什么是城市治理。当然，广义的城市治理包含城市的产生、发展、规划、建设与管理的方方面面，但狭义的界定好像一直若隐若现。经济、规划、生态等领域的城市治理偏向于广义概念暂且不提，就狭义而言，基于社会视角的研究更关注于基层社会治理和社会活力的激活，基于政策视角的研究则更关注于基层治理机制的理顺和权责分配，两者的落脚点虽然都在基层，但却总让我感觉缺少了一个主要逻辑。

　　循此思路，我想给出一个更加有边界且更容易把握核心内涵的概念。我在 2020 年的论文中尝试提出了"民心治理"的概念，目标就是为城市治理提供一个更加基层个体视角的解读。当时的主要假设是——为了当下更好生活且未来可以持续更好生活的一套治理机制，以此提升治理韧性。随着年岁的渐长、生活阅历的增加，我越来越认识到，城市无论如何都是为了更好地生活，即便亚里士多德说人都是政治动物，但政治的过程和结果也都是为了更好地生活。城市终究还要回归个体。因此，现在我将狭义的城市治理理解为——在开放政策环境下，为了个体可持续的更美好生活，城市各主体与人民日常生活直接相关的各类公共事务共同参与、成果共享、责任共担的过程。人民中的个体是工作的故事之始，也是力量之源。城市治理没有尽头，也没有最好状态，是一个过程，围绕人民对美好生活的向往，不断升级，盘旋上升。

当然，城市治理的复杂程度常常远超我们的想象，以上也只是一个特别粗浅的解释。因为作为一个政策过程，城市治理既牵涉不同地区的利益分配，还与城市宏观财力状况相关；既涉及当地领导注意力分配，还涉及不同部门的诉求；既取决于不同治理主体的参与程度，还与不同主体的能力素质分不开；既关乎城市当下的成果享受，还关乎城市未来的可持续发展；甚至超大型城市的定位、发展等还与区域发展、国家竞争等密切相关。因此，城市治理于我个人而言好像是越思考迷惑越多。但无论如何，本书作为我当前一个粗浅理解的小结，主要是想跟各位学人共享思考。

本书有部分内容是我与团队合作过程中的成果，如第九章和第十章，分别是与我的两位研究生张靖琦、董安宁合写的内容；第十三章和第十四章的部分内容是在我任首席专家的上海社会科学院创新工程团队成员李宗克、王龙飞、张园园等同事的讨论启发下落笔的。我的几位合作者思维敏捷、来自天南海北、风格迥异，因为上海这座城市走在了一起并有所成果，这也是超大城市的魅力所在，我很荣幸能与他们一起合作。

大城市是无情的，尤其是对于普通个体而言，不论是能力还是财富，这里总给人一种"天外有天、人外有人"的感觉，实质结果就是每个人好像都不重要。在我的认识里，"多我一个不多、少我一个不少"，听起来没什么问题，但对于个体来说却是一种悲哀。谁到这个世界上来不是唯一呢？谁又不是父母或亲人眼中的唯一宝贝呢？或者至少曾经是。所以，很多批评者不喜欢大城市，说它冷漠、无情。对此，我是部分认同的，城市太大，不可能给所有个体温度与关怀。

但实话实说，除去作为一个科研人员的理论构建与空想，我来沪十余载，确实有一种"活在闹市区的孤独感"。我经常的感慨是：为何我调研的社区都比我生活的社区好呢？我问过不同的朋友，他们给了我类似的答案。这一方面意味着生活在超大城市的人对于这座城市有更高期许和更高要求，另一方面也意味着或许我们做工作真的还有较大进步的空间，这或许就是我继续这方面研究的价值吧。

需要特别说明的是，本书的出版得到上海市全过程人民民主研究基地的资助，在此感恩并致谢。

2025 年 7 月于上海

图书在版编目(CIP)数据

功能型治理 ：超大城市治理共同体构建新叙事 ／ 薛
泽林著. -- 上海 ：上海人民出版社，2025. -- ISBN
978-7-208-19709-1

Ⅰ. F299.23

中国国家版本馆 CIP 数据核字第 2025SU8316 号

责任编辑 刘　宇
封面设计 陈依依

功能型治理
——超大城市治理共同体构建新叙事
薛泽林 著

出　　版　上海人民出版社
　　　　　（201101　上海市闵行区号景路 159 弄 C 座）
发　　行　上海人民出版社发行中心
印　　刷　上海商务联西印刷有限公司
开　　本　720×1000　1/16
印　　张　19
插　　页　3
字　　数　227,000
版　　次　2025 年 8 月第 1 版
印　　次　2025 年 8 月第 1 次印刷
ISBN 978 - 7 - 208 - 19709 - 1/D・4562
定　　价　88.00 元